JN120201

一般社団法人 金融検定協会 認定

個人情報取扱者
検定試験模擬問題集
24年度試験版

■ 金融検定協会 編

銀行研修社

は　じ　め　に

　　金融機関にとって、個人情報取扱の対応の如何によっては企業としての信用にかかわることになります。情報の漏えい事件や紛失事件は後を断ちませんが、対外的に、従業員教育を含めた顧客情報保護の態勢完備をアピールすることは、重要課題となっています。2015年の改正に続き、2020年3月にも個人情報保護法が再度改正され、2022年4月に全面施行となりました。事業者が個人情報を取り扱うにあたって、本人の権利利益との関係で説明を果たしつつ、本人の予測可能な範囲内で、個人情報が適正に利用されることの重要性がますます求められています。

　　金融検定協会の「個人情報取扱者検定試験」では、個人情報保護法や金融分野ガイドライン・個人情報保護ガイドライン（通則編）、全銀協自主ルールなどの制度・ルールの知識だけでなく、預金業務や融資業務など、具体的な実務上の個人情報取扱いについても出題されます。

　　「個人情報取扱者検定試験」合格のためには、法律や頻繁に発出されるガイドライン・指針の内容を単純に覚えるだけでなく、それが実際の業務においてどのように関わってくるのかについてまで、理解する必要があります。

　　本問題集は、このような点を充分考慮した内容となっており、指定教材での体系的な学習後の試験直前対策としてご活用いただけるように、模擬問題・過去問題演習に加えて、基礎解説を充実させ、重要学習ポイントの再チェックをしていただけるようにしております。

　　本問題集や関連通信教育講座等を参考に効率的な学習をされ、「個人情報取扱者検定試験」合格と、その成果を日々の業務に活かされることを願ってやみません。

2024年3月

一般社団法人　金融検定協会

Contents

Contents

※問題右上の（第○回）は金融検定試験の出題回を表す。なお、第74回は2021年5
　月開催、第75回は2021年11月開催、第77回は2022年5月開催、第78回は2022年11
　月開催、第80回は2023年5月開催、第81回は2023年11月開催。

法令・制度の基礎知識

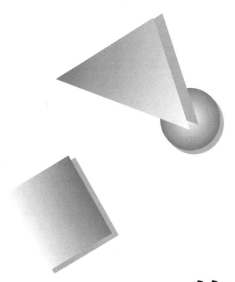

第1章

第1章　学習の手引

テーマ	80回	81回
1．個人情報保護法の基礎知識	○	○
2．情報の取得に関する規定	○	○
3．情報管理に関する規定	○	○
4．情報の第三者提供に関する規定	○	○
5．安全管理に関する規定	○	○
6．保有個人データの公表・訂正・削除に関する規定	○	○
7．その他の義務に関する規定		○
8．マイナンバー制度と個人情報保護法	○	○

1．個人情報保護法の基礎知識

　個人情報保護法で規定する個人情報、個人データ、個人データベース等、保有個人データ、要配慮個人情報等の定義について学習する。本分野からは、個人情報保護法に関する用語の定義問題を中心に出題されており、用語の定義を理解することが不可欠であることから毎回出題されているので、しっかり学習しておきたい。

2．情報の取得に関する規定

　個人情報保護法における利用目的の特定・変更、適正な取得、利用目的の通知等について学習する。本分野に関する問題は、毎回4～5問出題されており、最頻出テーマの一つでもある。適正な取得と利用目的の通知等についても、毎回出題されているが、比較的正答率が低いことから、ていねいな学習が必要である。

3．情報管理に関する規定

　情報管理に関する規定として、正確性の確保、機微（センシティブ）情報の定義と取扱い、目的外利用の禁止について学習する。毎回1問程度、各分野からまんべんなく出題されているが、特に、目的外利用の禁止については、毎回

複数問出題されているので、その内容をしっかりと理解しておきたい。

4．情報の第三者提供に関する規定

　個人情報の第三者提供については、原則として制限されるが、オプトアウトなど、第三者提供が認められるケースなどについて学習する。本分野では、第三者提供の制限に関する問題が毎回複数問出題されており、その制限の内容について理解しておく必要がある。

5．安全管理に関する規定

　個人情報保護法で定める組織的安全管理措置、人的安全措置、技術的安全措置および委託・再委託先の監督等について学習する。本分野は、どのテーマも毎回1問程度出題されているので、全体的に一通り理解しておく必要がある。

6．保有個人データの公表・訂正・削除に関する規定

　個人情報取扱事業者が、本人から、保有個人データの公表・開示、訂正・利用停止を請求された場合の実務対応を学習する。本分野からは、「公表・開示請求と実務対応」の出題が、毎回複数問出題されており、最頻出テーマの一つと考えてよいだろう。

7．その他の義務に関する規定

　その他の義務に関する規定については、苦情処理および漏えい事案等への対応を学習する。本分野については、47回には出題されなかったが、48回、49回、51回は「苦情処理」について各1問、48〜50回は「漏えい事案等への対応」について、いずれも出題されている。実務上、的確な対応が求められることからも、しっかり学習しておきたいところである。

8．マイナンバー制度と個人情報保護法

　マイナンバー制度の概要、個人情報保護法との関係について学習する。毎回1問程度出題されており、実務上も取扱いに厳格さが求められることから、その概要について理解しておきたい。

序　個人情報保護法の2020年改正・2021年改正

①　2020（令和２）年改正個人情報保護法の成立と主な改正点

　2020（令和２）年改正個人情報保護法案は、第201回通常国会に提出され、2020（令和２）年６月５日に可決、同月12日に公布された（「令和２年改正法」という）。令和２年改正法は大きく３つのパートに分けられ、法定刑の引上げについては2020（令和２）年12月12日に施行、オプトアウトにより個人データを第三者に提供しようとする際の経過措置については2021（令和３）年10月１日に施行、主要部分を含む残りについては2022（令和４）年４月１日に全面施行されている。この改正は、2015（平成27）年改正個人情報保護法に設けられた「いわゆる３年ごと見直し」に関する規定（附則第12条）に基づき、個人情報保護委員会において実施した、関係団体・有識者からのヒアリング等を通して得られた知見である、「一般の消費者自身の個人情報に対する意識の高まり、技術革新を踏まえた保護と利活用のバランス、越境データの流通増大に伴う新たなリスクへの対応」等の観点から行われたものであり、さまざまな要素が複雑に混在している。そのため、改正点も非常に広範に及んでいるが、大きく以下の６つのポイントに分類することができる。

- イ．事業者の義務の厳格化：不適正利用禁止の明確化、保有個人データの拡大等
- ロ．本人の権利保護の強化：利用停止・消去・第三者提供等の停止請求の対象の拡大、保有個人データの公表事項の充実、開示のデジタル化等の潮流と提供規制への影響、海外提供規制の強化、不適正利用禁止の明確化、漏えい等の個人情報保護委員会への報告及び本人への通知の義務化等
- ハ．第三者提供の規制の厳格化：第三者提供記録の開示の義務化、オプトアウト規制の厳格化、越境移転の規制の厳格化等
- ニ．新たな情報カテゴリの導入：個人関連情報、仮名加工情報等
- ホ．漏えい等の報告・通知の義務化
- ヘ．その他：罰則強化等

②　2021（令和３）年改正個人情報保護法の成立と主な改正点

　2021（令和３）年改正個人情報保護法案は、第204回通常国会に提出され、2021（令和３）年５月12日に可決、同月19日に公布された（「令和３年改正法」という）。令和３年改正法は大きく２つのパートに分けられ、行政機関及び独立行政法人等に関する規律の規定や学術研究機関等に対する適用除外規定の見直し等（デジタル社会形成整備法第50条による改正）については2022（令和４）年４月１日に施行され、地方公共団体に関する規律の規定（デジタル社会形成整備法第51条による改正）については公布の日から起算して２年を超えない範囲内において政令で定める日に施行されることになっている。令和３年改正法によって、2022（令和４）年４月１日より個人情報保護法の条項の番号は大きく変わっているため、注意が必要である。

　本書で「法○条」と記載した場合、2022（令和４）年４月１日以降の条項番号を示す。

　令和３年改正法の主な改正点は、次の５つのポイントに分類することができる。

　イ．個人情報保護法、行政機関個人情報保護法、独立行政法人等個人情報保護法の３本の法律を１本の法律に統合。

　ロ．地方公共団体の個人情報保護制度についても統合後の法律において全国的な共通ルールを規定し、全体の所管を個人情報保護委員会に一元化。

　ハ．医療分野・学術分野の規制を統一するため、国公立の病院、大学等には原則として民間の病院、大学等と同等の規律を適用。

　ニ．学術研究分野を含めた GDPR の十分性認定への対応を目指し、学術研究に係る適用除外規定について、一律の適用除外ではなく、義務ごとの例外規定として精緻化。

　ホ．個人情報の定義等を国・民間・地方で統一するとともに、行政機関等での匿名加工情報の取扱いに関する規律を明確化。

1．個人情報保護法の基礎知識

（1）個人情報等の定義

①　個人情報

　個人情報保護法で規定される個人に関する情報等の中で、最も基本的な概念である「個人情報」は、法2条1項で以下のように定義されている。

一．生存する個人に関する情報であって、当該情報に含まれる氏名、生年月日その他の記述等により特定の個人を識別することができるもの（他の情報と容易に照合することができ、それにより特定の個人を識別することができることとなるものを含む。）

二．個人識別符号が含まれるもの

　「個人情報」は、生存する個人に関する情報であって、特定の個人を識別できるものをいう。したがって、生存する個人に関する情報であって、それが特定の誰の情報であるかを識別できるようなものであれば、すべて「個人情報」に該当する。個人の資産状況や病歴その他、他人に知られていない情報、一般的には他人に知られたくない情報だけを指すものではないことを認識しておきたい。

　「個人に関する情報」とは、氏名、性別、生年月日、住所、年齢、職業、続柄等の事実に関する情報に限らず、個人の身体、財産、職種、肩書き等の属性に関する判断や評価を表わす全ての情報を指し、公刊物等によって公にされている情報や、映像、音声による情報も含まれ、暗号化等によって秘匿化されているかどうかを問わない（個人情報の保護に関する法律についてのガイドライン（通則編）（以下「通則ガイドライン」という）2-1）。

　2015年改正法上では、上記の「個人情報」に該当する範囲は変わらないものの、新たに「個人識別符号」という概念を設け、これが含まれるものも個人情報に該当することとされた。この「個人識別符号」とは、具体的には政令で定められることとなっており、DNA、手のひらの静脈の形状、指紋等の身体的

特徴（施行令1条1号）や旅券の番号（同2号）、基礎年金番号（同3号）、運転免許証番号（同4号）等がこれに当たる。

②　個人データベース等

「個人情報データベース等」は、個人情報保護法の重要な規制対象である「個人情報取扱事業者」と「個人データ」を定義するための中間的な概念であり、法16条1項において、以下のように定義されている。

個人情報を含む情報の集合物であって、次に掲げるもの
1　特定の個人情報を電子計算機を用いて検索することができるように体系的に構成したもの
2　前号に掲げるもののほか、特定の個人情報を容易に検索することができるように体系的に構成したものとして政令で定めるもの

後者の「政令で定めるもの」については、同法施行令4条2項において、「これに含まれる個人情報を一定の規則に従って整理することにより特定の個人情報を容易に検索することができるように体系的に構成した情報の集合物であって、目次、索引その他検索を容易にするためのものを有するものをいう」と規定されている。

この点に関して、個人情報保護委員会の個人情報の保護に関する法律についてのガイドラインに関するQ&A（以下「個人情報保護Q&A」という）1－48では、個人情報データベース等に入力する前の帳票等であっても、それに記載された個人情報を50音順に整理している場合など、特定の個人情報を容易に検索することができるように体系的に構成している場合には、それ自体が個人情報データベース等に該当するとしている。

③　個人データ

「個人データ」は、法16条3項において、「個人情報データベース等を構成する個人情報」と定義されている。「個人データ」は「個人情報」の一形態であるが、上記の「個人情報データベース等」の定義と併せれば、「特定の個人情

報を氏名等で検索できるようにコンピュータを用いたデータベース等で体系的に整理されている個々の個人情報」ということになる。

逆に、「『個人情報』のうち『個人データ』には含まれないもの」は、「『個人情報データベース等』を構成していないもの」であり、例えば、「氏名等が記入され個々には『個人情報』に該当するものの、まったく整理されていないアンケート用紙の束」や「業務日誌」などはこれにあたるものと思われる。

金融機関では、個人情報データベース等から記録媒体へダウンロードされたもの、および紙面に出力されたものも、「個人データ」に含めて取り扱うと考えられていることにも留意が必要である（個人情報保護Q＆A1-37～49）。

④　保有個人データ
「保有個人データ」とは、「個人データ」のうち、以下の2つの要件を満たすものをいう（法16条4項、同法施行令5条）。

イ．個人情報取扱事業者が、本人または代理人からの開示、内容の訂正、追加または削除、利用の停止、消去および第三者への提供の停止の全てに応じることのできる権限を有するもの
　　例えば、単に個人データ処理の作業を受託しているに過ぎない場合は、一般にこれらの権限があるとはいえないと考えられるので、その事業者が個人情報取扱事業者であったとしても、当該事業者にとってその「個人データ」は「保有個人データ」ではないということになろう。

ロ．その存否が明らかになることにより公益その他の利益が害されるもの以外のもの
　　「公益その他の利益が害されるもの」については、同法施行令5条において、以下の4つが列挙されている。
　　ⅰ）当該個人データの存否が明らかになることにより、本人または第三者の生命、身体または財産に危害が及ぶおそれがあるもの
　　ⅱ）当該個人データの存否が明らかになることにより、違法または不当な行為を助長し、または誘発するおそれがあるもの
　　ⅲ）当該個人データの存否が明らかになることにより、国の安全が害される、他国もしくは国際機関との信頼関係が損なわれる、他国もしくは国

際機関との交渉上不利益を被るおそれがあるもの
iv）当該個人データの存否が明らかになることにより、犯罪の予防、鎮圧
　　または捜査その他の公共の安全と秩序の維持に支障が及ぶおそれがある
　　もの

⑤　要配慮個人情報

　要配慮個人情報とは、人種、信条、社会的身分、病歴、犯罪の経歴、犯罪に
より害を被った事実その他本人に対する不当な差別、偏見その他の不利益が生
じないようにその取扱いに特に配慮を要するものとして政令で定める記述等が
含まれる個人情報のことである（法2条3項）。
　要配慮情報を取得することについては、原則として、本人の同意を得ること
が必要となる（法20条2項）。これは本人が意図しないところで要配慮情報が
取得され、差別的な取扱いを受けることを防止するためである。

⑥　匿名加工情報

　匿名加工情報とは、個人情報を、特定の個人が識別することができないよう
に加工し、かつ、当該個人情報を復元することができないようにしたものであ
る（法2条6項）。近年のパーソナルデータを積極的に利活用したいというニ
ーズに応えるために15年改正法によって設けられた。匿名加工情報の取扱いに
関しては、作成の元となった個人情報の本人を識別するための行為が禁止され
るなど、法43条から46条まで制度的な対応によって規律されている。

⑦　仮名加工情報

　仮名加工情報とは、個人情報の記述等の一部や個人識別符号の全部を削除・
置き換えをすることで、他の情報と照合しない限り特定の個人を識別すること
ができないように加工した情報である（法2条5項）。「匿名加工情報」が導入
されたものの、十分に活用されないきらいがあった一方で、簡便な加工にとど
まる場合は、データとしての有用性を、加工前の個人情報と同等程度に保ち得
ることを踏まえて、20年の改正において導入されることとなった。仮名加工情
報を含む仮名加工情報データベース等を事業の用に供している者を「仮名加工

情報取扱事業者」という（法16条5項）。

⑧ 個人関連情報

　個人関連情報とは、生存する個人に関する情報であって、個人情報、仮名加工情報及び匿名加工情報のいずれにも該当しないものをいい、定義上は、クッキーに限らず、IP アドレス、契約者・端末固有 ID などの識別子情報等まで広く含まれるとされている（法2条7項）。

（2）個人情報保護委員会

　15年改正法により、新たに個人情報保護委員会が設置された。従来は、消費者庁が個人情報保護法を所管するものとされる一方、事業分野ごとに所管する省庁が個人情報取扱事業者に対し個人情報の取扱いについて監督していたが、改正後は、これらの監督権限を集約し、かつ個人情報の利活用を促進するための諸施策を講ずる機関として、独立性の高い、いわゆる三条委員会として、個人情報保護委員会が設置され、同委員会が一元的に監督することとなった。同委員会の権限は以下のとおりである。
- イ．個人情報取扱事業者等に対する報告徴収、立入検査（法143条）、指導、助言（法144条）、勧告及び命令（法145条）
- ロ．認定個人情報保護団体に対する認定（法47条）、報告徴収（法57条）、命令（法58条）及び認定取消し（法59条）
- ハ．外国執行当局への情報提供（法167条）
- ニ．規則の制定（法165条）

2．情報の取得に関する規定

（1）利用目的の特定・変更

① 利用目的の特定

　個人情報保護法では個人情報取扱事業者の義務を定める第4章の冒頭で、利

用目的をできる限り特定しなければならないとしている（法17条）。

　利用目的の特定の際に、個別具体的な利用目的を詳細に羅列することまでは必要とされていないが、抽象的であっても個々の取扱いが利用目的の達成に必要な範囲内か否かを実際に判断できる程度に明確である必要があり、「利用目的をできる限り特定」することが求められている。

　金融分野における個人情報保護に関するガイドライン（以下「金融分野ガイドライン」という）2条1項では、個人情報がどのような事業の用に供され、どのような目的で利用されるかを本人が合理的に予想できるよう、できる限り特定しなければならないとしており、「自社の所要の目的で用いる」といった抽象的な表現では、利用目的をできる限り特定したものとはならないとしている。つまり、金融機関の取引で個人情報の利用目的を明示するには、提供する金融商品、サービスを示した上で特定することが望ましい。

　さらに、金融分野ガイドライン2条3項では、与信事業に関連した個人情報の取得に関して別の規定を置いている。金融機関が、与信事業に際して個人情報を取得する場合においては、その利用目的について本人の同意を得ることが望ましく、契約書等における利用目的は他の契約条項等と明確に分離して記載することとする必要がある。そして、金融機関は取引上の優越的な地位を不当に利用し、与信の条件として、与信事業において取得した個人情報を与信業務以外の金融商品のダイレクトメールの発送に利用することを利用目的として同意させる等の行為を行うべきではないとしている。

　また、金融機関が与信事業にあたり、個人情報を個人信用情報機関に提供する場合には、その旨を利用目的に明示し、さらに明示した利用目的について本人から同意を得る必要がある（金融分野ガイドライン2条4項）。

②　利用目的の変更

　個人情報取扱事業者が当初の利用目的を超えて個人情報を取り扱おうとする場合、本人の同意を得るか、利用目的自体を変更する必要がある。あるいは、新たに利用目的を特定して、本人から改めて個人情報を取得する必要がある。

　個人情報保護法では、利用目的の変更が認められる範囲として、「変更前の利用目的と関連性を有すると合理的に認められる範囲」という基準を設けてい

る（法17条２項）。

　この「関連性を有すると合理的に認められる範囲」とは、社会通念上、本人が、当初に特定された利用目的からみて、想定できる範囲にあるという趣旨であり、「関連性」を有するか否かの判断は、社会通念に照らして想定できる範囲を超えているかどうかによる（金融分野ガイドライン２条５項）。

　例えば、従来の利用目的を「ダイレクトメールを郵送する」としていたものに、「（電子メールによる送信を含む）」といったことを追加する場合は、「関連性を有すると合理的に認められる範囲」として認められるものと考えられる。

　一方、「アンケートの集計に利用」としていたものを「商品案内等に利用」という場合は、社会通念に照らして想定できる範囲を超えており、認められない。

　本人が想定できないような変更を行う場合には、法18条１項の規定により、本人の同意を得なければならない。

（２）適正な取得

　個人情報取扱事業者は、個人情報の取得に際して、「偽りその他不正の手段」を用いることは禁じられている（法20条）。

　ここで「偽りその他不正の手段」とは、本人に対して個人情報を収集していることやその目的を隠したり、収集目的を偽ったりすること、個人情報取扱事業者に法27条に違反する個人データの提供（第三者提供の制限）をそそのかすことなどをいう。

　「不正の手段」には、当然、違法な手段が含まれる。

　不正に取得されたことが容易に判断可能な個人情報や、第三者提供の制限に違反して提供されていることが疑われる個人データを取得した個人情報取扱事業者は、不正の手段による取得をしたとみなされる場合がある。したがって、通則ガイドライン3-3等は、個人情報の不正取得等の不当な行為を行っている第三者から、当該情報が漏えいされた情報であること等を知った上で個人情報を取得すべきではないと規定している。

　なお、不正の手段によって取得した保有個人データは、本人からの利用停止

等の求めがあれば、個人情報取扱事業者はこれに応じる義務がある（法35条）。

（3）利用目的の通知等

①　通知・公表の方法

　個人情報保護法では、個人情報取扱事業者に対し、個人情報を取得する際には、あらかじめ利用目的を公表している場合を除き、速やかに、その利用目的を本人に通知するか、公表しなければならないとしている（法21条１項）。

　ここで、「通知」「公表」の方法について、金融実務では、それぞれ以下のように規定されている（金融分野ガイドライン６条１項）。

　イ．「通知」の方法については、原則として書面による

　ロ．「公表」の方法については、自らの金融商品の販売方法等の事業の態様に応じ、ホームページ等での公表、事務所の窓口等への書面の掲示・備付け等、適切な方法によらなければならない

②　本人から直接書面等により取得する場合

　個人情報をその本人から直接、契約を締結することに伴って契約書その他の書面（電磁的方式等による記録を含む）により取得する場合には、上記にかかわらず、あらかじめ、本人に対して利用目的を明示しなければならないとされている（人の生命、身体または財産の保護のために緊急に必要がある場合を除く）（法21条２項）。

③　与信事業の際の取扱い

　金融機関の与信事業に関しては、その特性に鑑み、利用目的を明示する書面に確認欄を設けること等により、利用目的について本人の同意を得ることが求められる。つまり、事前の明示のみならず、同意の取得が必要となる（金融分野ガイドライン６条２項）。

　また、同ガイドラインでは、与信事業において、申込時に利用目的について本人の同意を得る場合、当該申込時に利用目的について同意を得た個人情報については「利用目的の通知または公表」を要しないものの、それ以降に取得す

る情報については、あらかじめ利用目的を公表していない限り、利用目的の通知または公表が必要であるとしている。

④　通知・公表・明示義務の例外

　通知・公表・明示の義務は、次の4類型のいずれかに該当する場合には、適用されない（法21条4項）。

　　イ．利用目的を本人に通知し、または公表することにより本人または第三者の生命、身体、財産その他の権利利益を害するおそれがある場合

　　ロ．利用目的を本人に通知し、または公表することにより当該個人情報取扱事業者の権利または正当な利益を害するおそれがある場合

　　ハ．国の機関または地方公共団体が法令の定める事務を遂行することに対して協力する必要がある場合であって、利用目的を本人に通知し、または公表することにより当該事務の遂行に支障を及ぼすおそれがあるとき

　　ニ．取得の状況からみて利用目的が明らかであると認められる場合

3．情報管理に関する規定

（1）正確性の確保

　法22条は、「個人情報取扱事業者は、利用目的の達成に必要な範囲内において、個人データを正確かつ最新の内容に保つよう努めなければならない」と規定し、個人データの正確性・最新性確保を努力義務として定めている。正確かつ最新に保持すること自体を義務づけているものではないため、相応の努力をしていれば義務に反するとは言えない。

　ただし、何らかの事情により、保有する個人データが誤っている、あるいは最新のものでないことを知ったときには、利用目的の達成に必要なものでないことが明らかな場合を除き、これを修正しなければならない。これに関連して、法29条では、内容が事実でないとして本人から訂正等（追加、削除を含む。以下同）の求めがあった場合は、利用目的の達成に必要な範囲内において遅滞なく必要な調査を行い、その結果に基づき、その内容の訂正等を行う義務が個人

情報取扱事業者に課されている。

　また、本人からの申出の内容が明らかに真正なものであれば、法22条の努力義務のみで訂正等が行われなければならないが、法34条では、（本人の申出であれば）利用目的の達成に必要な範囲内において遅滞なく必要な調査を行うこと自体も義務となっている。

（2）機微（センシティブ）情報の定義と取扱い禁止

　金融分野における個人情報取扱事業者は、法２条３項に定める要配慮個人情報並びに労働組合への加盟、門地、本籍地、保健医療及び性生活（これらのうち要配慮個人情報に該当するものを除く。）に関する情報（本人、国の機関、地方公共団体、法57条１項各号若しくは施行規制第６条各号に掲げる者により公開されているもの、又は、本人を目視し、若しくは撮影することにより取得するその外形上明らかなものを除く。以下「機微（センシティブ）情報」という）については、次に掲げる場合を除くほか、取得、利用又は第三者提供を行わないこととされている（金融分野ガイドライン５条）。

① 　法令等に基づく場合
② 　人の生命、身体または財産の保護のために必要がある場合
③ 　公衆衛生の向上または児童の健全な育成の推進のため特に必要がある場合
④ 　国の機関もしくは地方公共団体またはその委託を受けた者が法令の定める事務を遂行することに対して協力する必要がある場合
⑤ 　法第20条第２項第６号に掲げる場合に機微（センシティブ）情報を取得する場合、法第18条第３項第６号に掲げる場合に機微（センシティブ）情報を利用する場合、又は法第27条第１項第７号に掲げる場合に機微（センシティブ）情報を第三者提供する場合
⑥ 　源泉徴収事務等の遂行上必要な範囲において、政治・宗教等の団体もしくは労働組合への所属もしくは加盟に関する従業員等の機微（センシティブ）情報を取得、利用または第三者提供する場合
⑦ 　相続手続による権利義務の移転等の遂行に必要な限りにおいて、機微（セ

ンシティブ）情報を取得、利用または第三者提供する場合

⑧　保険業その他金融分野の事業の適切な業務運営を確保する必要性から、本人の同意に基づき業務遂行上必要な範囲で機微（センシティブ）情報を取得し、利用しまたは第三者提供する場合

⑨　機微（センシティブ）情報に該当する生体認証情報を本人の同意に基づき、本人確認に用いる場合

　さらに、同ガイドラインでは、上記①〜⑨に定める事由により機微（センシティブ）情報を取得し、利用または第三者に提供する場合についても、上記①〜⑨の事由を逸脱した取得、利用または第三者提供を行うことのないよう、特に慎重に取り扱うこととすべき旨を規定している。

（3）目的外利用の禁止

①　目的外利用の禁止と同意原則

　個人情報取扱事業者は、あらかじめ本人の同意を得ずに、利用目的の範囲の達成に必要な範囲を超えて、個人情報を取り扱うことはできない（法18条１項）。

　例えば、預金取引における本人特定事項の確認のために入手した顧客の住所・氏名を利用して、利用目的として特定されていない新商品紹介のダイレクトメールを送付するような場合は、この規定に抵触すると考えられる。

②　目的外利用の禁止と同意原則の例外

　法18条１項に明記されているとおり、「本人の同意」を得た場合は、個人情報を利用目的を超えて取り扱うことが認められるが、以下の場合についても、利用目的による制限は適用されないこととされている（法18条３項）。

　イ．法令に基づく場合

　ロ．人の生命、身体または財産の保護のために必要がある場合であって、本人の同意を得ることが困難であるとき

　ハ．公衆衛生の向上または児童の健全な育成の推進のために特に必要がある場合であって、本人の同意を得ることが困難であるとき

　ニ．国の機関もしくは地方公共団体またはその委託を受けた者が法令の定め

　　る事務を遂行することに対して協力する必要がある場合であって、本人の
　　同意を得ることにより当該事務の遂行に支障を及ぼすおそれがあるとき

ホ．学術研究機関等が個人データを提供する場合であり、かつ、当該個人デー
　　タの提供が学術研究の成果の公表又は教授のためやむを得ない場合（個
　　人の権利利益を不当に侵害するおそれがある場合を除く。）

ヘ．学術研究機関等が個人データを提供する場合であり、かつ、当該学術研
　　究機関等と共同して学術研究を行う第三者（学術研究機関等であるか否か
　　を問わない。）に当該個人データを学術研究目的で提供する必要がある場
　　合（当該個人データを提供する目的の一部が学術研究目的である場合を含
　　み、個人の権利利益を不当に侵害するおそれがある場合を除く。）

ト．学術研究機関等が個人データの第三者提供を受ける場合であり、かつ、
　　当該学術研究機関等が当該個人データを学術研究目的で取り扱う必要があ
　　る場合（当該個人データを取り扱う目的の一部が学術研究目的である場合
　　を含み、個人の権利利益を不当に侵害するおそれがある場合を除く。）

　なお、金融分野における個人情報取扱事業者は、任意の求めの趣旨に照らし
て目的外利用の必要性と合理性が認められる範囲内で対応するよう留意するも
のとされている。

　また、通則ガイドライン3-1-5、金融分野ガイドライン４条は、それぞれの
場合における具体例を示している。

4．情報の第三者提供に関する規定

（1）第三者提供の制限

①　概要

　個人情報保護法において、個人データの第三者への提供の制限は、法27条に
規定されている。

　同条１項では、個人情報取扱事業者は、「あらかじめ本人の同意を得た場合」
あるいは「法令に基づく場合その他の一定の場合（同項１号から７号に定める
場合）」以外の、個人データの第三者への提供を禁じている。

同条2項では、いわゆる「オプトアウト」（24〜26頁参照）の措置がとられている場合、同条1項にかかわらず、個人データの第三者への提供は可能としている（なお、同条3項は、「オプトアウト」実施に係る手続上の規定）。

　ところで、「第三者」とは、個人情報取扱事業者以外のものをいい、子会社、関連会社も第三者にあたる。ただし、同条5項では、「事務等の外部委託を行う場合その他の一定の場合（同項1号から3号に定める場合）」に、個人データの提供を受ける者を「第三者に該当しない」としている。

　「第三者に該当しない」ということは、同条1項の「第三者への提供禁止」が適用されないので、その者に対する個人データの提供は可能ということになる（なお、同条6項は、共同利用の取扱いに関する手続上の規定）。

　これらをまとめると、個人情報取扱事業者は、個人データの第三者への提供については原則として禁じられているものの、以下の場合は、提供が可能ということになる。

　イ．あらかじめ本人の同意を得た場合
　ロ．法令に基づく場合その他の一定の場合（法27条1項1号から7号に定める場合）
　ハ．いわゆる「オプトアウト」の措置がとられている場合
　ニ．「第三者に該当しない者」に提供する場合（法27条5項1号から3号に定める場合）

② 第三者提供に関する同意取得の方法

　個人情報取扱事業者は、第三者への個人データの提供は、原則として禁じられているが、「あらかじめ本人の同意を得た場合」は提供可能である（法27条1項）。

　ここで、第三者への提供について本人の同意を得る場合、金融機関の実務では、原則として書面（電子的方式、磁気的方式、その他人の知覚によっては認識することのできない方式で作られる記録を含む）による必要がある（金融分野ガイドライン12条1項）。

　また、同ガイドライン3条では、同意書面をあらかじめ準備する場合の留意事項として、第三者提供に同意を求める部分について、文字の大きさおよび文

章の表現を変えることなどにより、個人情報の取扱いに関する条項が他と明確に区別され、本人に理解されるか、または、確認欄を設け本人がチェックを行うことなどにより、本人の意思の十分な確認を行うことが望ましいとされている。

　さらに、当該書面における記載を通じて、以下の点について本人に認識させた上で同意を得ることとしている（金融分野ガイドライン12条）。

　イ．個人データを提供する第三者

　ロ．提供を受けた第三者における利用内容

　ハ．第三者に提供される情報の内容

③　第三者提供が認められる場合

　個人情報取扱事業者は、法令に基づく場合その他一定の場合は、個人情報の第三者提供が可能となっている（法27条1項1号〜7号）。

　具体的には、以下のとおりである。

　イ．法令に基づく場合

　ロ．人の生命、身体または財産の保護のために必要がある場合であって、本人の同意を得ることが困難であるとき

　ハ．公衆衛生の向上または児童の健全な育成の推進のために特に必要がある場合であって、本人の同意を得ることが困難であるとき

　ニ．国の機関もしくは地方公共団体またはその委託を受けた者が法令の定める事務を遂行することに対して協力する必要がある場合であって、本人の同意を得ることにより当該事務の遂行に支障を及ぼすおそれがあるとき

　ホ．学術研究機関等が個人データを提供する場合であり、かつ、当該個人データの提供が学術研究の成果の公表又は教授のためやむを得ない場合（個人の権利利益を不当に侵害するおそれがある場合を除く。）

　ヘ．当該個人情報取扱事業者が学術研究機関等である場合であって、当該個人情報を学術研究の用に供する目的（以下この章において「学術研究目的」という。）で取り扱う必要があるとき（当該個人情報を取り扱う目的の一部が学術研究目的である場合を含み、個人の権利利益を不当に侵害するおそれがある場合を除く）。

23

ト．学術研究機関等に個人データを提供する場合であって、当該学術研究機
　関等が当該個人データを学術研究目的で取り扱う必要があるとき（当該個
　人データを取り扱う目的の一部が学術研究目的である場合を含み、個人の
　権利利益を不当に侵害するおそれがある場合を除く）。

　イの「法令に基づく場合」（27条1項1号）としては、法令において事業者
に届出等の義務が課されており、届出等に伴って個人データを第三者に提供す
ることも当該法令により義務づけられている場合（疑わしい取引の届出を行う
場合や、所得税法に基づき税務署長に対して支払調書等を提出する場合）、第
三者の側が情報の提供を受けることについて法令上の根拠があり、事業者が求
めに応じ個人情報を提供することが当該法令により認められている場合（刑事
訴訟法に基づく捜査事項照会へ回答する場合）等がある。

　また、弁護士法23条の2に基づく弁護士会からの報告請求に対して、個人デ
ータを弁護士会に提供することは、法令に基づく場合に該当し可能と考えられ
る。なお、具体的な報告内容によってはプライバシー権の侵害等を理由に損害
賠償が認められる可能性もあるので、報告を行う際には本人の同意を得ること
が望ましく、同意が得られない場合には、個別事案ごとの慎重な判断が必要で
あろう。

　ロ、ハの「本人の同意を得ることが困難であるとき」とは、物理的に困難な
場合のみならず、個人データの第三者提供が本人の権利利益を不当に侵害する
ものではないものの、本人に都合の悪い情報等で本人が第三者に提供されるこ
とに同意しないと客観的に認められる場合を含む。例えば、悪質な総会屋の活
動など社会的に許されない行為に関する情報の提供についてまで、本人の同意
を得ることが個人情報保護法で義務づけられるものではない（ニの「本人の同
意を得ることにより当該事務の遂行に支障を及ぼすおそれがあるとき」も同様）。

　ニについては、任意の税務調査に個人情報取扱事業者が対応する場合などが
想定される。

（2）オプトアウト

　個人情報取扱事業者は、いわゆるオプトアウトの措置がとられている場合は

提供が可能である。

　オプトアウトとは、事業者の原則的な取扱いに対して、例外的に取り扱うことを本人が要求できる制度である。この場合であれば、原則的に第三者提供を行う事務手続であったとしても、本人から提供停止の要求があった場合、個人情報取扱事業者がこれに応じて提供を停止することを指す。

　個人情報取扱事業者の側では、このような例外的取扱いを受け入れられるだけの柔軟な事務フローを有している必要がある。

　オプトアウト措置により、個人データを第三者に提供する場合は、以下の要件を満たすことが条件となる（法27条2項）。

　イ．本人の求めに応じて個人データの第三者提供を停止すること

　ロ．以下、ⅰ）～ⅷ）の事項を、あらかじめ本人に通知するか、本人が容易に知り得る状態に置いていること、ⅲ）～ⅴ）、ⅶ）、ⅷ）を変更する場合は、変更内容について、あらかじめ、本人に通知するか、本人が容易に知り得る状態に置き、かつ個人情報保護委員会に届け出ること（法27条2、3項）。

　　ⅰ）第三者への提供を行う個人情報取扱事業者の氏名又は名称及び住所並びに法人にあっては、その代表者の氏名

　　ⅱ）個人データの第三者提供を利用目的とすること

　　ⅲ）第三者に提供される個人データの項目（例：「住所、氏名、性別、生年月日および電話番号」）

　　ⅳ）第三者に提供される個人データの取得の方法

　　ⅴ）第三者への提供の手段または方法（例：「オンラインおよびCD-ROMによる提供」）

　　ⅵ）本人の求めに応じて個人データの第三者提供を停止すること

　　ⅶ）本人の求めを受け付ける方法

　　ⅷ）その他個人の権利利益を保護するために必要なものとして個人情報保護委員会規則で定める事項

　通則ガイドライン3-6-2では、ロの「本人が容易に知り得る状態」とは、本人が知ろうと思えば、時間的にも、その手段においても、容易に知ることができる状態としており、金融機関は、自らの金融商品の販売方法等の事業の態様

等に応じた適切な方法により、継続的な公表を行う必要がある。この方法として、例えば、事務所の窓口等での常時掲示・備付け、ホームページへの常時掲載などが考えられる。

なお、個人信用情報機関への個人データの提供は、このオプトアウト措置により行うことのないよう、注意が必要である。

5. 安全管理に関する規定

（1）安全管理措置

個人情報取扱事業者は、個人データの漏えい、滅失または毀損の防止その他の個人データの安全管理のために必要かつ適切な措置を講じなければならないとされている（法23条）。

ここで、「必要かつ適切な措置」について、金融分野ガイドライン8条1項では、具体的に対応すべきものとして、「安全管理に係る基本方針・取扱規程等の整備」「安全管理措置に係る実施体制の整備」を挙げている。さらに、この措置については、「個人データの取得・利用・保管等の各段階に応じた『組織的安全管理措置』『人的安全管理措置』『物理的安全管理措置』『技術的安全管理措置』及び『外的環境の把握』を含むものでなければならない」としている。

金融分野ガイドラインにおけるそれぞれの安全管理措置の定義は以下のとおり（金融分野ガイドライン8条2項～6項）。

① 組織的安全管理措置

個人データの安全管理措置について従業者の責任と権限を明確に定め、安全管理に関する規程等を整備・運用し、その実施状況の点検・監査を行うこと等の、個人情報取扱事業者の体制整備および実施措置を行うこと。

② 人的安全管理措置

従業者との個人データの非開示契約等の締結および従業者に対する教育・訓練等を実施し、個人データの安全管理が図られるよう従業者を監督すること。

③　物理的安全管理措置

　個人データを取り扱う区域の管理、機器及び電子媒体等の盗難の防止、電子媒体等を持ち運ぶ場合の漏えい等の防止並びに機器及び電子媒体等の廃棄等の個人データの安全管理に関する物理的な措置を行うこと。

④　技術的安全管理措置

　個人データ及びそれを取り扱う情報システムへのアクセス制御及び情報システムの監視等の、個人データの安全管理に関する技術的な措置を行うこと。

⑤　外的環境の把握

　外国において個人データを取り扱う場合に、当該外国の個人情報の保護に関する制度等を把握すること。

　これらの安全管理措置の方針については、「個人情報保護宣言」にも掲載し、対外的に明確化することも必要である。

　なお、これらの安全管理措置については、金融分野ガイドラインにより、画一的な適用のないよう一定の解釈基準が示されている。すなわち、「当該措置は、個人データが漏えい等をした場合に本人が被る権利利益の侵害の大きさを考慮し、事業の性質、個人データの取扱状況及び個人データを記録した媒体の性質等に起因するリスクに応じたものとする」とされ、リスクに応じた管理措置でよいことが明確化されている（金融分野ガイドライン8条1項）。

（2）従業者の範囲・監督

　法24条は、個人情報取扱事業者が、「個人データ」を取り扱うにあたっての安全管理措置として、その従業者に対し必要かつ適切な監督を行うべきことを定めたものである。

①　従業者

　ここでいう「従業者」とは、個人情報取扱事業者の組織内にあって直接間接に事業者の指揮監督を受けて事業者の業務に従事しているものをいい、雇用関

係にある従業員（正社員、契約社員、嘱託社員、パート社員、アルバイト社員等）のみならず、取締役、執行役、理事、監査役、監事、派遣社員も含まれる（金融分野ガイドライン9条2項）。

②　必要かつ適切な管理

　法24条は、「必要かつ適切な管理」を具体的に講じることを求めているが、法文上からは何をどの程度実施すべきか明らかではない。個人情報保護委員会（法127条）の定めるガイドライン等（告示）、助言（法144条）、認定個人情報保護団体の定める個人情報保護指針（法54条）等に沿って対応していくべきことになるだろう。

（3）委託先の監督・再委託

　個人情報取扱事業者は、個人データの取扱いの全部または一部を委託する場合は、その取扱いを委託された個人データの安全管理が図られるよう、委託を受けた者に対する必要かつ適切な監督を行わなければならない（法25条）。また、委託元となる個人情報取扱事業者は、委託先の事業者が個人情報取扱事業者でない場合にも、その事業者を適切に監督することが求められる。

　金融分野ガイドライン10条2項は、「委託」の定義について、契約の形態や種類を問わず、金融機関が他の者に個人データの取扱いの全部または一部を行わせることを内容とする契約の一切を含む、と規定しており、委託先が幅広く含まれることを明確化している。

　金融機関の実務では、「適切な委託先の選定」とともに「委託先における安全管理のための措置の確保」を求められており、具体的には以下が必要となる（金融分野ガイドライン10条3項）。

①　個人データの安全管理のため、委託先における組織体制の整備および安全管理に係る基本方針・取扱規程の策定等などの内容を委託先選定の基準に定め、当該基準に従って委託先を選定するとともに、当該基準を定期的に見直すこと

②　委託者の監督・監査・報告・徴収に関する権限、委託先における個人デ

ータの漏えい・盗用・改竄および目的外利用の禁止、再委託に関する条件および漏えい等が発生した場合の委託先の責任を内容とする安全管理措置を委託契約に盛り込むとともに、定期的または随時に当該委託契約に定める安全管理措置の遵守状況を確認し、当該安全管理措置の見直しを行うこと

　さらに、留意点として、二段階以上の委託が行われた場合には、委託先の事業者が再委託先等の事業者に対して十分な監督を行っているかについても監督を行わなければならない。

6．保有個人データの公表・訂正・削除に関する規定

（1）公表・開示請求と実務対応

　個人情報取扱事業者は、本人から、当該本人が識別される保有個人データの開示（当該本人が識別される保有個人データが存在しないときにその旨を知らせることを含む。以下同）を求められたときは、本人に対し、当該本人が請求した方法（当該方法による開示に多額の費用を要する場合その他の当該方法による開示が困難である場合にあっては、書面の交付による方法）により、遅滞なく、当該保有個人データを開示しなければならない（法33条1、2項、同法施行令9条、金融分野ガイドライン16条）。

　ただし、開示することにより次のいずれかに該当する場合は、その全部または一部を開示しないことができるとされている。

① 　本人または第三者の生命、身体、財産その他の権利利益を害するおそれがある場合
② 　当該個人情報取扱事業者の業務の適正な実施に著しい支障を及ぼすおそれがある場合
　・与信審査内容等の個人情報取扱事業者が付加した情報の開示請求を受けた場合
　・保有個人データを開示することにより評価・試験等の適正な実施が妨げられる場合

・企業秘密が明らかになるおそれがある場合

なお、開示すべき保有個人データの量が多いことのみでは②に該当しない等

③　他の法令に違反することとなる場合

・犯罪収益移転防止法９条２項「顧客への届出事実の漏えい」等

なお、上記に該当し、保有個人データの全部または一部を開示しないこととした場合は、本人に対し、遅滞なくその旨を通知しなければならず、また、その決定の理由について、根拠とした法の条文および判断の基準となる事実を示して遅滞なく説明を行うこととするとされている（法33条３項、36条、金融分野ガイドライン16条、17条）。

（2）訂正・利用停止等

①　訂正

個人情報取扱事業者は、本人から、当該本人が識別される保有個人データの内容が事実でないという理由によって、当該保有個人データの内容の訂正、追加または削除（以下、「訂正等」）を求められた場合には、その内容の訂正等に関して他の法令の規定により特別の手続が定められている場合を除き、利用目的の達成に必要な範囲内において、遅滞なく事実の確認等の必要な調査を行い、その結果に基づき、当該保有個人データの内容の訂正等を行わなければならない（法34条２項）。

訂正等を行った場合、または訂正等を行わないこととした場合は、本人に対し、遅滞なくその旨（訂正等を行った場合は、その内容を含む）を通知しなければならない（34条３項）。この際、「訂正等を行わない場合には、訂正を行わない根拠およびその根拠となる事実を示し、その理由を説明することとする」とされている（法36条、金融分野ガイドライン17条）。

なお、「事実でないという理由」によらないものについては、本条の適用はなく、他の一般的な苦情取扱い等のルールに則して取扱う必要がある。

②　利用停止等

　個人情報取扱事業者は、本人から、当該本人が識別される保有個人データが
以下のいずれかの理由によって、当該保有個人データの利用の停止または消去
（以下、「利用停止等」）を求められた場合であって、その求めに理由があるこ
とが判明したときは、違反を是正するために必要な限度で、遅滞なく、当該保
有個人データの利用停止等を行わなければならない（法35条2項）。

イ．利用目的の範囲内での利用（法18条）に違反して取り扱われているとい
　う理由
ロ．不正の手段による取得の禁止（法20条）に違反して取得されたものであ
　るという理由

　ただし、当該保有個人データの利用停止等に多額の費用を要する場合、その
他の利用停止等を行うことが困難な場合であって、本人の権利利益を保護する
ために必要なこれに代わるべき措置をとるときは、この限りではない（法35条
2項但書）。

　利用停止等を行った場合、または利用停止等を行わないこととした場合は、
本人に対し、遅滞なく、その旨（本人から求められた措置と異なる措置を行う
場合にはその措置内容を含む）を通知しなければならない（法35条5項）。こ
の際、利用停止等を行わない場合には、利用停止等を行わないこと、あるいは
求められた措置と異なる措置を行うことに関する判断の根拠およびその根拠と
なる事実を示し、その理由を説明することとされている（法36条、金融分野ガ
イドライン17条）。

（3）理由の説明

　個人情報取扱事業者は、保有個人データの公表・開示・訂正・利用停止等に
おいて、その措置をとらない旨またはその措置と異なる措置をとる旨を面談、
郵便、電話、電子メール等によって、本人に通知する場合は、併せて、本人に
対してその理由を説明するよう努めなければならない（法36条）。これは、金
融分野ガイドライン17条にも同趣旨の規定があり、不開示、不訂正の場合には、
「理由を説明すること」としている。

7．その他の義務に関する規定

（1）苦情処理

　法40条は、個人情報取扱事業者に、個人情報の取扱いに関する苦情の適切かつ迅速な処理とそのための体制整備について努力義務を課している。

　顧客からの苦情は、個人情報の漏えいや紛失を外部から知る重要なルートである。過去の事例でも、顧客からの苦情、通報が事件発覚のきっかけとなっているケースも見られている。

　苦情は、顧客情報の管理態勢の不備、欠陥を気づかせてくれる重要なきっかけにもなるため、個人情報保護法に規定されているか否かにかかわらず、金融機関は個人情報、顧客情報管理態勢の重要な要素として、
① 苦情の収集
② 内容分析
③ 関係部門への通知報告
④ 対策実施
⑤ 事後的レビュー
の一連のプロセスを社内に整備すべきである。

　金融分野ガイドラインでは、金融機関が個人情報の取扱いに関する苦情を受けたときは、その内容について調査し、合理的な期間内に、適切かつ迅速な処理に努めなければならないとしている。また、苦情処理手順の策定、苦情受付窓口の設置、苦情処理に当たる従業者への十分な教育・研修など、苦情処理を適切かつ迅速に行うために必要な体制の整備に努めることも必要である（金融分野ガイドライン19条）。

　なお、「保有個人データの取扱いに関する苦情の申出先」については公表しなければならない（法32条１項４号、法施行令８条）。

（2）漏えい事案等への対応

　金融機関は、個人情報の漏えい等の事故が発生した場合には、監督当局に直

ちに報告するほか、二次被害の防止、類似事案の発生回避等の観点から、漏えい等の事実関係および再発防止策等を早急に公表しなければならない。また、漏えい等の対象となった本人には、速やかにその事実関係等の通知を行う必要がある（金融分野ガイドライン11条）。

　この中でも、漏えい・紛失した個人の権利保護や二次被害の防止が最も重要であり、本人への通知報告を最優先に考える姿勢が不可欠である。会社の体面やレピュテーションの低下を気にし過ぎて、内部調査に時間を要し、本人等への通知・報告が遅れるような事態は避けなければならない。

　また、監督当局宛ての報告については、それが業法上の報告・命令権限に基づいて求められている場合、報告漏れは法令違反に該当するため、社内の報告態勢の整備とともに、当局宛て報告を要する事案か否かの迅速な検討が必要となる。

8.　マイナンバー制度と個人情報保護法

（1）マイナンバー制度の概要

①　行政の効率化等のための社会基盤としてのマイナンバー制度

　マイナンバー制度とは、わが国の住民票の対象となる個人全員に対し個人番号を付与すること等により、社会保障や税に関する行政手続に活用するというものである。わが国の行政機関や地方公共団体においては、たとえば公的年金制度に係る基礎年金番号、社会保険に係る被保険者番号、地方公共団体内での事務に用いられる宛名番号等、異なる分野や機関ごとに個人を特定するための番号が存在する一方、異なる分野や機関間で横断的に個人を特定するための番号はこれまで存在していなかったため、複数の機関に存在する個人の情報が同一人の情報であるということの確認には多大なコストを要し、また、当該確認の過程においてミスも生じやすいという状況があった。マイナンバー制度は、このような状況を改善すべく、複数の機関に存在する個人の情報が同一人の情報であるということの確認を、より容易に行うための社会基盤を提供することを基本的な目的としている。

② **法律**

マイナンバー法は、正式名称を「行政手続における特定の個人を識別するための番号の利用等に関する法律」という。

また、政令として、「行政手続における特定の個人を識別するための番号の利用等に関する法律施行令」（マイナンバー法施行令）が公布されている。同法施行令には、個人番号の変更手続に関する規定や、個人番号取得時の本人確認の方法に関する規定、特定個人情報を提供することができる場合につき定める規定等が設けられている。

さらに、内閣府・総務省令として、「行政手続における特定の個人を識別するための番号の利用等に関する法律施行規則」（マイナンバー法施行規則）が公布されている。同法施行規則には、個人番号取得時の本人確認の方法の詳細につき定める規定等が設けられている。

（2）個人情報保護法との関係

マイナンバー法は、個人情報保護法の特例を定めることをその目的とするとされている（マイナンバー法1条）。そして、（生存する個人の）個人番号や特定個人情報も、個人情報保護法上の「個人情報」にあたることから、個人番号関係事務実施者（注）がこれらを取扱うにあたっては、マイナンバー法に特別の定めがない限りにおいて、個人情報保護法上の規制も遵守する必要がある。

（注）厳密にいえば、個人情報取扱事業者（個人情報保護法16条2項）たる個人番号関係事務実施者であるが、金融機関は、ほとんどの場合、個人情報取扱事業者にあたるものと思われる。

もっとも、個人番号は多種多様な個人情報と関連付けられ、その漏えい等は深刻なプライバシー侵害等を発生させる危険性があるという点で、一般の個人情報よりも重要性が高いといえる。

そのため、マイナンバー法は、上記「特別の定め」として、法30条3項により、個人情報保護法の一部の規定について、これを読み替えたり、適用を除外することとしている。

上記の読み替え・適用除外や、マイナンバー法独自の規定等を踏まえて、個

人情報保護法上の規制とマイナンバー法上のそれとの主な相違点をあげれば、以下のとおりとなる。

①　取得

　個人情報保護法上、偽りその他不正の手段により個人情報を取得してはならない旨の規定はあるが（個人情報保護法20条）、これ以外に、個人情報を取得すること自体を制限する規定はない。

　他方、マイナンバー法においては、マイナンバー法19条各号のいずれかに該当する場合でなければ、個人番号の提供を求めることはできず（マイナンバー法15条）、特定個人情報を収集・保管することもできない（マイナンバー法20条）。また、個人番号取得時に本人確認の措置をとらなければならないこと（マイナンバー法16条）も、マイナンバー法独自の規制である。

②　利用

　個人情報保護法上、個人情報の利用目的はできる限り特定しなければならず（個人情報保護法15条）、本人から個人情報を取得する際には、この利用目的の通知等が必要となるが（個人情報保護法21条１項、２項）、利用目的をどのようなものにするかについては特段の制限はなく、また、本人の事前同意があれば、目的外の利用も可能となる（個人情報保護法18条１項）。さらに個人データベース等（個人情報保護法16条１項）の作成についても、特段の制限はない。

　他方、マイナンバー法においては、マイナンバー法９条に定める事務を処理するうえで必要な限度でしか個人番号を利用できないので、個人番号の利用目的については、この範囲内で特定する必要がある。また、本人の同意があっても、個人番号を目的外利用することはできない（マイナンバー法30条３項によって読み替えられる個人情報保護法18条１項）。さらに、特定個人情報ファイルも、個人番号利用事務等を処理するために必要な範囲を超えて作成することはできない（マイナンバー法29条）。

③　提供

　個人情報保護法上、個人データの第三者提供は、原則として禁止されている

が、本人の事前同意があれば、第三者提供は可能となる（個人情報保護法27条1項）。また、本人の請求があれば提供を停止すること等をあらかじめ通知等して行う第三者提供（オプトアウト。個人情報保護法27条2～4項）や共同利用の範囲等をあらかじめ通知等して行うグループ共同利用（個人情報保護法27条5項3号）も認められている。

　他方、マイナンバー法においては、マイナンバー法19条各号のいずれかに該当する場合でなければ、特定個人情報を提供することはできない。そして、マイナンバー法30条3項が個人情報保護法27条を全面的に適用除外としていることから、上記の、本人の事前同意に基づく第三者提供、オプトアウトによる第三者提供、グループ共同利用のいずれも、特定個人情報について行うことはできない。なお、マイナンバー法上は、マイナンバー法19条各号のいずれかに該当する場合であれば、本人の事前同意がなくとも、特定個人情報の提供を行うことができる。

④　委託

　個人情報保護法上、個人データの取扱いの委託（個人情報保護法27条5項1号）を受けた者が再委託を行うのに、委託者の許諾は特に要求されていない。他方、マイナンバー法においては、委託先は、委託者の許諾を得た場合に限り、再委託をすることができるとされている（マイナンバー法10条1項）。

第1章の出題

※問題右上の回号表記は、目次注釈参照。

第1問 (第78回)

個人情報保護法の成立・改正に関する次の記述のうち、誤っているものを一つ選びなさい。

（1）個人情報保護法は、個人情報の有用性に配慮しつつ、個人の権利利益を保護することを目的としている。

（2）令和2年個人情報保護法改正により、新たに個人関連情報、仮名加工情報、匿名加工情報等のカテゴリが導入された。

（3）令和3年個人情報保護法改正により、行政機関の保有する個人情報の保護に関する法律が廃止され、行政機関が保有する個人情報についても個人情報保護法により規制されることとなった。

解答：P.62

第2問 (第78回)

個人情報等の定義に関する次の記述のうち、誤っているものを一つ選びなさい。

（1）それ単独では特定の個人を識別することができない情報であっても、他の情報と容易に照合することができ、それにより特定の個人を識別することができる場合には、当該情報も「個人情報」に該当する。

（2）死者に関する情報は、同時に遺族等の生存する個人に関する情報でもあるような場合を除き、原則として「個人情報」には該当しない。

（3）仮名加工情報とは、所定の措置を講じて特定の個人を識別することができないように個人情報を加工して得られる個人に関する情報であって、当該個人情報を復元することができないようにしたものをいう。

解答：P.62

個人情報等の定義の内容に関する次の記述のうち、正しいものを一つ選びなさい。

（1）「個人情報」とは、生存する個人に関する公表されていない情報であって、当該情報に含まれる氏名、生年月日その他の記述等により特定の個人を識別することができるもの又は個人識別符号が含まれるものをいう。

（2）「個人情報データベース等」とは、個人情報を含む情報の集合物であって、①特定の個人情報を電子計算機を用いて検索することができるように体系的に構成したもの、②①のほか、特定の個人情報を容易に検索することができるように体系的に構成したものとして政令で定めるものをいう。

（3）「個人データ」とは、個人情報データベース等を構成する個人情報をいう。ただし、個人情報取扱事業者の取り扱う個人情報の量及び利用方法からみて、個人の権利利益を害するおそれが少ないものを除く。

解答：P.63

銀行取引と個人情報の重要性に関する次の記述のうち、正しいものを一つ選びなさい。

（1）不正競争防止法は、顧客情報は事業者にとって重要な資産であるとの観点から、顧客の個人情報を保有する事業者の権利を守る機能を有している。

（2）個人情報保護法のうち、民間部門に適用される義務規定部分については、事業者の業種に応じて適用される内容が変わってくる。

（3）与信情報については、与信業者相互間で与信情報を交換する個人信用情報機関が必要となるため、個人情報保護法において、与信情報の交換を許容する旨の特別の規定が設けられている。

解答：P.63

第5問　（第80回）

　個人情報保護と守秘義務に関する次の記述のうち、正しいものを一つ選びなさい。

（1）金融機関の顧客の情報に関する守秘義務を規定した法令はないが、一般に、商慣習や信義則、黙示の契約を根拠に、金融機関には顧客の情報についての守秘義務があると解されている。

（2）住所や氏名、電話番号などは個人を識別するための符丁のようなものであり、知られること自体による不利益は考えられないため、個人情報保護法の適用対象からは除かれる。

（3）守秘義務においては、知り得た情報の漏えいの禁止のみではなく、情報の取得、利用、管理等全般に関して義務が課されている。

解答：P.63

第6問　（第78回）

　利用目的の変更に関する次の記述のうち、誤っているものを一つ選びなさい。

（1）個人情報取扱事業者が個人情報の利用目的を変更する場合には、変更前の利用目的と関連性を有する場合であっても、常に本人の同意を得ることが必要となる。

（2）個人情報取扱事業者が個人情報の利用目的を変更した場合、変更された利用目的について、本人に通知又は公表しなければならない。

（3）個人情報取扱事業者は、法令に基づく場合は、あらかじめ本人の同意を得ることなく、特定された利用目的の達成に必要な範囲を超えて、個人情報を取り扱うことができる。

解答：P.64

第7問

　取得に際しての利用目的の通知等に関する次の記述のうち、誤っているものを一つ選びなさい。

（1）金融分野における個人情報取扱事業者は、取得に際しての利用目的の通知を行う場合には、原則として書面によらなければならない。

（2）書面に記載された本人の個人情報を取得する場合には、本人以外の第三者から取得する場合であっても、取得の相手方に対して利用目的を明示しなければならない。

（3）取得後に利用目的を変更した場合には、その変更が個人情報保護法の定める範囲内のものであっても、本人に対する通知又は公表を行わなければならない。

解答：P.65

第8問

　利用目的の通知等の適用除外に関する次の記述のうち、誤っているものを一つ選びなさい。

（1）金融分野における個人情報取扱事業者は、振り込め詐欺に利用された口座に関する情報を取得したことが明らかになることにより、情報提供を受けた企業に害が及ぶ場合、個人情報の取得に際して利用目的の通知等を省略することができる。

（2）金融分野における個人情報取扱事業者は、暴力団等の反社会的勢力情報や、疑わしい取引の届出の対象情報など、その情報の提供者が逆恨みを買うおそれがある場合は、個人情報の取得に際して利用目的の通知等を省略することができる。

（3）個人情報取扱事業者は、所属する会社の広告宣伝のための冊子を送付するという利用目的のために名刺交換をする場合は、個人情報の取得に際して利用目的の通知等を省略することができない。

解答：P.65

第9問

　要配慮個人情報の取得に関する次の記述のうち、正しいものを一つ選びなさい。

（1）国の機関や地方公共団体によってある者の要配慮個人情報が公開されている場合、個人情報取扱事業者は、あらかじめ本人の同意を得ることなく、当該公開されている要配慮個人情報を取得することができる。

（2）事業承継に伴って取得する個人情報の中に要配慮個人情報が含まれる場合、要配慮個人情報の取得にあたっては、あらかじめ本人の同意を得ることが必要となる。

（3）身体の不自由な方が店舗に来店し、対応した店員がその旨をお客様対応録等に記録するにあたっては、要配慮個人情報の取得に関する本人の同意が必要となる。

解答：P.66

第10問

　要配慮個人情報とその取得に関する次の記述のうち、誤っているものを一つ選びなさい。

（1）個人情報取扱事業者が、労働安全衛生法に基づき健康診断を実施し、これにより従業員の身体状況、病状、治療等の情報を健康診断実施機関から取得する場合には、本人の同意なくこれを取得することができる。

（2）要配慮個人情報を含む個人データについては、オプトアウトによる第三者提供は認められていない。

（3）人種、信条や社会的身分そのものを示す情報だけでなく、それを推測させる情報にすぎないものであっても、要配慮個人情報に含まれる。

解答：P.66

第11問

　個人情報の適正な取得に関する次の記述のうち、誤っているものを一つ選び
なさい。

（1）個人情報保護法に規定する第三者提供制限を違反するよう強要して個人
　　　情報を取得することは、「偽りその他不正の手段」による個人情報の取得
　　　に該当すると解される。

（2）個人情報保護法に規定する個人情報の適正な取得は、「偽りその他不正の
　　　手段」による個人情報の取得であることに対する個人情報取扱事業者の
　　　認識を要件としている。

（3）本人は、その本人が識別される保有個人データが個人情報保護法の規定
　　　に違反して取得されたものである場合には、その利用停止を求めること
　　　ができる。

解答：P.66

第12問

　個人情報の利用目的の特定に関する次の記述のうち、正しいものを一つ選び
なさい。

（1）個人情報取扱事業者の事業活動の内容は本人にとって明らかであること
　　　から、個人情報の利用目的の特定に当たっては、「事業活動に用いるため」
　　　という程度の記載を行えば足りる。

（2）金融分野における個人情報取扱事業者が利用目的を特定するに当たっては、
　　　提供する金融商品又はサービスを示した上で特定することが望ましいと
　　　される。

（3）金融分野における個人情報取扱事業者は、与信事業に際して個人情報を
　　　取得する場合においては、利用目的について本人に書面により通知すれ
　　　ば足り、それに加えて本人の同意を得ることまでは必要ない。

解答：P.67

第13問 （第80回）

　個人情報の利用目的の変更に関する次の記述のうち、誤っているものを一つ選びなさい。

（1）個人情報取扱事業者は、個人情報の利用目的を変更する場合には、変更前の利用目的と関連性を有すると合理的に認められる範囲を超えて行ってはならない。

（2）個人情報取扱事業者は、個人情報の利用目的を変更する場合には、本人の同意を得なければならない。

（3）金融分野における個人情報取扱事業者は、「商品案内等を郵送」することを利用目的として取得した個人情報を、「商品案内等をメール送付」する利用目的に変更することが可能である。

解答：P.67

第14問 （第80回）

　書面による直接取得に関する次の記述のうち、誤っているものを一つ選びなさい。

（1）個人情報取扱事業者は、書面に記載された個人情報を本人から直接取得する場合であっても、人の生命、身体又は財産の保護のために緊急に必要がある場合は、あらかじめ本人に対し、その利用目的を明示しなくてもよい。

（2）戸籍謄本や住民票の写し等、第三者が作成した書面の交付を本人から受ける場合には、個人情報保護法上、事前に利用目的を明示する義務はない。

（3）金融分野における個人情報取扱事業者は、与信事業に際して、書面に記載された個人情報を本人から直接取得する場合は、利用目的について本人の同意を得ることが望ましい。

解答：P.68

　個人情報取扱事業者が公開情報等から個人情報を間接取得等する場合に関する次の記述のうち、正しいものを一つ選びなさい。

（1）本人に「利用目的」を通知、公表しなくとも社会通念上妥当な範囲で利用する限りにおいて違法性はない。

（2）自社ホームページのトップページから1回程度の操作で到達できる場所に利用目的を掲載した場合は、それを公表したことになる。

（3）情報取得時において本人に「利用目的」を通知する必要はないが、情報利用時（第三者や委託先への提供）までに通知する必要がある。

解答：P.68

　利用目的の通知の求めに関する次の記述のうち、誤っているものを一つ選びなさい。

（1）個人情報取扱事業者は、本人から保有個人データの利用目的の通知を求められた場合には、既にそれを公表して本人の知り得る状態になっている場合でも、改めてその通知を行う必要がある。

（2）個人情報取扱事業者は、本人から保有個人データの利用目的の通知を求められた場合であっても、それによって本人の財産を害するおそれがある場合には、その通知を行う必要はない。

（3）個人情報取扱事業者は、本人から保有個人データの利用目的の通知を求められた場合であっても、それによって当該個人情報取扱事業者の利益を害するおそれがある場合には、その通知を行う必要はない。

解答：P.69

第17問 （第80回）

データ内容の正確性の確保に関する次の記述のうち、誤っているものを一つ選びなさい。

（1）個人情報取扱事業者は、利用目的の達成に必要であるか否かにかかわらず、保有する全ての個人データを正確かつ最新の内容に保つよう努めなければならない。

（2）個人情報取扱事業者は、保有する個人データを利用する必要がなくなったときは、遅滞なく当該個人データを消去するよう努めなければならない。

（3）金融分野における個人情報取扱事業者は、保有する個人データの利用目的に応じて保存期間を定めることが求められる。

解答：P.69

第18問 （模擬問題）

機微（センシティブ）情報の取扱いの運用上の考え方に関する次の記述のうち、誤っているものを一つ選びなさい。

（1）「障害者等の少額貯蓄非課税制度」の利用資格を確認する場合は、機微（センシティブ）情報の取得・利用・第三者提供が認められている。

（2）新聞又は官報等に記載された公知の情報でも、機微（センシティブ）情報に該当する。

（3）団体信用生命保険の申込書上に記載されている保健医療情報を、本人の同意に基づき保険業務に必要な範囲で取得・利用・第三者提供する場合は、機微（センシティブ）情報の取扱いが認められている。

解答：P.69

　　　　　　　　　　　　　　　　　　　　　　　（第77回）

　目的外利用の禁止と同意原則に関する次の記述のうち、誤っているものを一つ選びなさい。

（1）個人情報取扱事業者は、特定された利用目的の達成に必要な範囲を超えて、個人情報を取り扱う場合には、原則としてあらかじめ本人の同意を得る必要がある。

（2）金融分野における個人情報取扱事業者は、個人情報の目的外利用に当たって本人の同意を得る場合には、原則として、書面（電磁的記録を含む）による必要がある。

（3）個人情報取扱事業者は、個人情報の目的外利用に当たって本人の同意を得るに際し、本人が未成年者である場合は、必ず親権者から同意を得る必要がある。

解答：P.70

　　　　　　　　　　　　　　　　　　　　　　　（第78回）

　目的外利用の禁止と同意原則の例外に関する次の記述のうち、誤っているものを一つ選びなさい。

（1）人の生命、身体又は財産の保護のために必要がある場合には、本人の同意を容易に得ることができる場合であっても、個人情報取扱事業者が利用目的の達成に必要な範囲を超えて個人情報を利用するための本人の同意は不要となる。

（2）事業者間において反社会的勢力に関する情報を共有する場合は、本人の同意を得ることなく、利用目的の達成に必要な範囲を超えて、個人情報を目的外利用することが可能である。

（3）金融分野における個人情報取扱事業者は、法令に基づき第三者が個人情報の提供を求めることができる旨の規定があっても、正当な事由に基づきそれに応じないことができる場合には、法令の趣旨に照らして目的外利用の必要性と合理性が認められる範囲内で対応する必要がある。

解答：P.70

第21問　(第78回)

　個人情報の不適正利用の禁止に関する次の記述のうち、誤っているものを一
つ選びなさい。

（1）官報に掲載される破産者情報を集約してデータベース化し、インターネ
　　ット上で公開する行為は、単に公開された情報をまとめただけであって
　　も個人情報保護法違反となる。

（2）個人情報の提供先において違法な第三者提供がなされることを予見でき
　　るにもかかわらず、当該提供先に際して個人情報を提供することは、個
　　人情報保護法違反となる。

（3）個人情報取扱事業者は、違法な行為を誘発することが明らかな方法によ
　　り個人情報を利用することは禁じられているが、単にそれを誘発するお
　　それがあるに過ぎない場合であれば、個人情報を利用することは禁じら
　　れない。

解答：P.71

第22問　(第77回)

　国境を越えた適用と外国執行当局への情報提供に関する次の記述のうち、正
しいものを一つ選びなさい。

（1）個人情報保護委員会は、個人情報保護法に相当する外国の法令を執行す
　　る外国執行当局からの要請があったときは、一定の場合を除き、提供し
　　た情報を当該要請に係る外国の刑事事件の捜査等に使用することについ
　　て同意することができる。

（2）日本国内の者の個人情報を取得した個人情報取扱事業者が、外国におい
　　て当該個人情報を取り扱う場合には、個人情報保護法は適用されず、当
　　該外国における個人情報保護法に相当する法律のみが適用される。

（3）個人情報保護委員会は、個人情報保護法に相当する外国の法令を執行す

る外国執行当局に対して情報の提供を行う場合には、必ず法務大臣及び
外務大臣の確認を得る必要がある。

解答：P.72

第23問 (第78回)

　外国にある第三者への個人データの提供に関する次の記述のうち、誤っているものを一つ選びなさい。

（1）日本と同等の水準の個人情報保護制度を有していると認められている国にある第三者に対して個人データを提供する場合には、外国にある第三者への提供を認める旨の本人の同意は不要である。

（2）日本企業が、外国の法人格を取得している当該企業の現地子会社に個人データを提供する場合は、グループ内での個人データの提供にとどまるため、「外国にある第三者」への提供には該当しない。

（3）金融分野における個人情報取扱事業者が外国にある第三者への個人データの提供にあたって本人の同意を得る際には、原則として、当該外国の名称、適切かつ合理的な方法により得られた当該外国における個人情報の保護に関する制度に関する情報、当該第三者が講ずる個人情報の保護のための措置に関する情報のほか、個人データの提供先の第三者、提供先の第三者における利用目的、第三者に提供される個人データの項目を本人に認識させた上で同意を得る必要がある。

解答：P.72

第24問 (第78回)

　第三者提供に係る記録の作成、確認等に関する次の記述のうち、正しいものを一つ選びなさい。

（1）個人情報取扱事業者が個人データを第三者に提供する場合、原則として、当該個人データを提供した年月日や、当該第三者の氏名等の事項に関する記録を作成しなければならない。

（2）個人情報取扱事業者が個人データの第三者提供に係る記録を作成する場合には、書面により作成する必要がある。

（3）個人情報取扱事業者が、利用目的の達成に必要な範囲内において個人データの取扱いを第三者に委託する場合であっても、第三者提供に係る記録を作成する必要がある。

解答：P.73

第25問　　　　　　　　　　　　　　　　　　　　　　（第78回）

正確性の確保に関する次の記述のうち、誤っているものを一つ選びなさい。

（1）個人情報取扱事業者は、保有する個人データにつき、利用目的の達成に必要な範囲内において正確かつ最新の内容に保つよう努めれば足り、保有する個人データを一律に最新化するよう努めることまでは求められない。

（2）個人情報取扱事業者は、保有する個人データを利用する必要がなくなった場合には、当該データから特定の個人を識別できないようにするだけではなく、当該データを削除する努力義務を負う。

（3）金融分野における個人情報取扱事業者は、保有する個人データの利用目的に応じて保存期間を定め、当該期間を経過した個人データを消去する必要がある。

解答：P.73

第26問　　　　　　　　　　　　　　　　　　　　　　（第81回）

合併等の事業承継による個人情報の取得と同意原則の例外に関する次の記述のうち、誤っているものを一つ選びなさい。

（1）合併によって事業を承継した場合、承継前の利用目的の達成に必要な範囲であれば、本人の同意を得ずに、承継に伴って取得した個人情報を取り扱うことができる。

（2）事業の承継に伴って他社から取得した個人情報は、当該他社が特定した利用目的の範囲内であれば、本人の同意を得ずに、もともと自社で運営

していたサービスにも利用することができる。
（3）事業の承継後に、承継前の利用目的の達成に必要な範囲を超えて個人情報を取り扱うにあたり、本人の同意を得るために承継に伴って取得した個人情報を利用することは、そのことが承継前の利用目的として記載されていない場合、目的外利用に該当する。

解答：P.74

第27問 （第81回）

　個人情報の第三者への提供に関する次の記述のうち、正しいものを一つ選びなさい。

（1）金融分野における個人情報取扱事業者は、与信事業に係る個人の返済能力に関する情報を個人信用情報機関へ提供するにあたっては、オプトアウトの手続を用いることができる。

（2）金融分野における個人情報取扱事業者が個人データの第三者提供にあたって本人の同意を得る場合、原則として書面による必要がある。

（3）グループ会社の間で個人データを交換する場合、第三者提供にはあたらないため、本人の同意を得ることなく個人データを交換することができる。

解答：P.74

第28問 （第81回）

　第三者提供に係る記録の作成、確認等に関する次の記述のうち、誤っているものを一つ選びなさい。

（1）個人情報取扱事業者が個人データを第三者に提供する場合、原則として、当該個人データを提供した年月日や、当該第三者の氏名等の事項に関する記録を作成しなければならない。

（2）個人情報取扱事業者が法令に基づき個人データを第三者に提供する場合は、第三者提供に係る記録を作成する必要はない。

（3）個人情報取扱事業者が、利用目的の達成に必要な範囲内において個人デ

ータの取扱いを第三者に委託する場合には、第三者提供に係る記録を作成する必要がある。

解答：P.75

第29問 （模擬問題）

　個人情報保護法における個人データの第三者への提供に関する次の記述のうち、正しいものを一つ選びなさい。

（1）個人データを第三者に提供するにあたり必要となる本人の同意は、第三者提供後、速やかに取得する必要がある。

（2）個人情報取扱事業者は、オプトアウトにより個人データの第三者提供を行っている場合には、本人が第三者提供を停止する旨の求めを行ったとしても、それに応じる必要はない。

（3）個人情報取扱事業者が利用目的の達成に必要な範囲内において、個人データの取扱いの一部を委託することに伴って当該個人データが提供される場合、本人の同意を得る必要はない。

解答：P.75

第30問 （第77回）

　安全管理措置に関する次の記述のうち、正しいものを一つ選びなさい。

（1）個人情報取扱事業者は、個人データの安全管理が図られるよう従業者に対する必要かつ適切な監督を行う必要があるが、ここでいう「従業者」とは当該事業者が直接雇用する従業員等を意味し、派遣会社と雇用関係にある派遣社員は含まれない。

（2）個人情報取扱事業者が遵守すべき安全管理措置は、事業の内容にかかわらず、一律の対応を行うことが求められる。

（3）金融分野における個人情報取扱事業者は、安全管理に係る基本方針・取扱規程等の整備を行う必要がある。

解答：P.76

従業者の監督に関する次の記述のうち、正しいものを一つ選びなさい。

（1）金融分野における個人情報取扱事業者は、その従業者に対し、個人データの安全管理のため、個人データの漏えい等の場合に本人が被る損害の程度にかかわらず、一律に同等の程度の監督を行わなければならない。

（2）金融分野における個人情報取扱事業者が監督を行うべき「従業者」には、正社員、契約社員等に加え、派遣社員等も含まれるが、取締役及び監査役等の役員は、個人情報取扱事業者の指揮監督を受ける立場ではないので含まれない。

（3）個人情報保護委員会・金融庁の実務指針では、従業者への安全管理措置の周知徹底、教育及び訓練のための措置として、従業者に対する採用時及び定期的な教育・訓練のほか、個人データの安全管理に係る就業規則等に違反した場合の懲戒処分の告知を掲げている。

解答：P.76

第74回

委託先の監督に関する次の記述の中で、誤っているものを一つ選びなさい。

（1）個人情報取扱事業者は、個人データの取扱いを第三者に委託する場合、自らが講ずべき安全管理措置と同等の措置が講じられるよう、当該委託先を監督する必要がある。

（2）金融分野における個人情報取扱事業者が個人データの取扱いを第三者に委託する場合、委託する事業の規模及び性質等にかかわらず、最大限の監督を行う必要がある。

（3）金融分野における個人情報取扱事業者が個人データの取扱いを第三者に委託する場合、委託者の監督、監査、報告徴収に関する権限などを内容とする安全管理措置を委託契約に盛り込む必要がある。

解答：P.77

第33問　　　　　　　　　　　　　　　　　　　　　　（模擬問題）

　委託先の管理に関する法令上の規定に関する次の記述のうち、誤っているものを一つ選びなさい。

（1）個人情報取扱事業者が個人データの取扱いを第三者に委託する場合、委託先においても、法令に基づき自らが講ずべき安全管理措置と同等の措置が講じられるよう、監督する必要がある。

（2）個人情報取扱事業者は、個人データの取扱いの再委託が行われる場合、再委託先についても委託先と同等の監督を行う必要がある。

（3）金融分野における個人情報取扱事業者は、個人データの取扱いの委託先選定の基準として、委託先における組織体制の整備および安全管理に係る基本方針・取扱規程の策定等の内容を定めなければならない。

解答：P.77

第34問　　　　　　　　　　　　　　　　　　　　　　　（第75回）

　保有個人データの公表事項等に関する次の記述のうち、誤っているものを一つ選びなさい。

（1）個人情報取扱事業者は、保有個人データに関する事項を公表するにあたり、本人の求めに応じて遅滞なく回答できる体制を整えるだけでは足りず、ホームページへ継続的に掲載することが必要となる。

（2）個人情報取扱事業者は、保有個人データの利用目的を公表することにより、当該個人情報取扱事業者の権利又は利益が侵害されるおそれがある場合は、当該利用目的の公表を行わないことができる。

（3）個人情報取扱事業者は、保有個人データの開示等の請求に応じる手続について公表する必要があるが、その手数料の額を定めている場合には、その額についても公表する必要がある。

解答：P.78

第78回

開示の請求に関する次の記述のうち、誤っているものを一つ選びなさい。

（1）個人情報取扱事業者は、保有個人データの開示の請求を受けたときは、原則として書面を交付する方法によって当該データを開示する。

（2）個人情報取扱事業者は、保有個人データを開示することにより本人の権利利益を害するおそれがある場合、本人からの開示請求であっても開示を拒否することができる。

（3）金融分野における個人情報取扱事業者は、開示請求を受けた保有個人データの中に、与信審査内容等の事業者自らが付加した情報が含まれている場合には、当該付加した情報については開示する必要はない。

解答：P.78

第81回

不開示事由に関する次の記述のうち、誤っているものを一つ選びなさい。

（1）保有個人データの開示によって、第三者の生命、身体、財産その他の権利利益を害するおそれがある場合は、個人情報取扱事業者は、開示の請求の対象となった保有個人データを開示しないことができる。

（2）開示の請求により開示すべき保有個人データの量が多く、個人情報取扱事業者の業務の実施に支障を及ぼすおそれがある場合は、金融分野における個人情報取扱事業者は、保有個人データを開示しないことができる。

（3）金融分野における個人情報取扱事業者が、与信審査内容等の個人情報取扱事業者が付加した情報の開示の請求を受けた場合、当該保有個人データを開示しないことができる。

解答：P.79

第37問　　　　　　　　　　　　　　　　　　　　　　　　（第77回）

　保有個人データの不開示事由に関する次の記述のうち、誤っているものを一つ選びなさい。

（1）金融分野における個人情報取扱事業者に対して、保有個人データの開示請求があった場合、与信審査内容等の個人情報取扱事業者が付加した情報も開示の対象となる。

（2）同一の本人から複雑な対応を要する同一内容について繰り返し開示請求があり、他の問い合わせ対応業務が立ち行かなくなるような場合は、当該保有個人データを開示しないことができる。

（3）保有個人データの開示請求に応じることによって、本人の権利利益を害するおそれがある場合には、当該保有個人データを開示しないことができる。

解答：P.79

第38問　　　　　　　　　　　　　　　　　　　　　　　　（模擬問題）

　保有個人データの不開示事由に関する次の記述のうち、誤っているものを一つ選びなさい。

（1）本人から保有個人データの開示請求がなされた場合、それによって第三者の財産を害するおそれがある場合であっても、本人の利益が優先されるため、個人情報取扱事業者は開示しなければならない。

（2）同一の本人から複雑な対応を要する同一内容について繰り返し開示請求があり、問い合わせ窓口が占有されることによって他の問い合わせ対応業務が立ちゆかなくなるような場合は、保有個人データの開示請求を拒むことができる。

（3）個人情報取扱事業者は、保有個人データの開示請求に対して開示しない旨の決定をしたときは、本人に対して遅滞なく、その旨を通知しなければならない。

解答：P.80

開示等の請求等に応じる手続に関する次の記述のうち、誤っているものを一つ選びなさい。

（1）個人情報取扱事業者は、本人による開示等の請求等を受け付ける方法を定めることができ、この場合、本人は当該方法に従って開示等の請求等を行う必要がある。

（2）開示等の請求等を行うことができる代理人は、未成年者又は成年被後見人の法定代理人に限られ、本人が委任した任意代理人により開示等の請求等がなされた場合、個人情報取扱事業者はこれを拒むことができる。

（3）個人情報取扱事業者は、本人による開示等の請求等を受け付ける方法として、その実施に関する手数料の徴収方法を定めることができる。

解答：P.80

開示請求の限界に関する次の記述のうち、正しいものを一つ選びなさい。

（1）個人情報取扱事業者は、本人から開示請求が行われた場合に対応できるように、取得した個人データの保存義務が課せられている。

（2）個人情報取扱事業者は、本人から開示請求がなされた個人データについて、請求を受けた後に削除して不開示の通知を行った場合でも、それによって直ちに罰則が適用されるわけではない。

（3）個人情報取扱事業者が、本人からの開示請求を拒絶した場合において、その後本人との間で訴訟になった場合、相手方の主張は訴訟において真実と認められることとなる。

解答：P.80

第41問　(第77回)

　他の法令の規定が優先的に適用されるケースに関する次の記述のうち、正しいものを一つ選びなさい。

（1）個人情報保護法に基づく保有個人データの開示請求と、他の法令の規定による開示の手続が競合する場合には、個人情報保護法の規定による開示の手続が優先的に適用される。

（2）保有個人データの開示請求がなされても、本人に開示することにより他の法令に違反することとなる場合は、当該保有個人データを開示しないことができる。

（3）保有個人データの内容の訂正に関して他の法令の規定により特別の手続が定められている場合には、本人は、個人情報保護法と他の法令を選択して、保有個人データの内容の訂正の請求をすることができる。

解答：P.81

第42問　(第78回)

　保有個人データの利用停止等に関する次の記述のうち、正しいものを一つ選びなさい。

（1）本人は、個人情報取扱事業者に対して、自らが識別される保有個人データの利用の停止又は消去を、その理由を問わずに請求することができる。

（2）個人情報取扱事業者は、本人から保有個人データの利用停止又は消去を求められた場合でも、利用停止等を行うことが困難な場合は、本人の権利利益を保護するために必要な代替措置を講ずることによる対応が認められる。

（3）個人情報取扱事業者が本人の請求に応じて保有個人データを消去する場合は、単に当該データから特定の個人を識別できないようにするだけでは足りず、当該データ自体を削除しなければならない。

解答：P.81

　保有個人データの訂正等に関する次の記述のうち、正しいものを一つ選びなさい。

（1）本人から訂正等の請求を受けた保有個人データについて、利用目的から見て訂正等が必要ではない場合、個人情報取扱事業者は訂正等を行う必要がない。

（2）個人情報取扱事業者は、請求を受けて保有個人データの訂正を行った場合、その旨を本人に遅滞なく通知する必要があるが、訂正を行った内容についてまで通知する必要はない。

（3）保有個人データの内容の訂正に関して他の法令の規定により特別の手続が定められている場合には、本人は、個人情報保護法と他の法令を選択して、保有個人データの内容の訂正の請求をすることができる。

解答：P.82

苦情の処理に関する次の記述のうち、誤っているものを一つ選びなさい。

（1）個人情報保護法では、個人情報取扱事業者に対し、個人情報の取扱いに関する苦情処理の努力義務を定めており、これに違反した場合、個人情報保護委員会による報告の徴収、助言の対象となるが、勧告および命令の対象とはならない。

（2）個人情報取扱事業者は、個人情報の取扱いに対する苦情の適切かつ迅速な処理に努めなければならないが、その対象となる苦情は、本人からの苦情に限られる。

（3）金融分野ガイドラインは、個人情報の取扱いに関する苦情処理について、個人情報取扱事業者に対し、苦情処理窓口の設置、苦情処理の手順を定める等必要な体制の整備、苦情処理に当たる従業者への十分な教育・研修等につき、努力義務を定めている。

解答：P.83

第45問 　　　　　　　　　　　　　　　　　　　　　　（模擬問題）

　苦情処理に関する次の記述の中で、個人情報保護法（ガイドライン・指針等を含む）上、誤っているものを一つ選びなさい。

（1）個人情報保護法または金融分野ガイドライン上、苦情処理手順の具体的な内容については特に定められていないので、事業者が自主的に適切な手順を定める必要がある。

（2）顧客からの一方的な苦情の申立ての事実やその内容は、顧客が氏名を名乗った場合であっても、個人情報には該当しないので、利用目的を特定する必要はない。

（3）苦情処理に当たる従業者については、十分な教育・研修を行う必要がある。

解答：P.83

第46問 　　　　　　　　　　　　　　　　　　　　　　　（第78回）

　漏えい事案等への対応に関する次の記述のうち、正しいものを一つ選びなさい。

（1）個人データに係る本人の数が1,000人を超える漏えいが発生した場合には、当該個人データを取り扱う個人情報取扱事業者は、原則として、当該事態が生じた旨を個人情報保護委員会に報告しなければならない。

（2）個人情報等の漏えい事案等があった場合は、当該事案等の対象となった本人の不安をあおることになるため、本人に対し、速やかに当該事案等の事実関係等を通知等することは控えて、当局の指示を待つべきものとされている。

（3）金融分野における個人情報取扱事業者は、その取り扱う個人情報の漏えい事案が発生した場合には、個人情報保護委員会への報告に代えて監督当局に報告をしなければならない。

解答：P.84

　個人情報保護宣言及び法定公表事項に関する次の記述のうち、正しいものを一つ選びなさい。

（1）個人情報取扱事業者は、保有個人データに関する法定公表事項をインターネットのホームページ上で継続的に掲載しなければならない。

（2）個人情報取扱事業者は、保有個人データに関する法定公表事項において、本人から求めがあった場合には、ダイレクトメールの発送停止など、自主的に利用停止等に応じることを盛り込むことが義務づけられている。

（3）金融分野における個人情報取扱事業者は、個人情報保護宣言において、個人情報の取扱いに関する苦情処理の窓口を記載する必要がある。

解答：P.84

　マイナンバー制度と個人情報保護法に関する次の記述のうち、誤っているものを一つ選びなさい。

（1）個人情報の利用範囲は、あらかじめ特定した利用目的の範囲内であれば原則として自由であるが、マイナンバーの利用範囲は、マイナンバー法の定める範囲内に限定されている。

（2）個人情報は、不正の手段によらない限り取得すること自体は原則として制限されないが、マイナンバーは法定の事由に該当する場合でない限り、提供を求めることができない。

（3）マイナンバー法上のマイナンバーは、全て個人情報保護法における「個人情報」に該当する。

解答：P.85

第49問　　　　　　　　　　　　　　　　　　　　　　　（第80回）

　マイナンバー制度と個人情報保護法に関する次の記述のうち、誤っているものを一つ選びなさい。

（1）マイナンバーの取扱いはマイナンバー法に規定されているが、マイナンバーは原則として個人情報にも該当するため、その取扱いに当たっては、マイナンバー法に特別の定めがない限りにおいて、個人情報保護法の規制も遵守する必要がある。

（2）個人情報保護法においては個人情報の取得自体を制限する定めはないが、マイナンバーの提供は法定の事由に該当する場合でなければ求めることはできない。

（3）個人情報保護法、マイナンバー法のいずれにおいても、その取扱いの委託を受けた者が再委託をするに際して、委託者の許諾は要求されていない。

解答：P.85

第50問　　　　　　　　　　　　　　　　　　　　　　　（第77回）

　銀行業務の外部委託と情報保護に関する次の記述のうち、誤っているものを一つ選びなさい。

（1）金融機関が個人情報等の顧客情報を外部委託先に開示することは、それを許容・正当化する根拠がない限り、守秘義務違反に当たる。

（2）金融機関が個人データの取扱いを委託した委託先において、情報漏えいが発生して顧客に損害を与えた場合には、顧客に対して損害賠償義務を負うのは情報漏えいした委託先であり、委託した金融機関がその責任を問われることはない。

（3）金融分野における個人情報取扱事業者は、与信事業に係る個人の返済能力に関する情報を個人信用機関へ提供するに当たっては、オプトアウトの規定を適用することはできず、本人の同意を得る必要がある。

解答：P.86

〔第1問〕

正　解：（2）　　　　　　　　　　　　　　　　　　　　　　正答率：38.2%

（1）設例のとおり（個人情報保護法1条）。よって、正しい。

（2）2020年改正によって、個人関連情報、仮名加工情報等のカテゴリが導入されたが、匿名加工情報は2015年改正によって設けられたものであり、2020年改正により導入されたものではない。よって、誤り。

（3）設例のとおり。よって、正しい。

〔第2問〕

正　解：（3）　　　　　　　　　　　　　　　　　　　　　　正答率：56.4%

（1）個人情報とは、当該情報に含まれる氏名、生年月日その他の記述等により特定の個人を識別することができるものをいうが、当該情報単独で特定の個人を識別できなくても、他の情報と容易に照合することができ、それにより特定の個人を識別することができることとなるものも個人情報に含まれる（法2条1項1号）。よって、正しい。

（2）個人情報は、生存する個人に関する情報であって、特定の個人を識別できるなどの一定の要件を満たすものと定義されている（法2条1項）。そのため、死者に関する情報は、同時に、遺族等の生存する個人に関する情報でもある場合には、当該生存する個人に関する情報に該当するが（通則ガイドライン2-1　※2）、そのような事情がなければ原則として個人情報には該当しない。よって、正しい。

（3）仮名加工情報とは、所定の措置を講じて他の情報と照合しない限り特定の個人を識別することができないように個人情報を加工して得られる個人に関する情報をいう（法2条5項）。設例の定義は匿名加工情報に関するものであり（法2条6項）、仮名加工情報の場合は、他の情報と照合すれば特定の個

人を識別することができる場合であっても該当しうる点、当該個人情報を復元することができないようにすることまで求められない点などが、匿名加工情報とは異なる。よって、誤り。

〔第3問〕

正　解：（2）　　　　　　　　　　　　　　　　　　正答率：53.0%

（1）公表されている情報であっても個人情報に含まれる（個人情報保護法2条1項）。よって、誤り。

（2）同法16条の規定のとおり。よって、正しい。

（3）個人データには、量や利用方法からの除外事由はない（同法16条3項）。よって、誤り。

〔第4問〕

正　解：（1）　　　　　　　　　　　　　　　　　　正答率：26.8%

（1）記述のとおり。よって、正しい。

（2）個人情報保護法のうち、民間部門に適用される義務規定部分については、事業者の業種を問わずに適用される包括ルールとなっている。よって、誤り。

（3）個人情報保護法においては個人信用情報機関に関する特別の規定は設けられておらず、第三者提供などの一般的な規定が適用されることとなる。よって、誤り。

〔第5問〕

正　解：（1）　　　　　　　　　　　　　　　　　　正答率：29.3%

（1）設問のとおり。よって、正しい。

（2）個人情報保護法上、「個人情報」とは生存する個人に関する情報であって、当該情報に含まれる氏名、生年月日その他の記述等により特定の個人を識別することができるもの（他の情報と容易に照合することができ、それにより

特定の個人を識別することができることとなるものを含む。）とされている（法
2条1項1号）。また、住所や氏名、電話番号であってもそれによって個人を
特定することができるため個人情報保護法の適用対象となる。よって、誤り。
なお、生存する個人に関する情報であって、個人識別符号を含むものも「個人
情報」に該当する（法2条2項2号）。

（3）個人情報保護法では、情報の取得、利用、管理等全般に関する義務が
課されているのに対して、守秘義務では、知り得た情報の漏えいのみが禁止さ
れているに留まる（テキスト14頁）。よって、誤り。

〔第6問〕

正　解：（1）　　　　　　　　　　　　　　　　　　　　　　　　正答率：61.6%

（1）個人情報取扱事業者は、特定された利用目的の達成に必要な範囲を超
えて個人情報を取り扱う場合には、法18条1項に従って本人の同意を得ること
が必要となるのに対し、変更前の利用目的と関連性を有すると合理的に認めら
れる範囲、すなわち、変更後の利用目的が変更前の利用目的からみて、社会通
念上、本人が通常予期しうる限度と客観的に認められる範囲内であれば、本人
の同意を得ることなく利用目的を変更することが可能とされている（法17条2
項、通則ガイドライン3-1-2）。よって、誤り。

（2）個人情報取扱事業者は、利用目的を変更した場合は、変更した利用目
的について、本人に通知し、又は公表しなければならない（法21条3項）。よ
って、正しい。

（3）個人情報取扱事業者が特定された利用目的の達成に必要な範囲を超え
て個人情報を取り扱うためには、原則として、あらかじめ本人の同意を得る必
要がある（法18条1項）。しかし、法令に基づく場合など、一定の場合はこの
規制は適用されず、本人の同意を得ることなく、利用目的の達成に必要な範囲
を超えて個人情報を取り扱うことが可能となる（法18条3項各号）。よって、
正しい。

第1章　法令・制度の基礎知識

第1章

〔第7問〕

正　解：（2）　　　　　　　　　　　　　　　　　正答率：25.3%

（1）は、金融分野ガイドライン6条1項のとおりであり、正しい。

（2）は、個人情報取扱事業者が利用目的の明示義務を負うのは、書面によって直接本人から個人情報を取得する場合のみであり（個人情報保護法21条2項）、本人以外の第三者から取得する場合は含まれない。よって、誤り。

（3）は、取得後の利用目的の変更は、同法21条4項に定める場合を除き、本人に対する通知又は公表を行う必要がある（同法21条3項）。よって、正しい。

〔第8問〕

正　解：（3）　　　　　　　　　　　　　　　　　正答率：86.6%

（1）利用目的を本人に通知し、又は公表することにより当該個人情報取扱事業者の権利又は正当な利益を害するおそれがある場合は、利用目的の通知等に関する個人情報保護法の規定は適用されない（法21条4項2号）。設例はその例示として掲げられたものである（金融分野ガイドライン6条3項②）。よって、正しい。

（2）利用目的を本人に通知し、又は公表することにより当該個人情報取扱事業者の権利又は正当な利益を害するおそれがある場合は、利用目的の通知等に関する個人情報保護法の規定は適用されない（法21条4項2号）。設例はその例示として掲げられたものである（金融分野ガイドライン6条3項①）。よって、正しい。

（3）取得の状況からみて利用目的が明らかであると認められる場合は、利用目的の通知等に関する個人情報保護法の規定は適用されない（法21条4項4号）。この場合には本人に利用目的を通知することが困難であるか否かとは関係なく通知等を省略することができる。設例はその例示として掲げられたものである（通則ガイドライン3-3-5(4) 事例2)）。よって、誤り。

65

〔第9問〕

正 解：（1）　　　　　　　　　　　　　　　　　　　　　　正答率：47.9%

（1）設例のとおり（法20条2項7号、通則ガイドライン3-3-2(7)）。よって、正しい。

（2）事業承継に伴って要配慮個人情報を取得する場合は、本人の同意を得ずに取得することができる（法20条2項8号、施行令9条2号、法27条5項2号）。よって、誤り。

（3）本人を目視し、又は撮影することにより、その外形上明らかな要配慮個人情報を取得する場合は、あらかじめ本人の同意を得ないで要配慮個人情報を取得することができる（法20条2項8号、施行令9条1号）。よって、誤り。

〔第10問〕

正 解：（3）　　　　　　　　　　　　　　　　　　　　　　正答率：53.8%

（1）法令に基づき要配慮個人情報を取得する場合として、本人の同意を得ないで取得することができる（個人情報保護法20条2項1号。通則ガイドライン3-3-2(1)）。よって、正しい。

（2）設例のとおり（個人情報保護法27条2項ただし書）。要配慮個人情報を第三者提供するに当たっては、同法27条1項各号又は同条5項各号に該当する場合以外は、必ずあらかじめ本人の同意を得る必要がある（通則ガイドライン3-3-2）。よって、正しい。

（3）要配慮個人情報に該当する情報を推知させる情報にすぎないものは、要配慮個人情報には含まれないとされている（通則ガイドライン2-3）。よって、誤り。

〔第11問〕

正 解：（2）　　　　　　　　　　　　　　　　　　　　　　正答率：88.7%

（1）は、通則ガイドライン3-2-1のとおりであり、正しい。

（2）は、個人情報保護法20条は、「偽りその他不正の手段」による個人情報の取得であることに対する個人情報取扱事業者の認識を要件とはしていない。よって、誤り。

（3）は、個人情報保護法35条1項のとおりであり、正しい。

〔第12問〕

正　解：（2）　　　　　　　　　　　　　　　　　　　　　　正答率：94.5%

（1）利用目的の特定（法17条1項）に当たっては、利用目的を単に抽象的、一般的に特定するのではなく、個人情報が個人情報取扱事業者において、最終的にどのような事業の用に供され、どのような目的で個人情報を利用されるのかが、本人にとって一般的かつ合理的に想定できる程度に具体的に特定することが望ましいとされる。設問のような特定方法では、具体的に利用目的を特定していない事例として掲げられている（通則ガイドライン3-1-1）。よって、誤り。

（2）設問のとおり（金融分野ガイドライン2条1項）。よって、正しい。

（3）金融分野における個人情報取扱事業者は、与信事業に際して個人情報を取得する場合においては、単に利用目的を通知、公表するだけではなく、本人の同意を取得することが必要とされている（金融分野ガイドライン2条3項）。よって、誤り。

〔第13問〕

正　解：（2）　　　　　　　　　　　　　　　　　　　　　　正答率：38.8%

（1）設問のとおり（法17条2項）。よって、正しい。

（2）利用目的を変更する場合であっても、変更前の利用目的と関連性を有すると合理的に認められる範囲であれば、本人の同意を得ることを要しない（法17条2項）。ただし、この場合は、変更された利用目的について、本人に通知又は公表することが必要となる（法21条3項）。よって、誤り。

（3）設問のケースは「変更前の利用目的と関連性を有すると合理的に認め

られる範囲」（法17条2項）の許容例として掲げられている（金融分野ガイドライン17条5項）。よって、正しい。

〔第14問〕

正　解：（2）　　　　　　　　　　　　　　　　　　　　　正答率：78.1%

（1）人の生命、身体又は財産の保護のために緊急に必要がある場合は、書面に記載された個人情報を本人から直接取得する場合であっても、本人に対し、その利用目的を明示する必要はない（法21条2項ただし書）。よって、正しい。

（2）同法は、本人から直接書面に記載された当該本人の個人情報を取得する場合につき、事前に利用目的を明示しなければならないと定めており（同法18条2項）、本人が自ら作成した書面であることを要件とはしていない。よって、誤り。

（3）金融分野における個人情報取扱事業者は、与信事業に際して、書面に記載された個人情報を本人から直接取得する場合は、利用目的を明示する書面に確認欄を設けることなどにより、利用目的について本人の同意を得ることが望ましいとされている（金融分野ガイドライン6条2項）。よって、正しい。

〔第15問〕

正　解：（2）　　　　　　　　　　　　　　　　　　　　　（模擬問題）

（1）個人情報取扱事業者は、個人情報を取得した場合は、あらかじめその利用目的を公表している場合を除き、速やかに、その利用目的を、本人に通知し、または公表しなければならない（法21条1項）。よって、誤り。なお、名刺交換、会話などによる個人情報の取得など取得の状況からみて利用目的が明らかであると認められる場合（法21条4項4号）は、通知、公表することがなくとも、社会通念上妥当な範囲で利用する限りにおいて違法性はない。

（2）通則ガイドライン2-11事例1では、公表に該当する事例として記述のような場合を掲げている。よって、正しい。

（3）「利用目的」の通知はあらかじめ、または取得後速やかに通知または公

表する必要がある（法21条1項）。よって、誤り。

〔第16問〕

正　解：（1）　　　　　　　　　　　　　　　　　　　　（模擬問題）

　（1）保有個人データの利用目的を本人の知り得る状態に置くことによって、本人が識別される保有個人データの利用目的が明らかな場合には、利用目的の通知を求められても、その通知を行う必要はない（法32条2項1号、同条1項）。よって、誤り。

　（2）記述のとおり（法32条2項2号、21条4項1号）。よって、正しい。

　（3）記述のとおり（法32条2項2号、21条4項2号）。よって、正しい。

〔第17問〕

正　解：（1）　　　　　　　　　　　　　　　　　　　正答率：78.5%

　（1）個人データの正確性、最新性の確保は、利用目的の達成に必要な範囲内で遵守するよう努めれば足りる（個人情報保護法22条）。よって、誤り。

　（2）「個人情報取扱事業者は…（中略）…利用する必要がなくなったときは、当該個人データを遅滞なく消去するよう努めなければならない。」（法22条）のとおり。よって、正しい。

　（3）金融分野における個人情報取扱事業者は、保有する個人データの利用目的に応じて保存期間を定め、当該期間を経過した個人データを消去することとされている（金融分野ガイドライン7条）。よって、正しい。

〔第18問〕

正　解：（2）　　　　　　　　　　　　　　　　　　　　（模擬問題）

　（1）全国銀行個人情報保護協議会「個人情報保護指針」Ⅱ-5に、法令等に基づく場合の事例として記載がある。よって、正しい。

　（2）金融分野ガイドライン5条1項のとおり、公知の情報は、機微（セン

シティブ）情報には該当しない。よって、誤り。

（3）保険業その他金融分野の事業の適切な業務運営を確保する必要性から、本人の同意に基づき業務遂行上必要な範囲で機微（センシティブ）情報を取得、利用又は第三者提供する場合（金融分野ガイドライン5条1項7号）に該当するものと解される。よって、正しい。

〔第19問〕

正　解：（3）　　　　　　　　　　　　　　　　　　　　　　正答率：62.6%

（1）個人情報取扱事業者は、法令に基づく場合（個人情報保護法18条3項1号）など一定の例外を除き、あらかじめ本人の同意を得ないで、同法17条1項の規定により特定された利用目的の達成に必要な範囲を超えて、個人情報を取り扱ってはならない（同法18条1項）。よって、正しい。

（2）金融分野における個人情報取扱事業者は、目的外利用をするために本人の同意を得る場合には、原則として、書面（電磁的記録を含む）によることとされている（金融分野ガイドライン3条）。よって、正しい。

（3）個人情報保護法に基づき本人の同意が必要な場面において、個人情報の取扱いに関して同意したことによって生ずる結果について、未成年者が判断できる能力を有していない場合には、親権者や法定代理人等から同意を得る必要があるとされているが（通則ガイドライン2-16）、未成年者である本人がそれを判断できる能力を有している場合にまで親権者等による同意は求められていない。なお、一般的には12歳から15歳までの年齢以下の子どもについて、法定代理人等から同意を得る必要があるとされている（「個人情報の保護に関する法律についてのガイドライン」及び「個人データの漏えい等の事案が発生した場合等の対応について」に関するQ&A1-58）。よって、誤り。

〔第20問〕

正　解：（1）　　　　　　　　　　　　　　　　　　　　　　正答率：74.2%

（1）人の生命、身体又は財産の保護のために必要がある場合であって、本

人の同意を得ることが困難であるときには、個人情報の目的外利用にあたって本人の同意は不要となる（法18条3項2号）。そのため、本人の同意を容易に得ることができる場合には、原則通り、目的外利用にあたっては本人の同意が必要となる（法18条1項）。よって、誤り。

（2）人の生命、身体又は財産の保護のために必要がある場合であって、本人の同意を得ることが困難であるときには、個人情報の目的外利用にあたって本人の同意は不要となる（法18条3項2号）。事業者間において、暴力団等の反社会的勢力情報について共有する場合は、これに該当する事例とされており、本人の同意が不要となる（通則ガイドライン3-1-5(2)事例3）。よって、正しい。

（3）金融機関は、法令に基づき第三者からの個人情報の提供の求めがあった場合でも、正当な事由に基づきそれに応じないことができる場合には、目的外利用の必要性と合理性が認められる範囲内で対応することが求められる（金融機関ガイドライン4条①）。よって、正しい。

〔第21問〕

正　解：（3）　　　　　　　　　　　　　　　　　　　**正答率：86.0％**

（1）個人情報取扱事業者は、違法又は不当な行為を助長し、又は誘発するおそれがある方法により個人情報を利用してはならない（法19条）。設例のような行為は、個人情報取扱事業者が違法又は不当な行為を助長し、又は誘発するおそれがある方法により個人情報を利用している事例として掲げられるものである（通則ガイドライン3-2　事例2）。よって、正しい。

（2）設例のとおり（通則ガイドライン3-2　事例4）。よって、正しい。

（3）個人情報取扱事業者は、違法又は不当な行為を助長し、又は誘発するおそれがある方法により個人情報を利用することはできない（法19条）。なお、ここでいう「おそれ」の有無は、個人情報取扱事業者による個人情報の利用が、違法又は不当な行為を助長又は誘発することについて、社会通念上蓋然性が認められるか否かにより判断される（通則ガイドライン3-2　※2）。よって、誤り。

〔第22問〕

正　解：（1）　　　　　　　　　　　　　　　　　　　　　　　　正答率：68.0%

（1）設例の通り（法167条3項）。よって、正しい。

（2）個人情報保護法における一部の規定は、国内にある者に対する物品又役務の提供に関連したその者を本人とする個人情報を取得した個人情報取扱事業者が、外国において当該個人情報または当該個人情報を用いて作成した匿名加工情報を取り扱う場合にも適用される（法166条）。よって、誤り。

（3）個人情報保護委員会は、外国執行当局の職務に資すると認める情報の提供を行うことができるとされており（法167条1項）、法務大臣や外務大臣の確認が必要となるのは提供した情報を外国の刑事事件の捜査等に使用するにあたって同意を行う場合に限定されている（同条4項）。よって、誤り。

〔第23問〕

正　解：（2）　　　　　　　　　　　　　　　　　　　　　　　　正答率：16.8%

（1）設例のとおり（法28条1項）。なお、具体的に当該国として個人情報保護委員会が定めているのは、EU及び英国である（規則15条1項、平成31年個人情報保護委員会告示第1号）。よって、正しい。

（2）外国にある第三者の「第三者」とは、個人データを提供する個人情報取扱事業者と当該個人データによって識別される本人以外の者であり、法人の場合、個人データを提供する個人情報取扱事業者と別の法人格を有するかどうかで「第三者」に該当するかを判断される。設例のように現地子会社に個人データを提供する場合には、別の法人格を有することとなるため、当該日本企業にとって「外国にある第三者」への個人データの提供に該当する（外国第三者提供ガイドライン2-2）。よって、誤り。

（3）設例のとおり（法28条1項、規則17条1項、金融分野ガイドライン13条1項）。よって、正しい。

〔第24問〕

正　解：（1）　　　　　　　　　　　　　　　　　　正答率：73.7%

（1）設例のとおり（個人情報保護法29条1項）。よって、正しい。

（2）個人データを第三者に提供したときに記録を作成する方法は、文書、電磁的記録又はマイクロフィルムを用いて作成する方法とされており（規則19条1項）、必ずしも書面により作成しなければならないわけではない。よって、誤り。

（3）個人データの取扱いを委託する場合は第三者提供にあたらないため（個人情報保護法27条5項1号）、第三者提供に係る記録の作成義務もない（同法29条1項ただし書）。よって、誤り。

〔第25問〕

正　解：（2）　　　　　　　　　　　　　　　　　　正答率：55.9%

（1）個人情報取扱事業者が行うべき個人データの正確性、最新性の確保は、利用目的の達成に必要な範囲内で実施すれば足り（同法22条）、保有する個人データを一律に又は常に最新化する必要はない（通則ガイドライン3-4-1）。よって、正しい。

（2）個人情報取扱事業者は、個人データを利用する必要がなくなったときは、当該個人データを遅滞なく消去するよう努めなければならない（同法22条）。そして、「個人データの削除」とは、当該個人データを個人データとして使えなくすることであり、当該データを削除することのほか、当該データから特定の個人を識別できないようにすること等を含むとされる（通則ガイドライン3-4-1 ※）。よって、誤り。

（3）金融分野における個人情報取扱事業者は、預金者又は保険契約者等の個人データの保存期間については契約終了後一定期間内とする等、保有する個人データの利用目的に応じて保存期間を定め、当該期間を経過した個人データを消去することとされている（金融分野ガイドライン7条）。よって、正しい。

〔第26問〕

正　解：（3）　　　　　　　　　　　　　　　　　　　　　正答率：46.3%

（1）合併等により事業を承継することに伴って個人情報を取得した場合、承継前における当該個人情報の利用目的の達成に必要な範囲内で個人情報を利用することは、目的外利用にはならず、本人の同意を得る必要はない（個人情報保護法18条2項、通則ガイドライン3-1-4）。よって、正しい。

（2）事業の承継に伴って他社から取得した個人情報を自社サービスへ利用することについて、当該他社が特定した利用目的の範囲内に含まれる場合、当該他社から取得した個人情報を自社サービスに利用することができるとされている（個人情報保護法ガイドライン Q&A2-10）。よって、正しい。

（3）本人の同意を得るために個人情報を利用すること（メールの送信や電話をかけること等）は、承継前の利用目的として記載されていない場合でも、目的外利用には該当しないとされている（通則ガイドライン3-1-4）。よって、誤り。

〔第27問〕

正　解：（2）　　　　　　　　　　　　　　　　　　　　　正答率：74.7%

（1）金融分野における個人情報取扱事業者は、与信事業に係る個人の返済能力に関する情報を個人信用情報機関へ提供するにあたり、法27条2項の規定（オプトアウト）を適用しないこととし、本人の同意を得ることが必要（金融分野ガイドライン12条3項）。よって、誤り。

（2）金融分野における個人情報取扱事業者が第三者提供についての同意を得る際には、原則として書面によることとされている（金融分野ガイドライン12条1項）。よって、正しい。

（3）親子兄弟会社、グループ会社の間で個人データを交換する場合は第三者提供にあたるため、原則として本人の同意が必要となる（法27条5項3号、通則ガイドライン3-6-1）。よって、誤り。

〔第28問〕

正　解：（3）　　　　　　　　　　　　　　　　　　　　　　　　正答率：23.0%

（1）設例のとおり（法29条1項）。よって、正しい。

（2）個人情報取扱事業者は、個人データを第三者に提供したときには、原則として第三者提供に係る記録を作成しなければならないが（法29条1項）、当該個人データの提供が法27条1項各号又は第5項各号のいずれかに該当する場合は、この限りではない（同項ただし書）。法令に基づき個人データを第三者に提供する場合はこの例外事由に該当するため（法27条1項1号）、第三者提供に係る記録を作成する必要はない。よって、正しい。

（3）個人データの取扱いを委託する場合は第三者提供にあたらないため（法27条5項1号）、第三者提供に係る記録の作成義務もない（法29条1項ただし書）。よって、誤り。

〔第29問〕

正　解：（3）　　　　　　　　　　　　　　　　　　　　　　　　　　（模擬問題）

（1）個人データを第三者に提供する場合、本人の同意は「あらかじめ」取得する必要があり（法27条1項）、事後の同意では個人情報保護法の規定を遵守したことにはならない。よって、誤り。

（2）個人情報取扱事業者は、オプトアウトにより本人の同意なく個人データの第三者提供を行うことができるが、本人が個人データの第三者への提供の停止を求めたときには、それに応じて提供を停止しなければならない（法27条2項）。よって、誤り。

（3）利用目的の達成に必要な範囲内において個人データの取扱いの全部又は一部を委託することに伴って当該個人データが提供される場合、当該個人データの提供を受ける者は、第三者に該当しないものとされており、第三者提供に係る規制が適用されない（法27条5項1号）。そのため、本人の同意を得る必要はない。よって、正しい。

〔第30問〕

正　解：（3）　　　　　　　　　　　　　　　　　　　正答率：90.5%

（1）個人情報取扱事業者が個人データの安全管理が図られるよう必要かつ適切な監督を行う必要がある「従業者」（法24条）は、個人情報取扱事業者の組織内にあって直接間接に事業者の指揮監督を受けて事業者の業務に従事している者等をいい、雇用関係にある従業員のみならず、取締役、執行役、理事、監査役、監事、派遣社員等も含まれるとされる（通則ガイドライン3-4-3）。よって、誤り。

（2）安全管理措置については、個人データが漏洩等をした場合に本人が被る権利利益の侵害の大きさを考慮し、事業の規模及び性質、個人データの取扱状況等に応じて、必要かつ適切な内容とすべきとされており（通則ガイドライン3-4-2）、一律の対応が求められるわけではない。よって、誤り。

（3）金融分野における個人情報取扱事業者は、安全管理に係る基本方針・取扱規程等の整備及び安全管理措置に係る実施体制の整備等の必要かつ適切な措置を講じなければならない（金融分野ガイドライン8条1項）。よって、正しい。

〔第31問〕

正　解：（3）　　　　　　　　　　　　　　　　　　　（模擬問題）

（1）金融分野ガイドライン9条1項は、従業者の監督につき、個人データの漏えい等の場合に本人が被る権利利益の侵害の大きさを考慮し、事業の性質及び個人データの取扱状況に起因するリスクに応じたものとする旨を定めている。よって、誤り。

（2）金融分野ガイドライン9条2項は、取締役及び監査役等の役員についても、個人情報取扱事業者の「従業者」に含まれるとしている。よって、誤り。

（3）金融分野実務指針3-3のとおり。よって、正しい。

〔第32問〕

正　解：（2）　　　　　　　　　　　　　　　　　　　　　正答率：63.8%

（1）個人情報取扱事業者は、個人データの取扱いの全部又は一部を委託する場合は、その取扱いを委託された個人データの安全管理が図られるよう、委託を受けた者に対する必要かつ適切な監督を行う必要があるが（法25条）、具体的には、法23条に基づき自らが講ずべき安全管理措置と同等の措置が講じられるよう、監督を行うことが求められる（通則ガイドライン3-4-4）。よって、正しい。

（2）金融分野における個人情報取扱事業者が委託先に対して行うべき監督は、個人データが漏えい、滅失又は毀損等をした場合に本人が被る権利利益の侵害の大きさを考慮し、委託する事業の規模及び性質並びに個人データの取扱状況等に起因するリスクに応じたものとすることが求められ（金融分野ガイドライン10条1項）、常に最大限の監督を行うことが求められるわけではない。よって、誤り。

（3）金融分野における個人情報取扱事業者は、委託先に対する必要かつ適切な監督の一環として、委託者の監督、監査、報告徴収に関する権限、委託先における個人データの漏えい、盗用、改竄及び目的外利用の禁止、再委託に関する条件及び漏えい等が発生した場合の委託先の責任を内容とする安全管理措置を委託契約に盛り込む必要がある（金融分野ガイドライン10条3項②）。よって、正しい。

〔第33問〕

正　解：（2）　　　　　　　　　　　　　　　　　　　　　（模擬問題）

（1）記述のとおり（通則ガイドライン3-4-4）。よって、正しい。

（2）再委託先については、委託先が監督を行うことを前提にしており（通則ガイドライン3-3-4(3)）、再委託先に対して委託先と同等の監督を行う必要があるわけではない。よって、誤り。

（3）記述のとおり（金融分野ガイドライン10条3項①）。よって、正しい。

〔第34問〕

正　解：（1）　　　　　　　　　　　　　　　　　　　正答率：65.0%

　（1）保有個人データに関する事項の公表について、本人の知り得る状態に置くことが求められるが、本人の求めに応じて遅滞なく回答する方法が許容されており（法32条1項括弧書き）、必ずしもホームページへの掲載等が継続的に行われることまでを必要とするものではない（通則ガイドライン3-8-1（1）（※1））。よって、誤り。

　（2）利用目的を本人に通知し又は公表することにより当該個人情報取扱事業者の権利又は利益が侵害されるおそれがある場合は、利用目的の公表義務の例外とされている（法32条1項2号、21条4項2号）。よって、正しい。

　（3）保有個人データの開示等の請求に係る手数料の額を定めている場合は、その手数料の額も公表する必要がある（法32条1項3号括弧書き、38条2項）。よって、正しい。

〔第35問〕

正　解：（1）　　　　　　　　　　　　　　　　　　　正答率：47.2%

　（1）保有個人データの開示の方法は、原則として、電磁的記録の提供による方法、書面の交付による方法、その他当該個人情報取扱事業者の定める方法のうち、当該本人が請求した方法による必要があり、当該方法による開示に多額の費用を要する場合その他の当該方法による開示が困難である場合にあっては書面の交付による方法によることとなる（法33条1項、2項、規則30条）。よって、誤り。

　（2）本人又は第三者の生命、身体、財産その他の権利利益を害するおそれがある場合には、開示の請求を受けた保有個人データの全部又は一部を開示しないことができる（法33条2項1号）。よって、正しい。

　（3）与信審査内容等の個人情報取扱事業者が付加した情報の開示請求を受けた場合には、「当該個人情報取扱事業者の業務の適正な実施に著しい支障を及ぼすおそれがある場合」（法33条2項2号）に該当するため、開示しないこ

とができるとされている（金融分野ガイドライン16条）。よって、正しい。

〔第36問〕

正　解：（2）　　　　　　　　　　　　　　　　　　　　　　正答率：75.0%

（1）設例のとおり（法33条2項1号）。よって、正しい。

（2）単に開示すべき保有個人データの量が多いという理由のみでは、不開示事由である「著しい支障を及ぼすおそれ」（法33条2項2号）には該当しないため（金融分野ガイドライン16条なお書）、これのみを理由として保有個人データの開示を拒むことはできない。よって、誤り。

（3）開示の請求を受けた保有個人データを開示することにより、当該個人情報取扱事業者の業務の適正な実施に著しい支障を及ぼすおそれがある場合、個人情報取扱事業者はその全部又は一部を開示しないことができるとされているが（法33条2項2号）、与信審査内容等の個人情報取扱事業者が付加した情報は不開示事由に該当するものとして例示されている（金融分野ガイドライン16条）。よって、正しい。

〔第37問〕

正　解：（1）　　　　　　　　　　　　　　　　　　　　　　正答率：72.5%

（1）与信審査等の個人情報取扱事業者が付加した情報の開示請求を受けた場合は、当該個人情報取扱事業者の業務の適正な実施に著しい支障を及ぼすおそれがある場合（法33条2項2号）に該当するため、不開示事由にあたる（金融分野ガイドライン16条）。よって、誤り。

（2）設例のとおり（法33条2項2号、通則ガイドライン3-8-3-3(2)）。よって、正しい。

（3）設例のとおり（法33条2項1号）。よって、正しい。

〔第38問〕

正　解：（1）　　　　　　　　　　　　　　　　　　　　　（模擬問題）

（1）第三者の財産を害するおそれがある場合は、不開示事由にあたる（法33条2項1号）。よって、誤り。

（2）記述のとおり（法33条2項2号、通則ガイドライン3-8-2(2)事例2）。よって、正しい。

（3）記述のとおり（法33条3項）。よって、正しい。

〔第39問〕

正　解：（2）　　　　　　　　　　　　　　　　　　　　　正答率：82.4%

（1）個人情報取扱事業者は、開示等の請求等に関し、政令で定めるところにより、その請求等を受け付ける方法を定めることができるとされており、この場合において、本人は、当該方法に従って、開示等の請求等を行わなければならず（法37条1項）、当該方法に従わなかった場合は、個人情報取扱事業者は当該開示等の請求等を拒否することができる（通則ガイドライン3-8-7）。よって、正しい。

（2）開示等の請求等は、政令で定めるところにより、代理人によって行うことができるとされており（法37条3項）、未成年者又は成年被後見人の法定代理人のほか、本人が委任した代理人（任意代理人）により請求できる（施行令13条）。そのため、任意代理人によって開示等の請求等が行われた場合、原則として個人情報取扱事業者はこれに応じなければならない。よって、誤り。

（3）設例のとおり（法37条1項、施行令12条4号）。よって、正しい。

〔第40問〕

正　解：（2）　　　　　　　　　　　　　　　　　　　　　正答率：8.1%

（1）個人情報取扱事業者には、法律や契約で定められている場合を除き、一般的に保有個人データの保存義務は課されていない。よって、誤り。

（2）個人情報保護法33条の開示請求の規定への違反について、個人情報保護法においては罰則は規定されておらず、不開示の通知を行ったからといって直ちに罰則が適用されるわけではない。法33条に違反して勧告（法145条1項）を受けたにもかかわらず措置を講じず、個人の重大な権利利益の侵害が切迫していると認めるときは措置命令（同条2項）を受けたにもかかわらず、当該命令に従わない場合は、1年以下の懲役または100万円以下の罰金に処せられる。よって、正しい。

（3）裁判所における文書提出命令において「当該文書はない」と回答した場合には、裁判所は、当該文書の記載に関する相手方の主張を真実と認めることができるとされているが（民事訴訟法224条2項）、個人情報保護法における開示請求においてそのような効力は定められていない。よって、誤り。

〔第41問〕

正　解：（2）　　　　　　　　　　　　　　　　　　　　　　　正答率：82.8％

（1）他の法令により個人情報保護法に規定する方法に相当する方法によって、当該本人が識別される保有個人データを開示することとされている場合には、個人情報保護法における保有個人データの開示の規定は適用されず、他の法令による方法が適用される（法33条4項）。よって、誤り。

（2）設例の通り（法33条2項3号）。よって、正しい。

（3）保有個人データの内容の訂正等に関して他の法令の規定により特別の手続が定められている場合を除き、個人情報取扱事業者は当該保有個人データの内容の訂正等を行わなければならないとされており（34条2項）、特別法が定められている場合には、当該特別の手続が優先される（通則ガイドライン3-8-4）。よって、誤り。

〔第42問〕

正　解：（2）　　　　　　　　　　　　　　　　　　　　　　　正答率：52.4％

（1）本人が保有個人データの利用の停止又は消去を請求できるのは、法18

条に違反して個人情報の目的外利用をしている場合や、法19条に違反して不適正な利用が行われている場合、法20条に違反して不正の手段により個人情報が取得された場合のほか、当該個人データを利用する必要がなくなるなど一定の要件を満たした場合に限定されており（法35条1項、5項）、その理由を問わずにいかなる場合であっても利用の停止又は消去を請求できるわけではない。よって、誤り。

（2）個人情報取扱事業者が本人から保有個人データの利用停止等の請求を受けた場合でも、その利用停止等に多額の費用を要する場合その他の利用停止等を行うことが困難な場合であって、本人の権利利益を保護するため必要なこれに変わるべき措置をとるときは、利用停止等の義務を負わないこととされている（法35条2項ただし書、6項ただし書）。よって、正しい。

（3）「消去」とは、保有個人データを保有個人データとして使えなくすることであり、当該データを削除することのほか、当該データから特定の個人を識別できないようにすること等を含む（通則ガイドライン3-8-5-1　※1）。よって、誤り。

〔第43問〕

正　解：（1）　　　　　　　　　　　　　　　　　　正答率：51.4%

（1）本人は、個人情報取扱事業者に対して、当該本人が識別される保有個人データの内容が事実でないときは、その訂正等を請求することができるが（法34条1項）、利用目的から見て訂正等が必要ではない場合には、訂正等を行う必要はないとされる（通則ガイドライン3-8-4　※2）。よって、正しい。

（2）個人情報取扱事業者は、保有個人データの内容の訂正等を行ったときは、遅滞なく本人に対して、その旨及び訂正を行った内容を通知する必要がある（法34条3項）。よって、誤り。

（3）保有個人データの内容の訂正等に関して他の法令の規定により特別の手続が定められている場合を除き、個人情報取扱事業者は当該保有個人データの内容の訂正等を行わなければならないとされている（個人情報保護法34条2項）。しかし特別法が定められている場合には、当該特別の手続が優先される

（通則ガイドライン3-8-4）。よって、誤り。

〔第44問〕

正　解：（2）　　　　　　　　　　　　　　　　　　　（模擬問題）

（1）苦情処理の努力義務（法40条）に違反した場合には報告の徴収および助言の対象となるが（法143条、144条）、勧告および命令の対象とはならない（法145条）。よって、正しい。

（2）個人情報保護法40条1項では、本人からの苦情に限定されていないので、何人からの苦情であってもよい。よって、誤り。

（3）通則ガイドライン3-6、金融分野ガイドライン19条のとおり。よって、正しい。

〔第45問〕

正　解：（2）　　　　　　　　　　　　　　　　　　　（模擬問題）

（1）金融分野ガイドライン19条は、事業者において苦情処理手順を策定することを求めているが、同ガイドライン上も個人情報保護法上も、苦情処理手順の具体的な内容については特に定められていない。よって、正しい。

（2）顧客が氏名を名乗った場合には、苦情の申立ての事実及びその内容は、特定の個人を識別することができ、個人情報に該当するので、その利用目的を特定する必要がある。よって、誤り（なお、当該個人情報について、「利用目的が明らか」と認められる範囲で利用する限りは、特定された利用目的を通知等する必要はない）。

（3）金融分野ガイドライン19条は、苦情処理に当たる従業者への十分な教育・研修を求めている。よって、正しい。

〔第46問〕

正　解：（1）　　　　　　　　　　　　　　　　　　　　　正答率：23.9%

　（1）個人情報取扱事業者は、その取り扱う個人データの漏えい、滅失、毀損その他の個人データの安全の確保に係る事態であって個人の権利利益を害するおそれが大きいものとして個人情報保護委員会規則で定めるものが生じたときは、当該事態が生じた旨を個人情報保護委員会に報告しなければならない（法26条1項）。そして、報告対象となる事態には、個人データに係る本人の数が1,000人を超える漏えい等が発生し、又は発生したおそれがある事態が含まれる（規則7条4号）。よって、正しい。

　（2）令和4年4月1日から、個人データの漏えい等が発生し、個人の権利利益を害するおそれがあるときは、個人情報保護委員会への報告及び本人への通知が義務化されている。よって、誤り。

　（3）金融分野における個人情報取扱事業者は、個人情報保護法の規定に従って個人情報保護委員会に対する報告を行う必要があることに加えて、関係法令に従って、監督当局にも報告をしなければならない（金融分野ガイドライン11条1項、2項）。この場合でも、個人情報保護委員会への報告を省略できるわけではない。よって、誤り。

〔第47問〕

正　解：（3）　　　　　　　　　　　　　　　　　　　　　正答率：56.9%

　（1）個人情報取扱事業者は、保有個人データに関する法定公表事項（法32条1項）について、必ずしもホームページへの掲載等が継続的に行われることまでを必要とするものではないとされる（通則ガイドライン3-8-1※1）。よって、誤り。

　（2）設例の事項は法定の公表事項ではない（法32条）。なお、金融分野における個人情報取扱事業者は、保有個人データについて本人から求めがあった場合には、ダイレクトメールの発送停止など、自主的に利用停止等に応じることを、できるだけ盛り込むことが望ましいとされる（金融分野ガイドライン20条

２項１号）。よって、誤り。

（3）設例のとおり（金融分野ガイドライン20条1項4号）。よって、正しい。

〔第48問〕

正　解：（3）　　　　　　　　　　　　　　　　　　　正答率：58.3%

（1）個人情報については、あらかじめ利用目的を特定することが求められるものの（法17条）、その範囲内であれば原則として自由に利用することができる。一方、マイナンバーについては、マイナンバー法の定める範囲内で利用できるにとどまる（マイナンバー法9条）。よって、正しい。

（2）個人情報は不正の手段によらない限り、取得自体は制限されていないが（法20条）、マイナンバーは提供を求めることができる事由が厳格に制限されている（マイナンバー法15条、19条）。よって、正しい。

（3）マイナンバー法上の「マイナンバー」は、生存する個人のものに限定されず（マイナンバー法2条5項）、死者のマイナンバーも含まれるが、個人情報保護法の「個人情報」は生存する個人に関する情報に限定されるため（同法2条1項）、個人情報に該当しないマイナンバーが存在する。よって、誤り。

〔第49問〕

正　解：（3）　　　　　　　　　　　　　　　　　　　正答率：77.4%

（1）設問のとおり、マイナンバーは原則として個人情報にも該当するため、マイナンバー法に特別の定めがない限りで、個人情報保護法の規制も遵守する必要がある。よって、正しい。

（2）設問のとおり（マイナンバー法15条）。よって、正しい。

（3）個人情報保護法では、個人データの取扱いの委託を受けた者が再委託を行うのに、委託者の許諾は特に要求されていないが、マイナンバー法では、委託先は、委託者の許諾を得た場合に限り、再委託をすることができるとされている（マイナンバー法10条1項）。よって、誤り。

〔第50問〕

正　解：（2）　　　　　　　　　　　　　　　　　　　正答率：91.7%

（1）設例のとおり。よって、正しい。

（2）外部委託先がその故意又は過失により、開示された情報を漏洩する等で顧客に何らかの損害を与えた場合は、一義的にはそもそも委託した金融機関がその損害を賠償する責任を負う。よって、誤り。

（3）設例のとおり（金融分野ガイドライン12条3項）。よって、正しい。

金融実務と個人情報

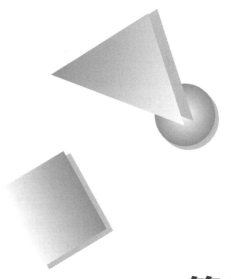

第2章

第2章　学習の手引

テーマ	80回	81回
1．預金取引と個人情報	○	○
2．融資取引と個人情報	○	○
3．金融商品取引業務と個人情報	○	○
4．保険業務と個人情報保護	○	○

1．預金取引と個人情報

　預金取引によって個人情報を取得する際および他取引に利用する場合の適切な方法、被相続人の情報、疑わしい取引の届出との関係、振込に関する情報等について学習する。本分野からは、毎回、各テーマから1問程度出題されているので、最頻出テーマとまではいえないものの、いずれのテーマもその概要は押さえておきたいところである。また、「グループ会社等への情報提供」が複数問出題されることもあるので、要注意テーマといえよう。

2．融資取引と個人情報

　融資取引において取得する情報が個人情報としてどこまで含まれるのか、保証人の個人情報照会および保証人への主債務者の情報提供は適法なのか等について学習する。本分野の中では、融資取引と個人情報・個人データ、個人信用情報照会、保証人への主債務者情報の提供に関する出題が多く、実務上も重要なテーマであることからも、しっかり学習しておきたい。

3．金融商品取引業務と個人情報

　金融商品取引における顧客情報カードや商品選択アドバイス時における個人情報利用の際の留意点、日本証券業協会の個人情報取扱ルールなどについて学習する。本分野からは、金融商品取引と個人情報利用からの出題が多いため、個人情報利用におけるポイントについて、理解しておこう。

４．保険業務と個人情報保護

　保険販売においては、機微（センシティブ）情報を取り扱う機会も多く、また銀行業務で得た情報を保険販売に利用する場合、どのような方法が適法となるのか、保険代理店として得た情報管理および生保指針などについて学習する。49回は本分野からは１問のみの出題であったが、50回、51回には３問出題されているため、概要について理解しておきたい。

第2章

1．預金取引と個人情報

（1）預金取引で取得される個人情報

　預金取引、特に預金口座の新規開設時に預金者から銀行等の金融機関（以下、単に「金融機関」という）に引き渡される個人等の顧客情報は多岐にわたる。

　例えば、

① 　氏名

② 　住所

③ 　届出印

④ 　電話番号

⑤ 　生年月日

などがその典型である。さらに職業、勤務先とその連絡先、代理人の氏名・住所等の個人情報、代理人と本人との関係などもある。

　なお、他の法人や権利能力なき社団等の顧客情報については個人情報保護法の直接の適用はないものの、個人の情報と同様に取り扱うことが望ましい。また、個人等の顧客情報については、どのような方法で取得したものにせよ、それを正当な理由なく第三者に開示してはならないことは、従来から金融機関の守秘義務として説かれており、個人情報保護法によってもこのことには変わりない。したがって、特に個人情報の「取得」の際に問題となる、「利用目的の明示」について、以下に解説する。

（2）利用目的

① 利用目的の特定

　金融機関が預金口座開設等、預金取引に伴って前記のような個人情報を取得する場合には、その利用目的をできる限り特定しなければならない（法17条1項）。またその利用目的を変更する場合も、変更前の利用目的と相当の関連性を有すると合理的に認められる範囲内で変更する必要がある（同条2項）。

　ここで利用目的の特定方法について、金融分野ガイドラインは、「利用目的

を本人が合理的に予想できるように」特定すべき、としている。いずれにしろ「自社所要の目的で」とか「当社の事業活動に用いるため」等の抽象的な言い方では「できるだけ特定した」とはいえず、より具体的に定める必要がある。

②　利用目的の明示

　なお、特定した利用目的は本人に明示しなければならない。個人情報の取得方法、明示の時期と方法は次のとおりである（法21条1項、2項）。

　イ．書面による情報取得の場合

　　・あらかじめ本人へ通知する

　　（注）1．あらかじめ公表していても通知は必要

　　　　　2．事後の通知・公表は不可

　ロ．書面によらない情報取得

　　・あらかじめ公表

　　・あらかじめ公表せず＋事後速やかな本人への通知または公表

　　（注）あらかじめ公表していれば、本人への通知や事後の公表は不要

　一旦本人に利用目的を明示した後も、その利用目的を変更した場合は、変更後の目的を本人に通知、または公表する必要がある（法21条3項）。

（3）顧客情報の取得の方法

　個人情報等の顧客情報は、偽りその他不正の手段により取得してはならない（法20条）。企業倫理、あるいは社会規範としては当然のことであるが、個人情報保護法はあえてこのことを規定している。また、通則ガイドラインでは、「偽り等の不正の手段」による個人情報の取得の例として、第三者提供制限違反をするよう強要して個人情報を取得する場合、個人情報を取得する主体や利用目的等について、意図的に虚偽の情報を示して、本人から個人情報を取得する場合、他の事業者に指示して不正の手段で個人情報を取得させ、当該他の事業者から個人情報を取得する場合等を挙げている。

① **実務上のポイント**

通則ガイドラインでは「偽りその他不正の手段」による取得の例として、「十分な判断能力を有していない子供から、取得状況から考えて関係のない家族の収入事情などの家族の個人情報を、家族の同意なく取得する場合」を挙げている。このことからすると単に子供だけでなく、被保佐人、被補助人などで判断能力が十分でない者からの情報取得も同様といえる。

顧客情報の取得にあたっては本人を欺く場合だけでなく、第三者を欺いての取得も許されないことを銘記しておきたい。第三者を欺く一つの例としては、法人の代表者について、当該代表者本人ではなく、一般の従業員から真の目的を告げず（単なる噂話を装う等して）、当該代表者の個人情報を聞き出すことなどが考えられる。

② **家族情報の取得の可否**

家族の情報であっても、本人以外の者から取得することは「第三者からの取得」であることに変わりはない。したがって、例えば、夫の情報を妻から取得することも、原則として本人たる夫自身の同意または通知等を要すると考えるべきである。

夫自身の同意を得ることができない場合に、妻から夫の情報を聞き出そうとすることは「偽り」または「不正の手段」にあたり個人情報保護法で禁じられていると考えられる。また、妻から夫の情報を取得するときにも妻ではなく、夫自身に対し利用目的を明示することが必要である。

（4）被相続人の情報と個人情報

預金取引先である個人が死亡し、相続手続を要する場合、その被相続人に関する情報は、従来の取引の中で取得したものが多い。したがって、相続に伴って新たに取得する顧客情報はそれほど多くはない。

しかし、血縁関係、殊に法定相続人の範囲、遺言、遺産分割（協議・調停・審判）などの情報については相続発生に伴って新たに取得する被相続人の情報ということになる。

　個人情報保護法の保護対象は、「生存する個人の情報」であるから（法2条）、被相続人に関する新たな情報を取得しても、それは個人情報保護法の保護の対象とはならないように思えるが、通則ガイドライン2-1では「『生存しない個人に関する情報』が、同時に、遺族等の生存する個人に関する情報に当たる場合には、当該生存する個人に関する情報となる」としているように、同法の保護の対象となる場合があることに留意する必要がある。

　被相続人に関する情報が、遺族等の生存する個人に関する情報として個人情報保護法の保護の対象となる場合としては、

①　被相続人の法定相続人の範囲は、遺族の血縁関係でもあり遺族に関する情報

②　遺言の受遺者については、その受遺者の財産の取得という受遺者に関する情報（遺産分割（協議・調停・審判）も類似の性格を持つ）

といったものがある。

　ただ、被相続人に関する情報のどの部分が生存する遺族に関する情報なのかを切り分けることは、必ずしも容易ではない場合もあり、また、個人情報保護法の保護の対象とはならなくとも守秘義務の対象となる場合もないとはいえない。したがって、実務上は被相続人に関する情報も、それが一般に知れているものでない限りは、秘密である顧客情報の一部として管理することが望ましい。

（5）代理人との取引と個人情報

　預金取引においては、一定の個人を預金者本人の代理人とするケースはしばしば発生する。法人取引における代表者でない経理部長、サラリーマンとの取引における配偶者、さらには、制限能力者との取引における法定代理人などである。

　このような場合、代理人との取引を開始するにあたっての代理人選任の届出は代理人からではなく、本人から届け出てもらうのが原則である。代理権授与の事実とそのことに関する本人の意思を確認するためである（注）。

　（注）制限能力者の法定代理人については、本人からの届出を期待するのは困難等の事情もあり、法定代理人からの届出と登記事項証明書などの事実確認資料によるこ

とを原則とすべき場合が一般である。

　しかし、代理人に関する情報も、代理人が個人であれば個人情報保護法の保護の対象であるから、その情報を取得するには、同法に則った利用目的の通知・公表等の明示が求められる。一般に代理人の選任について本人から届出を受ける場合、犯罪収益移転防止法の規定に基づき、代理人に対しても本人確認（本人特定事項の確認）を行うべきとされているから、その際同時に、代理人の情報の利用目的も明示することが便宜である。

（6）取引先からのデータ提供依頼

　個人顧客の情報について、当該個人本人が所属している会社や団体から提供を求められることがある。当該個人の預金について、その会社や団体が預入の代行を行う等で関与している場合に多い。

　このような場合、個人情報保護法上は当該会社・団体も原則として第三者となるが、このような会社や団体に個人情報を提供することは一律に禁じられる、あるいは一律に許容されるというものではない。

①　給与振込、財形など

　給与振込、財形取引などでは、事業主から個人の預金口座に対して一定額が振り込まれるのが通常である。そこで、振込の事実そのものに関する照会は事業主自身の取引に関する照会として、これに回答することは特段問題ないと考えられる。財形取引において、個人の預金口座に対する預入代行契約を、銀行等の金融機関、事業主、従業員の三者間で締結している場合も同様である。

　しかし、一旦当該資金が入金された後の預金に関する情報は、個人情報保護法上も保護されるべきものであり、かつ会社・団体等も単なる第三者として扱われる。

　したがって、取引先からのデータ提供に関する要請・照会に応じるには、原則として本人の同意を得る必要がある。

　給与振込、財形取引にあたって、個人から包括的に「事業主には預金に関する情報を提供して差し支えない」旨の承諾を得ておく方法も考えられるが、そ

の場合も給与振込、財形取引と直接の関係がない預金の移動についても、すべて提供できるかどうかはなお疑問が残り、個人の合理的意思解釈、社会通念からの判断を要する。

②　事業の承継について

　会社の合併その他の事由で個人データが提供されるときには、当該承継先は個人情報保護法上第三者にはあたらない（法27条5項）。

　この「その他の事由」とは、通則ガイドラインでは「分社化」と「営業譲渡」をその例に挙げている。したがって、合併、分社化、営業譲渡およびこれらに準ずる方法で事業の承継が行われた場合、それに伴って従業員個人の情報が授受されることは問題ない。

　ただし、これらの事情があっても未だ事業の承継が行われる前の段階であれば、第三者への提供となるので、その場合には、原則として当該個人本人からの同意を要することになる。

　なお、合併等の事情がある会社間において、銀行等の金融機関に対し、自社従業員の情報を相手先に提供するよう依頼されることがあるが、これは前記のガイドラインに記載された範疇には入らない。したがって、原則として本人の同意を得てから提供する等の配慮を要することになる。

（7）疑わしい取引の届出と個人情報

　受け入れた預金等が犯罪収益、薬物犯罪収益等である疑いがある場合には、いわゆるマネー・ローンダリング防止の観点から、金融機関は犯罪収益移転防止法の規定に基づき、疑わしい取引の届出を行わなければならない。

　疑わしい取引の届出も、表面的・形式的には個人情報等の顧客情報を第三者に提供・開示するものである。ただし、個人情報保護法上「法令に基づく場合」は利用目的の特定、利用目的による取扱いの制限、第三者提供の制限などの規定は適用されない（法17条、18条3項、27条1項）。

　疑わしい取引の届出も犯罪収益移転防止法によるものである以上、「法令に基づく場合」であるといえ、この届出を行っても個人情報保護法に抵触するこ

とにはならない。

（8）振込と個人情報

① 振込の受取人に関する情報

　振込においては、振込依頼人から受取人に関する情報を提供してもらうことが必須である。例えば、受取人の氏名、被仕向金融機関・口座の金融機関名、科目、口座番号などである。これらの情報は本来、個人情報保護法で保護されるべき個人情報である。

　こうした受取人に関する情報を振込依頼人から受領する場合も、原則として都度受取人本人にその旨通知して利用目的を明示する必要があるのであろうか。

　結論としては、通常はこうした通知・明示義務はないと考えられる。一般に振込取引において授受される受取人の情報は、どの金融機関であっても、また、異なる金融機関の間における振込であっても、上記のような情報でほぼ統一されている。その上それらの情報は振込という取引を遂行するためには必要不可欠の情報であるから、利用目的と情報の関係では法18条に規定する「取得の状況から見て利用目的が明らかである場合」に該当するので、利用目的の公表、通知等は必要ないと考えてよいだろう。

　振込取引がなされる場合には、通常は、依頼人と受取人の間で、資金の授受を「振込取引によること」、「振込取引に必要な情報を受取人から振込依頼人に引き渡すこと」の両者の合意があるとすれば、振込取引を行うにあたって必要な受取人の情報が仕向金融機関に引き渡されることは、この合意の段階で既に受取人は了解しているものと解される。振込依頼に伴って受取人の情報が仕向金融機関に引き渡されることは、いわば黙示の同意があるといって差し支えない。また、振込に必要な範囲内での情報授受であれば、仕向金融機関の利用目的は、振込依頼人を経由して通知されているとも、あるいは振込に必要な情報は上記のとおりどの金融機関もほぼ同様であることから、仕向金融機関の利用目的は公表されていると構成することも可能であろう。

　ただし、注意が必要なのは、「振込取引に必要な範囲内」での利用に限られるということである。

　全銀協の自主ルールにおいても、取得の状況から見て利用目的が明らかであると認められる場合の例示に、

　　・振込取引において、振込依頼人や振込先の情報を取得する場合で、当該情報を当該振込取引にのみ利用する場合

として、説明がなされている。

　なお、その範囲を超えた場合、つまり振込取引で得た個人情報を他のサービス等に利用する場合には、口座開設時にあらかじめ利用目的を通知・明示しておくことが必要である。

②　振込の依頼人に関する情報

　振込の依頼を受ける場合は、依頼人からその情報を受ける。氏名・住所・電話番号などである。これらはまさに個人情報等の顧客情報そのものであり、依頼人が個人であれば個人情報保護法の適用を受ける対象である。

　したがって、振込依頼人から当該依頼人の個人情報・顧客情報を取得する場合は、個人情報保護法の定めに基づいて適正に取り扱う必要がある。具体的には、次などである。

　イ．振込依頼人の情報は、偽りその他不正手段で取得してはならない

　ロ．振込依頼人の情報は、その利用目的を当該振込依頼人に（公表または通知して）明示しなければならない

　ハ．振込依頼人の情報は、その明示した利用目的に沿って利用しなければならない

　ただし、一般に振込取引に必要な振込依頼人の情報は、受取人の情報と同様、振込という取引を遂行するためには必要不可欠の情報であるから、利用目的と情報の関係では法18条に規定する「取得の状況から見て利用目的が明らかである場合」に該当するので、利用目的の公表、通知等は必要ないと考えてよいだろう。

　したがって、振込取引上必須の事項について情報提供を受ける限り、法に抵触または振込依頼人に不測の損害が生じることはきわめて稀といえよう。

　しかし、振込取引に必要な範囲を超えた個人情報等の顧客情報を聴取・取得する場合には、その情報の利用目的を通知・公表する等して明示することを要

する。

　なお、事前の明示を要することは、前記の受取人に関する情報と同様である。

（9）満期案内、振込案内等

①　問題発生の予防

　顧客宛満期案内といった個人情報等の顧客情報を含む書面を郵便等で出状する場合には、それが第三者に渡らないようにすることがこの問題の予防策となる。たとえば、通知状を封筒に封入するようなケースでは、同時に同内容の書面を複数出状する作業をすると、これらが混入して第三者のもとへ送達される危険が増大する。一旦封筒に入れても、封緘する前に封筒と内容物に齟齬がないか再確認する等の配慮が望まれる。

　一方、封筒の紙質が薄いなどで、外側から内容物を視認することも不可能とはいえない場合には、封筒を二重にするなどの慎重さも必要となる。

　なお、顧客宛の通知状の封入、封緘、発送を、関連会社その他の専門業者にアウトソースするケースも増えている。そのこと自体は個人情報保護上も問題ない（個人情報保護法27条5項）。

　●個人情報保護法27条5項

　　「次に掲げる場合において、当該個人データの提供を受ける者は、前各項の規定（第三者提供の制限）については、第三者に該当しないものとする。

　　1　個人情報取扱事業者が利用目的の達成に必要な範囲内において個人データの取扱いの全部又は一部を委託する場合（以下略）」

　しかしながら、アウトソースした当該業者がその過失等で個人情報等の顧客情報を流失させると、それは顧客からみれば自金融機関が情報を流出させた場合と異ならない。したがって、当該業者の選定にあたってもその後の監督にあたっても、個人情報等の顧客情報をどのように保護しているか、極力その具体策を確認すべきである。

②　問題発生の検知

　通知状誤封入による問題の発生は、次の三通りのルートで検知される。

　第一は、封筒の外側の名宛人からの連絡である。この場合、「違う人宛の通知状が入っていた」と教えられることもあるが、単に「（来るはずの）自分宛のものが未だ来ていない」といわれるだけのこともある。

　第二は、封筒の中に封入された通知状の名宛人からの連絡である。これは単に「（来るはずの）自分宛のものが未だ来ていない」といわれるだけのことが通常といえる。しかも、定期預金の満期案内を過去何度も受け取っている場合や、「○○になったら△△の通知状でお知らせします」と告げている場合のように、顧客が「もうそろそろ来るはずだ」と予想しているのでなければ、こうした連絡はないことも多い。

　第三は、アウトソースした業者が自主的なチェックの結果などとして連絡してくる場合である。

　いずれの場合も、誤封入なのか、発送漏れなのか、また連絡を受けた者以外の誤封入・誤発送などのケースの有無等、影響範囲を含めた事実を調査・確認することが重要である。

③　事後対応

　誤封入・誤発送に対しては、本来通知すべき顧客本人に、あらためて正しい内容の通知状等を発送すべきことはいうまでもない。通知状の内容により顧客への到達の必要な時限性が迫っているもの（注）については、すぐに訪問して直接届ける方法もある。

（注）満期が目前に迫ってしまった満期案内、睡眠預金の利益金処理における
　　　預金者確認のための通知状などではこのような場合も生じ得る。

　その他、前項②で述べた調査・確認などの結果によっては、そもそもの封入方法の見直しや、業者に対する改善策の提出とその内容の検証などの方策をとる。

　また、最近では満期案内も含めて、顧客との取引に関する情報を、パソコンを使ってe-メール等で授受するケースが増えている。こうした方法の場合には、郵送における誤封入、誤送付といった問題は生じない一方で、アドレスの入力ミスによるe-メールの誤送信、ハッカー等による送信メールの盗み見、顧客側パソコンの顧客本人以外の者のアクセスによる情報流出などといった新たな

危険が生じている。

これらに対しては、

（ⅰ）入力後、送信までの間に別職員による入力内容の再鑑

（ⅱ）アドレス等定型的に繰り返し使用するものは別に事前登録

（ⅲ）e-メール盗み見の可能性に関する顧客宛事前警告、パスワードの設定
や暗号化

（ⅳ）顧客に対するアクセス制限の勧奨

等の対策を講じることが考えられる。

(10) グループ会社等への情報提供

法27条5項3号では、個人データを特定の者との間で共同して利用する場合
には、当該特定の者は「第三者にあたらない者」として、27条1項の第三者へ
の提供禁止が適用されない旨の規定がある。

ただし、この場合の要件として、以下の事項をあらかじめ本人に通知するか、
本人が容易に知り得る状態に置くことが求められる（ニ、ホを変更する場合は、
変更内容について、あらかじめ本人に通知するか、本人が容易に知り得る状態
に置かなければならない。同条6項）。

イ．個人データを特定の者との間で共同して利用する旨

ロ．共同利用される個人データの項目

ハ．共同して利用する者の範囲

ニ．利用する者の利用目的

ホ．個人データの管理について責任を有する者の氏名または名称

なお、上記イ〜ホの「通知」について、金融機関の実務では、原則として書
面により行う必要がある（金融分野ガイドライン11条4項）。

2．融資取引と個人情報

（1）融資取引と個人情報

　金融機関が融資取引を行う際に、融資判断のために必要とする個人情報は、預金等の取引に際して取得される個人情報に比して質量ともに圧倒的に多い。

　まず、金融機関が特定の個人と初めて融資取引を行う際には、与信審査を目的として、融資申込みをする個人の行為能力、返済能力、担保・保証に関するさまざまな情報の提供を申込者本人に求め、あるいは公開された情報などを自ら収集する。また、直接本人を通じて取得される個人情報としては、

① 　融資申込書に本人により記載された情報

② 　金融機関の担当者が本人との面談により聴取して記録した情報

③ 　融資申込書とともに提出された種々の資料に記載された情報

があり、いずれも本人の同意の下で提供される。

　また、担当者は本人との面談を通じて受けた印象に基づいて、本人の身体的特徴や素振り、性格などを記録することがあり、これらも与信審査を目的として取得する本人に関する個人情報であるが、内容は必ずしも本人の明示的な同意を得て取得する情報のみに限らない。

　融資申込み時には個人信用情報機関の一つである全銀協の個人信用情報センターに照会して、事故情報および他の金融機関との取引に関する登録情報を取得する。

　さらに融資実行後は、融資取引先として貸付金の返済状況や追加の融資実績、担保や保証人の追加、解除、変更その他さまざまな取引情報が取得・蓄積され、また定期的に保有している個人データ（法16条1項の定義する個人情報データベース等を構成する個人情報）の更新が行われる。

　融資申込の段階では、申込人本人の個人情報に加えて、本人の家族や保証人がいる場合には、それらの個人についての個人情報も同時に取得するが、個々の家族や保証人については、それぞれの個人を個人情報保護の本人として扱った上で個人情報を取り扱うことが必要となる。

101

（2）融資取引と個人データ

　上記により取得された個人情報は、融資判断のために利用する前後に、コンピュータに登録されて銀行の個人情報データベースの一部を構成し、さらに融資実行後も引き続き収集される個人情報により、個人情報データベースの個人データが更新され充実される。

　融資取引において利用される個人データは、上記の融資取引時に取得される個人情報に限らず、融資先個人ごとに体系的に収集・整理されたデータベースのすべてが動員される。その内容（法16条4項に定める「保有個人データ」）は、大まかに本人の属性データ、資産負債データ、取引データに分類される。

　属性データは本人自身に関するさまざまな個人情報で、本人を特定するための基本情報である住所、氏名、生年月日（本人特定事項）をはじめ、性別、学歴、職歴、趣味、性格その他本人の特徴に関する情報が含まれる。

　資産負債データは本人の財産の状況に関する個人情報であり、融資取引を行う上で最も重要な情報である。自金融機関との取引内容に限らず他の金融機関との預金・借入情報も含まれる。

　取引データは本人（および家族）との銀行取引の状況であり、預金、融資その他さまざまな取引の現状と履歴を融資の判断資料とする。

（3）法人取引によって取得する役員の個人情報

　金融機関が法人取引を行う際には、当然にその代表者その他の役員個人についても法人取引に必要な情報として収集する。法人の役員については法人登記簿に記載されて公開されており、誰でも知ることができるが、個人情報保護法は個人情報の範囲について公開、非公開の区別をしていない。すなわち、ある個人がある法人の役員であるという情報は、「特定の個人を識別できるもの」であれば個人情報に含まれる。

　金融分野ガイドラインでは、与信事業に際して個人情報を取得する場合においては、利用目的について本人の同意を得ることと定めているが（金融分野ガイドライン2条3項）、法により公開されている個人情報は、情報を取得する

際に公開されている当該個人の同意を要しない。

　法人取引を行う際に金融機関が取得した役員に関する個人情報も、当該役員個人に関する個人情報であり個人情報保護法の対象になるので、取得後の取扱いについては他の個人情報と変わるところはない。

（4）融資取引時の利用目的の特定・明示

①　利用目的の特定

　個人情報取扱事業者である金融機関が個人情報を取得する場合には、あらかじめ当該個人本人に対し、その目的を明示しなければならない（法18条2項）。

　金融機関が個人に対して融資業務を行う場合に、個人情報を取得するにあたって利用目的を明示する場合、利用目的をどの程度特定することを要するか。金融分野ガイドラインでは、個人情報がどのような事業の用に供され、どのような目的で利用されるかを本人が合理的に予想できるよう、できる限り特定することを求めており、特定した利用目的の例として、融資取引に関しては「融資のお申込や継続的なご利用等に際しての判断のため」と表示される。

　また、全銀協自主ルールにおいても与信取引関係の利用目的の例として、以下のようなものが示されている。

　イ．融資のお申込や継続的なご利用等に際しての判断のため
　ロ．与信事業に際して個人情報を加盟する個人信用情報機関に提供する場合等、適切な業務の遂行に必要な範囲で第三者に提供するため

②　利用目的の明示

　融資取引に際して取得した個人情報は、取引先情報として個人情報データベースに登録・蓄積され、融資取引に限らず以後の当該個人との金融取引にも利用されるのが通常であるから、それらの利用目的についても明示しておくことが必要となる。

　金融機関の場合には、金融機関が法令により認められたすべての業務（今後取扱いが認められる業務を含む）に関して利用されることを明示することとしている。

例えば、本人である、または本人の代理人であることの確認に利用すること、融資の与信判断に利用すること、融資の申込みや継続的な利用等に際して与信判断を行う場合に利用すること、商品・サービスの提供に際して、適合性の原則等に照らしてその妥当性を判断する場合に利用すること、などを列挙することになる。

　さらに、金融分野ガイドラインは、融資取引にあたって個人情報を個人信用情報機関に提供する場合には、その旨を利用目的に明示し、本人の同意を得ることとしている（金融分野ガイドライン2条4項）。また同ガイドラインでは、金融機関が個人との取引契約を締結することに伴い、契約書その他の書面に記載された個人情報を取得する場合は、あらかじめ利用目的を明示することとし、利用目的を明示する書面には「確認欄」を設けるなどにより、利用目的について本人の同意を得ることが望ましいとしている（金融分野ガイドライン6条2項）。この点につき、全国銀行個人情報保護協議会の「個人情報保護指針」（以下「保護指針」という）では、「与信事業に際して個人情報を取得する場合には、契約書等における利用目的は他の契約条項等と明確に分離して記載するよう留意する」としている。

（5）保証人の個人信用情報照会

　個人信用情報機関は個人情報を取得する際に、その利用目的を与信のための信用調査と特定しているので、加入金融機関が個人信用情報機関の保有個人データを照会するには、照会対象である個人との与信取引（および連帯保証）の開始のための信用調査の必要が生じたことが前提となる。

　そこで、本人から書面により融資の申込を受けて、その書面には他の契約条項とは明確に分離して利用目的を明示し、その中に個人信用情報機関へ情報提供を行うことも明示、本人から同意を得ておく（金融分野ガイドライン2条4項）。

① 個人信用情報照会

　個人信用情報機関への照会をすることができる個人は、融資など与信取引の

申込を受けた先に限られる。さらに照会が与信事業に際しての個人情報取得になるので、利用目的についての同意を得ておくことが望ましい。

②　本人の同意を得る方法

原則として、書面やe-mail、Fax等の記録を残すことのできる方法によることとされているので、電話や口頭のみによる確認は避ける。同意があらかじめ作成された書面等による場合は、同意文言が他の内容と文字の大きさと表現により、できるだけ明確に区別されて本人が理解しやすくする。さらに本人の確認欄を設けてチェックできるようにする方がよい。

③　個人信用情報機関への照会と情報提供の同意

個人信用情報機関への照会は個人情報の取得であり、情報提供は第三者としての個人信用情報機関への個人情報の提供である。前者は上記のとおり個人情報取得に際しての利用目的についての同意を得る必要があり、後者は個人情報を第三者である個人信用情報機関へ提供する場合の特別の定めに従った本人の同意が必要である。

個人信用情報機関に情報提供する場合には、単に提供することの同意に限らず、個人データが個人信用情報機関を通じて提携する他の個人信用情報機関およびこれらの会員企業にも提供されることを認識してもらうための措置を取ったうえで同意を得るようにしなければならない。

④　同意を得る際の注意点

金融機関は取引上の優越的な地位を不当に利用して、与信の条件として、与信審査のために取得した個人情報を与信業務以外のダイレクトメール（以下「DM」）発送に利用することに同意させることなどを行ってはならない（金融分野ガイドライン2条3項）。

ダイレクト・マーケティング目的での個人情報利用については、保護指針において、

銀行は、本人から、ダイレクト・マーケティング（銀行または銀行が個人情

報を提供する先が、特定の商品またはサービスに適合する顧客を限定して行う、ダイレクトメールの送付やテレマーケティングその他のセールス活動で、店舗等で直接面談して行うセールス活動を除くもの）の目的で個人情報を利用することの中止を求められた場合には、当該目的での個人情報の利用または提供を中止しなければならない。

として、その取扱いを示している。

（6）保証人への主債務者情報の提供

　主債務に関する情報には、現在残高や延滞の有無など現在の主債務についての明細、過去の元金や利息の支払状況など約定の履行経緯、主債務者の住所、氏名、電話番号などの変更届事項があるが、保証人が自己の負担する保証債務について開示を受けることは法に認められた権利であるから、いずれも自己の情報または保証人に提供することを債務者が黙示的に同意している情報と考えられる。

①　主債務の内容の通知
　保証債務の内容のうち主債務と重複する内容については、債務者個人データと同内容となるが、保証人自身に関する情報として開示を受けることができる。主債務の内容そのものではないが、弁済履行の状況などについては、保証債務に直接関係する内容として保証人に開示を受ける権利があるので、第三者提供に該当しないと考えられる。
　主債務者の住所や電話番号など属性情報については、主債務の内容とはいえず、保証人は第三者となるが、保証委託先に必要な範囲の情報として保証人に対して提供する場合に限っては本人の黙示の同意が与えられていると考えることができる。実務上は、これらの内容を含めて、事前に債務者の同意を得ておけば万全である。

② 保証債務履行後は保証人は債権者と同じ立場

保証債務を履行した場合には、保証人は債権者に代位してすべての権利を行使することができる。したがって、債権者である金融機関から保証人への当該債権に関して必要な個人データの提供については、債務者の黙示の同意があると考えることができる。

これに対して、代位した権利と関係のない債務者の銀行預金残高や他の借入金残高などは第三者提供として制限されることは明らかである。

3. 金融商品取引業務と個人情報

（1）顧客情報カードと個人情報管理

金融商品への投資は、投資経験、投資目的、資力等、投資者の目的と実情に適合したものであるべきである。

そこで、投資勧誘に際しては、顧客の投資経験、投資目的、資力等を十分に把握し、顧客の目的と実情に適合した投資勧誘を行うべきものとされる（金商法40条1号、協会員投資勧誘規則3条2項、外国証券規則5条、海外先物規則6条）。したがって、投資勧誘に際し、顧客の投資経験、投資目的、資力等を十分考慮し、その目的と実情に適合した取引が行われるよう努めるためには、顧客の投資経験、投資目的、資力等を知っておくことが必要である。

このような「適合性原則」を実現するためには、顧客特性を熟知する必要がある。そのような観点から、日本証券業協会では、「協会員の投資勧誘、顧客管理等に関する規則」において、協会員に対し、次のような事項を記載した「顧客カード」を整備する義務を課している。

① 氏名または名称
② 住所または所在地および連絡先
③ 生年月日（顧客が自然人の場合に限る。次号において同じ）
④ 職業
⑤ 投資目的
⑥ 資産の状況

⑦　有価証券投資の経験の有無

⑧　取引の種類

⑨　顧客となった動機

⑩　その他各協会員において必要と認める事項

　このように、「顧客カード」は個人情報が整然と蓄積される顧客管理に活用され、したがって、「顧客カード」は、個人情報保護のためには最も重要な管理対象と考えられる。

　「その他各協会員において必要と認める事項」として、「機微（センシティブ）情報」に該当する情報を取得する必要があり得る。たとえば、「適合性」を判断するために、本人の健康状態などの情報を記載するケースもあり得る。その場合は、社内での取扱いルールを明確化するとともに、特に機密性を高める必要がある。

（2）金融商品取引と個人情報利用

①　商品選択アドバイスと個人情報利用

　金融商品への投資は、投資経験、投資目的、資力等、投資者の意向と実情に適合したものであることが望ましい。

　そこで、投資勧誘に際しては、顧客の投資経験、投資目的、資力等を十分に把握し、顧客の意向と実情に適合した投資勧誘を行うよう努めるべきものとされる（金商法40条1号、協会員投資勧誘規則3条2項、外国証券規則5条、海外先物規則6条）。そのためには、顧客の投資経験、投資目的、資力等に関する情報を利用する必要がある。

　具体的には、顧客の投資経験、顧客からの預り資産その他必要と認める個人の属性に応じた「取引開始基準」を定めて運用する。証券業協会の協会員の投資勧誘、顧客管理等に関する規制では、以下の各号に掲げる取引について、それぞれ取引開始基準を定め、当該基準に適合した顧客から取引を受託するものとしている。

　イ．信用取引

　ロ．新株予約権証券（外国新株予約権証券を含む）取引

　ハ．有価証券先物取引（外国有価証券市場における有価証券先物取引と類似
　　の取引を含む）

　ニ．有価証券指数等先物取引等

　ホ．店頭取扱有価証券の取引

　ヘ．有価証券オプション取引等

　また、当該個人情報の利用にあたっては、「当金融機関の金融商品やサービ
スに関して、以下の利用目的で利用いたします。……金融商品やサービスの提
供における適合性の原則に照らした判断等、その妥当性の判断のため」といっ
たように、利用目的への明示が不可欠である。

　また、適合性の判断にあたっては、当該顧客の健康状況や家族の状況といっ
た、機微（センシティブ）情報に該当するような情報を扱うこともある。この
点については、取得・利用に十分注意し、その管理にあたっても格別の配慮が
必要である。

②　預金取引情報の金融商品取引への利用

　個人顧客の預金取引から入手される情報を金融商品取引に利用するためには
当該預金取引において取得される情報が、金融機関の明示している個人情報の
利用目的に当該金融商品取引が含まれていなければならない。

　特に、証券仲介業務を行う登録金融機関にあっては、個人情報保護法による
情報利用の問題だけでなく、優越的地位の濫用による不公正な取引や顧客との
利益相反等の弊害防止や、顧客の非公開融資等情報に関して証券仲介業務従事
者と融資業務従事者と情報の遮断が必要とされていることに十分注意すべきで
ある（「金融商品取引業者等向けの総合的な監督指針」）。

　なお、登録金融機関が行う投資信託受益証券等の売買の媒介は、根拠規定が
異なるため、証券仲介業務に当たらず、したがって証券仲介業務従事者と融資業
務従事者の情報遮断等の規制は対象外である。

③　金融商品取引情報の預金取引への利用

　個人顧客の金融商品取引から入手される情報を預金取引に利用する場合も、
明示されている個人情報の利用目的に当該金融商品取引が含まれていなければ

ならない。

　特に、証券仲介業務を行う登録金融機関にあっては、前述のような情報の遮断が必要とされており、証券仲介業務と融資業務を兼任する役職員等が証券仲介業務に従事する者から受領した非公開融資等情報を融資業務に利用し、または融資業務に従事する者に提供することや、顧客が委託証券会社に開設した証券口座が残高不足となる場合に、自動的に信用供与を行うことなどは禁止されていることに十分注意すべきである（「金融商品取引業者等向けの総合的な監督指針」）。

（3）日本証券業協会の個人情報取扱ルール

　日本証券業協会は、証券業における認定個人情報保護団体としての認定を受けており、協会員における個人情報の適正な取扱いを確保するために「協会員における個人情報の適正な取扱いの確保に関する規則」、および「個人情報の取扱いに関する苦情処理業務規則」を策定している。

①　「個人情報」の具体例

　証券業および証券業に付随する業務において取得する個人情報には、顧客本人に係る情報のほか、見込客、取引先企業および証券発行企業等の個人に係る情報等が含まれる。

　個人顧客の情報（契約の解除等により口座を閉鎖した元顧客の情報を含む）としては、例えば、次のようなものが該当する。

　　イ．顧客カードの記載事項
　　ロ．内部者登録カードの記載事項
　　ハ．本人確認記録記載事項
　　ニ．信用取引口座設定約諾書の記載事項
　　ホ．顧客の取引・預り資産の情報（顧客口座の金銭の入出金、有価証券の入出庫を含む）
　　ヘ．顧客との通信文書
　また、見込客や取引先企業、証券発行企業等の個人に関する情報としては、

例えば、次のようなものが該当する。

イ．氏名、企業名、役職名、電話番号等の情報

ロ．アンケートおよび名簿業者等から入手した情報

ハ．官報、高額納税者名簿、職員録等で公にされている情報

②　利用目的の特定

　利用目的の特定のためには、事業内容をできるだけ明確に記載すべきである。証券関連の事業内容を明記する際には、例えば、以下の記載例が参考となる。

イ．証券業務（有価証券の売買業務、有価証券の売買の取次ぎ業務、有価証券の引受け業務等）および証券業務に付随する業務

ロ．保険募集業務、金融先物取引業、投資顧問業、商品取引業等、法律により証券会社が営むことができる業務およびこれらに付随する業務

ハ．その他証券会社が営むことができる業務およびこれらに付随する業務（今後取扱いが認められる業務を含む）

③　利用目的の具体例

　証券業に関する個人情報の利用目的については、以下のような例が挙げられる。

イ．当社の金融商品取引法に基づく有価証券・金融商品の勧誘・販売、サービスの案内を行うため

ロ．当社または関連会社、提携会社の金融商品の勧誘・販売、サービスの案内を行うため

ハ．適合性の原則等に照らした商品・サービスの提供の妥当性を判断するため

ニ．お客様ご本人であることまたはご本人の代理人であることを確認するため

ホ．お客様に対し、取引結果、預り残高などの報告を行うため

ヘ．お客様との取引に関する事務を行うため

ト．市場調査、ならびにデータ分析やアンケートの実施等による金融商品やサービスの研究や開発のため

チ．その他、お客様とのお取引を適切かつ円滑に履行するため

111

④ 　与信事業の利用目的

　信用取引または有価証券担保貸付は「与信事業」に該当するため、個人情報を取得する場合においては、利用目的を明示する書面に確認欄を設けること等により、利用目的について本人の同意を得ることが求められている。

　この場合、契約書等における利用目的は他の契約条項等と明確に分離して記載する必要があり、取引上の優越的な地位を不当に利用し、信用取引または有価証券担保貸付の条件として、これら業務において取得した個人情報について当該業務以外の金融商品のダイレクトメールの発送に利用することにつき、利用目的として同意させてはならないことに留意すべきである。

⑤ 　書面により個人情報を取得する場合

　本人との間で契約を締結すること等に伴って契約書その他の書面に記載された個人情報を取得する場合は、あらかじめ、本人に対し、その利用目的を明示しなければならない。

　証券業において、本人から書面により直接的に取得するケースの例としては、次のような場合がある。

　　イ．本人から、証券総合口座申込書、保護預り口座設定申込書、信用取引口座設定申込書、外国証券取引口座設定申込書等を受領する場合

　　ロ．本人から本人確認書類またはその写しを受領する場合

　　ハ．返信用ハガキ、アンケートに記載された個人情報を直接本人から取得する場合

⑥ 　その他

　証券業においても、「個人データを正確かつ最新の内容に保つ」ことが求められるが、その方法の具体例としては、例えば、次のような方法が挙げられている。

　　イ．取引報告書・取引残高報告書等やホームページにおいて、顧客の氏名・住所等の変更届出手続きについて周知する。

　　ロ．定期的に顧客カード等の情報を顧客本人に通知し、内容の確認を求める。

　　ハ．顧客からの届出内容を迅速かつ正確に個人情報データベースに反映する。

4．保険業務と個人情報保護

（1）保険取引と個人情報

①　保険販売において取得する個人情報

　生命保険会社が保険募集に関して取り扱う個人情報には、次のようなものがある。

　　イ．保険契約等の募集活動を行う際に必要となる募集情報

　　ロ．個人と締結する保険契約等の締結およびその履行に必要となる契約情報

　　ハ．保険契約締結時あるいは保険金等支払時等に所要の審査を行うために必要となる審査情報

　　ニ．その他、資産運用時において取得する情報

　また、いわゆる「法人契約」においてもその役員・従業員の氏名等も、他の情報との照合により個人情報に該当することとなる可能性があるため、十分に留意する必要がある。

②　個人情報の種類

　これらには、顧客個人を識別するための情報、個人の属性に関する情報、会社や第三者による評価を表す情報、公刊物等によって公にされている公知情報、株主総会招集通知等に記載された役員等の情報、受動的に取得した情報、映像・音声情報等がある。

　具体的には、個人を識別もしくは保険設計における保険料を算出するための顧客の氏名、生年月日等に係る情報、保険加入の妥当性、保険契約の継続性等を判断するための健康情報、資産状況、職業、肩書等個人の属性に関する情報および会社や第三者による評価を表す情報、前記と併せてマーケティング等を目的として利用する公刊物等によって公にされている公知情報、株主総会招集通知等に記載された役員等の情報、保険金等の請求において提出された診断書、証明書に記載された情報および戸籍書類等で取得した被保険者並びに保険金等受取人以外に係る情報、録画・録音等による映像・音声情報等がある。

　個人情報保護法との関係においては、データベース化されておらず、一般的

に容易に検索可能な状態にあるマニュアル処理情報に該当しない情報、例えば、名刺に記載された情報（メールアドレスを含む。当該情報を業務用パソコンに入力し、他の保険募集人その他の役職員等も検索できる状態にある場合、メールアドレスが他の個人情報と容易に照合できる場合等は除く）、コールセンター等の録音情報・画像データ、保険募集人による被保険者の観察情報等については、個人情報データベース等を構成する個人情報、いわゆる「個人データ」には該当せず、また、証券番号については、単独では個人情報に該当しないが、他の情報と照合することが容易なため、個人情報に該当するものとして取り扱うべきである。

　保険募集に関して入手する個人情報と、金融機関が預金・貸付等の際に取得する個人情報と、保険募集代理店としての業務において取得する個人情報にはその項目その他に差異がある。個人情報保護法によれば、個人情報取扱事業者が、個人情報をどのような事業（業務）に供し、どのような目的で利用するかを特定し、公表することにより、その個人情報取扱事業者が行う複数の事業間において個人情報を相互に利用することが可能となるが、それはそれぞれの事業において利用することに合理性が認められる範囲に限定されるべきである。

③　機微（センシティブ）情報の取扱い

　保険会社等は、要配慮個人情報並びに労働組合への加盟、門地および本籍地、保健医療および性生活に関する情報といったいわゆる「機微（センシティブ）情報」については、次に掲げる場合を除くほか、取得、利用または第三者提供を行わないこととされている（なお、新聞に記載された犯罪情報等の公開情報や本人の体格の特徴など営業担当者等の観察によってわかる情報は、機微（センシティブ）情報には該当しない）。

　イ．法令等に基づく場合
　ロ．人の生命、身体または財産の保護のために必要がある場合
　ハ．公衆衛生の向上または児童の健全な育成の推進のため特に必要がある場合
　ニ．国の機関もしくは地方公共団体またはその委託を受けた者が法令の定める事務を遂行することに対して協力する必要がある場合

ホ．源泉徴収事務等の遂行上必要な範囲において、政治・宗教等の団体もし
　くは労働組合への所属もしくは加盟に関する従業員等の機微（センシティ
　ブ）情報を取得、利用または第三者提供する場合

ヘ．相続手続による権利義務の移転等の遂行に必要な限りにおいて、機微（セ
　ンシティブ）情報を取得、利用または第三者提供する場合

ト．保険業その他金融分野の事業の適切な業務運営（保険契約の引受け・継
　続・維持管理、保険金・給付金等の支払い、保険商品の開発、医事研究・
　統計、保険事業の公正性確保、保険制度の健全性維持、保険集団全体の公
　平性確保等）を確保する必要性から、本人の同意（保険業その他金融機関
　の事業の適切な業務運営を確保する必要性から業務遂行上必要な範囲で機
　微（センシティブ）情報を収集、利用または第三者提供することに対する
　同意をいう。なお、委託、合併等による事業の承継に伴う個人データの提
　供、特定共同利用をすることについての本人の同意までは求められない）
　に基づき業務遂行上必要な範囲で機微（センシティブ）情報を取得、利用
　または第三者提供する場合

チ．機微（センシティブ）情報に該当する生体認証情報を本人の同意に基づ
　き、本人確認に用いる場合　等

（2）銀行業務で得た情報の保険販売への利用

①　利用目的

　個人情報を取り扱うにあたっては、その利用目的が本人に一般的、合理的に
予想し得るよう明確にする必要がある。利用目的については、「自社の所要の
目的で用いる」等の抽象的なものではなく、提供する金融商品、サービスを示
したうえで特定すべきであり、金融機関においては、次のようなものが考えら
れる。

イ．自行の預金の受入
ロ．自行の与信判断・与信後の管理
ハ．自行または関連会社、提携会社の金融商品・サービスの販売・勧誘
ニ．自行または関連会社、提携会社の保険の募集

ホ．自行における市場調査および金融商品・サービスの研究

ヘ．特定の金融商品・サービスの購入に際しての資格の確認

② 代理店独自の保有データ

仮に代理店である金融機関が、保険販売等の前段階でマーケティングを行うことにより取得する情報については、その金融機関が独自に保有する情報として取り扱うこととなるものと考えられる。

また、代理店が独自に顧客より取得した情報のうち、既契約情報等、保険会社が関与する情報についても、当該情報に係る本人が任意に代理店に対して提示したものについては、代理店独自に取得したものと考えることができる。しかし、顧客がどのような情況で提供したものなのかは、留意する必要がある。その金融機関が代理店以外の業務において入手した場合は、代理店独自に取得したものと考えられる。

また、金融機関が顧客から直接入手した医療情報等については、結果保険会社の保有個人データと代理店独自の保有データの両面を有することとなるが、このような場合についても同様である。

③ 保険販売において得た情報の銀行業務への利用

他方、保険販売において得た情報の銀行業務への利用については、個人情報保護法については、銀行業務において取得した情報の保険販売への利用と同様であり、保険業法の観点からの留意点もまた同じである。

例えば、顧客から請求された資料のみならず当該請求に関連するその他各種商品案内を送付する等については、個人情報の取得状況からして利用目的が明らかであると認められることから、特段問題とはならないであろう。

ただし、保険金受取人に関しては、本人が指定されていることについての認識が希薄な場合もあり、その個人情報の利用については十分注意すべきである。なお、特定された利用目的は、あらかじめ公表していない場合、個人情報の取得後速やかに本人に通知または公表を行うことが必要である。なお、金融機関がいわゆる「乗合代理店」の場合は、引受保険会社名とそのサービス内容について公表等が必要となる。

116

④　ダイレクトメール、インターネットによる保険募集

　金融分野ガイドラインによれば、取引上の優越的な地位を不当に利用し、与信の条件として、与信事業において取得した個人情報を与信業務以外の保険等金融商品に関するダイレクトメールの送付に利用することに同意させる等の行為は認められず、本人は当該送付に係る利用目的を拒否することができるものとされている。

　また、インターネットによる場合については、電子的方式、磁気的方式その他、人の知覚によっては認識できない方式で作られる記録も「書面」に含まれると、個人情報保護法は定めているため、書面による場合と同時に利用目的の明示等が必要となるが、技術的安全管理措置を講ずることとなる点においては書面による場合と異なることとなる。

（3）保険代理店として得た情報の管理

①　代理店と保険会社の関係

　個人情報保護法の観点からは、情報の取得・利用のみならず、保険会社とは別に安全管理措置、従業員に対する監督、第三者提供の制限等を遵守しなければならない。

　代理店委託契約においては、次のような守秘義務、個人情報の流出防止策等個人情報保護に資するための取り決めがなされる必要がある。

　イ．秘密保持義務

　ロ．目的外利用および第三者提供の禁止

　ハ．セキュリティレベルの確保

　ニ．再委託

　ホ．個人情報の複写および複製並びに持ち出し

　ヘ．委託期間

　ト．提供資料の返還もしくは消去義務

　チ．取扱方法の指定

　リ．個人情報の取扱状況に関する検査

　ヌ．事故発生時における報告義務

ル．義務違反または義務を怠った場合における契約解除および損害賠償
ヲ．その他個人情報の安全管理について必要な事項

② 代理店への個人データの取扱いの委託

　保険会社が、利用目的の達成に必要な範囲内において、個人データの取扱いに関する業務を委託する場合、委託先は第三者には該当しないものとして、当該データに係る本人の同意なく、その提供を行うことができるが、金融機関についてはあくまでも保険代理店としての業務を行うに過ぎないから、原則として、第三者への委託をすることは許されず、すなわち個人データについても然りである。

　また、金融機関が代理店を廃業または代理店委託契約を解約した場合の他代理店への顧客情報の承継、複数代理店による共同募集は、顧客意識に配慮すべきことはもちろんだが、個人情報保護法においては委託先の変更または追加に過ぎず、第三者提供にはあたらないものと考えるべきである。

　代理店が保険会社宛帳票等を取り扱う際に初めて取得した個人情報については、保険会社の個人情報として取り扱うこととなる（乗合代理店の他の保険会社、他の業務への利用については、顧客の同意がある場合を除き、認められないものと考えるべきである）。

　代理店がその業務全般で取得する個人情報を利用するためには、その旨を明示したうえで、顧客から必要な情報を一括して提供してもらう等の措置が必要となろう。保険業界において、代理店独自のシステムにより、コンサルティングを行う場合、その際に取得した情報が代理店、保険会社のいずれに属するのかは、そのケースによるが、顧客の認識が最も重要な要素になることから、利用目的を明確にし、また、必要に応じて顧客の同意を得る等が重要である。

③ 保険会社の監督義務

　代理店が保有する個人データ自体について保険会社は、委託先の監督義務は負わないが、個人情報保護法を遵守しているかについて、通常代理店委託契約書に規定されている善管注意義務、法令等遵守に係る義務等に基づく監督義務を負うものと考えるべきである。すなわち、代理店に対して個人データの取扱

いを委託するにあたり、当該個人データの安全管理が図られるよう、個人データ取扱いの委託先としての代理店に対する必要かつ適切な監督を行わなければならない。

④　共同利用

　保険会社とその代理店である金融機関が、個人データを共同で利用する際、個人データをそれらの者の間で共同して利用すること、共同して利用される個人データの項目、共同利用者の範囲、利用目的および安全管理等の個人データの管理についての責任者の氏名または名称をあらかじめ本人に原則書面により通知し、または本人が容易に知り得る状態にしておくことにより、双方は共同利用者となり、第三者に該当しないこととなるため、本人の同意なく、個人データの提供を行うことができる。

　ただし、銀行業務で得た情報の保険募集への利用、保険業務で得た情報の銀行業務での利用については、別途、業法による制限に留意しなければならない。

⑤　利用目的の公表・明示等

　代理店が個人情報取扱事業者となる場合には、代理店は利用目的の特定、公表、明示を行う必要がある。ここでいう利用目的については「保険募集」のみならず、生保、損保の区分、保険会社名についても該当するものと考えられる。生保、損保の区分の変更、追加については、顧客意識からすれば、変更前の利用目的との合理的関連に乏しいと考えられるが、A生命保険会社に追加してB生命保険会社の代理店となるような場合には、合理的関連性があるものとして変更内容を公表することで可能となるものと考えられる。

　公表は代理店のホームページ、配布資料によることが想定されるが、保険会社においても、自社所属の代理店の利用目的について公表することで、なお、代理店の公表の趣旨を徹底することが可能となろう。

（4） 生保協会の個人情報取扱指針

① 生保指針

　生命保険業界は、87年３月の財団法人金融情報システムセンター（FISC）による「金融機関等における個人データ保護のための取扱指針」を個人データ保護の基本方針と位置づけ、またその後適宜改定を行い、適切な個人情報保護に努めてきた。

　17年５月から改正個人情報保護法が施行されることに伴い、生命保険業における個人情報保護のための取扱指針（以下「生保指針」という）についても改定された。

② 生命保険会社の取り扱う個人情報

　生命保険会社において取り扱う個人情報については、上記のとおりだが、それらの情報には次のような特徴があり、これらを踏まえて個人情報保護に取り組むことが必要である。

　　イ．そのサービスの観点からの個人情報の長期性および多様性

　　ロ．保険制度に由来する個人情報の大量性

　　ハ．多くの関係者の存在

　　ニ．契約の募集その他に介在する生命保険募集人等の存在

　　ホ．保険制度の健全性、公平性を維持するための審査情報の存在

　生保指針は、生命保険会社の個人情報の適正な取扱いの確保のために、利用目的の特定、安全管理のための措置、本人の求めに応じる手続その他の事項に関し、個人情報保護法及び行政手続における特定の個人を識別するための番号の利用等に関する法律（いわゆるマイナンバー法）の規定の趣旨に沿った指針を示すことにより、生命保険会社の個人情報保護の推進に資することにあり、生命保険会社および一般社団法人生命保険協会（以下「生命保険会社等」という）の個人情報および個人番号ならびに匿名加工情報の取扱いに適用するほか、生命保険会社等がその管理責任の範囲で、雇用、委任、請負等の契約等に基づき、生命保険会社等の業務の一部を行う個人、法人または団体に個人情報を取扱わせる場合に適用する。すなわち、保険会社からの委託により保険募集を行

う金融機関についてもその適用を受けることとなる。

③　個人情報保護指針

　生保指針は、生命保険協会が認定個人情報保護団体として定める個人情報保護指針であり、生命保険協会は、各生命保険会社に対し、この取扱指針を遵守させるため必要な指導、勧告その他の措置をとるとされている。

　なお、生保指針に定めがない場合についても、通則ガイドラインや、金融分野ガイドラインが適用されることとなることに留意する。

第1問 (第78回)

預貯金取引と利用目的に関する次の記述のうち、正しいものを一つ選びなさい。

（1）預貯金口座の開設に伴って、契約書に記載された顧客の個人情報を取得する場合は、金融機関が利用目的を公表していたとしても、あらかじめ、顧客に対し、その利用目的を明示しなければならない。

（2）預貯金取引のために来店した顧客について、店舗等に防犯カメラを設置し、撮影したカメラ画像やそこから得られた顔認証データを防犯目的で利用する場合、取得の状況からみて利用目的が明らかであると認められるため、利用目的をあらかじめ公表する必要はない。

（3）預貯金口座の開設にあたって、氏名及び住所については届け出を受けることができたが、個人顧客に利用目的を明示したところ、生年月日については、届け出を受けることができなかったような場合、金融機関は、生年月日については、届け出を受けないまま預貯金口座の開設に応じることができる。

解答：P.150

第2問 (第81回)

預金取引や振込依頼における個人情報の取扱いに関する次の記述のうち、最も適切なものを一つ選びなさい。

（1）個人顧客から、金融機関に対して「個人情報利用停止請求書」により、各種商品などのダイレクトメールを停止するように依頼があった場合には、「定期預金の満期のご案内」についても、発送停止をしなければならない。

（2）個人顧客からの振込依頼に伴い、金融機関が個人情報を書面にて取得した場合、原則として、あらかじめ本人に対し、その利用目的を明示しな

ければならない。

（3）個人顧客からの預金口座開設申込みに伴い、金融機関が個人情報を書面にて取得した場合、原則として、あらかじめ本人に対し、その利用目的を明示しなければならない。

解答：P.150

第3問

（第77回）

　預金取引時に取得される個人情報等に関する次の記述のうち、正しいものを一つ選びなさい。

（1）顧客のメールアドレスだけでは、特定の個人の識別ができないため、個人情報保護法にいう「個人情報」にはなり得ない。

（2）運転免許証の番号だけでは、特定の個人を識別できないが、運転免許証の番号だけであっても、個人情報保護法にいう「個人情報」に該当する。

（3）顧客情報のうち、個人情報保護法にいう「個人情報」に該当しないものであっても、金融機関は顧客に対する道徳的義務として守秘義務を負っているため、正当な理由なく第三者に開示してはならない。

解答：P.150

第4問

（第77回）

　振込の際の振込依頼人・受取人の情報提供に関する次の記述のうち、最も不適切なものを一つ選びなさい。

（1）振込依頼人の氏名、住所、電話番号等は個人情報保護法で保護されるべき個人情報であり、その取得には、本来、利用目的を明示し、振込依頼人の同意が必要であるが、振込依頼に伴う情報提供であり、その利用目的は明白であるため、特段の明示は必要ないといえる。

（2）受取人の氏名、被仕向け金融機関・口座の金融機関名、科目、口座番号等は個人情報保護法で保護されるべき個人情報であり、その取得には、本来、利用目的を明示し、受取人の同意が必要であるが、振込依頼人か

ら提供されることにより、既知の公開情報として取り扱うことができる。

（3）犯罪収益移転防止法の観点から、振込依頼人の本人確認が必要な場合、当該個人情報の利用目的につき特に明示しなくてもよい。

解答：P.151

第5問　　　　　　　　　　　　　　　　　　　　　　　　　　　（第78回）

　代理人との取引における個人情報の取扱いに関する次の記述のうち、最も適切なものを一つ選びなさい。

（1）法人との取引において経理部長等の個人が代理人に選任され届け出られた場合には、本人である法人の情報を取得する際、個人情報保護法上、法人の情報の利用目的を公表するか、代理人に通知しなければならない。

（2）個人情報である本人の情報について、代理人から開示請求があった場合には、代理人ではなく直接本人に回答しなければならない。

（3）個人情報の取扱いに関して同意したことによって生ずる結果について、未成年者、成年被後見人、被保佐人及び被補助人が判断できる能力を有していないなどの場合は、親権者や法定代理人等から同意を得る必要がある。

解答：P.151

第6問　　　　　　　　　　　　　　　　　　　　　　　　　　　（第77回）

　本人の同意のない個人情報の利用に関する次の記述のうち、誤っているものを一つ選びなさい。

（1）金融機関は、労働組合の加盟に関する個人情報については、利用目的をできる限り特定し、あらかじめその利用目的を公表しておくことにより、本人の同意がなくても、自由に利用することができる。

（2）金融機関が、事業譲渡により他の個人情報取扱事業者（金融機関）から事業の承継をすることに伴って個人情報を取得した場合であって、当該個人情報に係る承継前の利用目的の達成に必要な範囲内で取り扱う場合

は目的外利用にはならず、本人の同意を得る必要はない。

（3）金融機関が、個人情報を取得してその利用目的を本人に通知する場合は、原則として、書面によることとされている。

解答：P.152

第7問

　保証会社への情報の提供に関する次の記述のうち、最も不適切なものを一つ選びなさい。

（1）個人ローン取引における保証会社が、金融機関の100％出資子会社の場合であっても、当該金融機関が保証会社に対して個人データを提供する場合には、原則として、あらかじめ本人の書面による同意を得ることとされている。

（2）金融機関が保証会社に対して当該金融機関の与信の可否に関する判断を記載した個人データを提供する場合には、ローン申込書において、(a)個人データを提供する第三者、(b)提供を受けた第三者における利用目的、及び(c)第三者に提供される情報の内容を本人に認識させることの三要件を明記し、個人データの授受につき明示的に同意を書面により取得した場合には、個人情報保護法及び金融分野ガイドラインには違反しないと考えることが妥当である。

（3）信用保証協会による保証を得た融資取引については、信用保証協会が、中小企業等に対する金融の円滑化を図ることを目的として信用保証協会法により設立された公共的な保証人であることから、個人情報取扱事業者の義務等の問題は生じず、個人情報保護法第二章の国及び地方公共団体等の責務等の問題となる。

解答：P.152

　以下の事例における個人情報の取扱い等に関する次の記述のうち、最も不適切なものを一つ選びなさい。

〔事例〕

　A金融機関B支店の資産運用相談窓口では、担当者Xが、個人顧客であるYに対して、端末画面を示して、その画面を共に確認しながら資産運用の相談を行っている。

（1）個人情報の掲載された資料を交付していなくても、端末機の画面に個人データを示して第三者に見せることは、個人情報保護法にいう個人データの提供に該当する。

（2）端末機の画面に表示されたYの個人データを、B支店の他の顧客が偶然視認してしまった場合には、Xがそのことを認識していなかったとしても、守秘義務違反が問われる。

（3）A金融機関が保有しているYの個人データを端末機の画面に示して顧客に見せる場合、たとえその対象者が本人であるYであっても、個人情報保護法に基づき、個人データの提供についてあらかじめYの同意を得る必要がある。

解答：P.153

　個人顧客宛ての郵便物や電子メールによる通知に関する次の記述のうち、正しいものを一つ選びなさい。

（1）金融機関が、個人顧客宛ての定期預貯金の満期の案内通知状について、封入、封緘、発送を外部委託する場合は、当該金融機関の関連会社に委託することが義務づけされており、関連会社ではない専門業者に外部委託することは法令で禁止されている。

（2）金融機関が、住宅ローンを延滞している個人顧客宛てに督促状を発送する業務を関連会社に業務委託していた場合、誤封入によって第三者に送

付された場合の責任は、受託した関連会社のみが負い、委託した金融機関は負うことはない。

（3）複数の個人顧客宛てに電子メールで同内容の広告を送付する場合には、電子メールのアドレスが個人情報に該当することもあるため、BCCを利用して送付することが望ましい。

解答：P.153

第10問 (第81回)

　個人情報保護法における個人情報の利用目的に関する次の記述のうち、正しいものを一つ選びなさい。

（1）金融機関が、融資業務を行うために取得した個人情報を信用照会のために個人信用情報機関に提供する場合は、その秘匿性から例外的に利用目的に明示する必要はないものとされている。

（2）金融機関は、契約書等によらず個人情報を取得した場合は、あらかじめその利用目的を公表している場合であっても、速やかに、その利用目的を、本人に通知しなければならない。

（3）金融機関は、利用目的を特定するに際し「できる限り特定」しなければならないが、一般的に「融資のお申込や継続的なご利用等に際しての判断のため」等と利用目的を特定すれば、「できる限り特定」したものとされている。

解答：P.154

第11問 (第80回)

　預金取引等における個人情報に関する次の記述のうち、正しいものを一つ選びなさい。

（1）金融機関が、振込取引において、振込依頼人から受取人に関する情報の提供を受けた場合、受取人が個人であれば個人情報を取得したことになるため、その利用目的を本人である受取人に都度通知することが必要で

ある。

（2）個人情報の取扱いに関して同意したことによって生ずる結果について、成年被後見人が判断できる能力を有していないなどの場合であっても、成年後見人等の法定代理人からではなく、本人である成年被後見人から同意を得る必要がある。

（3）被相続人の相続手続において、相続人全員が署名・捺印した遺産分割協議書の提出を受け、金融機関がそのコピーを取得した場合は、たとえ被相続人が死亡していたとしても、相続人が生存していれば、当該相続人の個人に関する情報となる。

解答：P.154

第12問 （模擬問題）

　預金取引と個人情報に関する次の記述のうち、最も不適切なものを一つ選びなさい。

（1）親の同意がなく、十分な判断能力を有していない子供から、取得状況から考えて関係のない親の収入事情などの家族の個人情報を取得することは、偽りその他不正の手段による取得と考えられる。

（2）夫の個人情報を妻から取得することも、原則として本人たる夫自身の同意または通知等を要すると考えられる。

（3）妻から夫の個人情報を取得するときには、夫自身に対し利用目的を通知等または明示することは必要ないと考えられる。

解答：P.155

第13問 （第80回）

　顧客情報の管理に関する次の記述のうち、最も不適切なものを一つ選びなさい。

（1）顧客カード等の内部資料は、個人情報等の顧客情報が記載されているものであるから、重要書類に準じて、保管時に施錠を要することは、管理

の精度を高めることになる。

（２）顧客カード等の内部資料をコピーすることを不可とするようなルールは、故意にコピーしてそれを漏えいするケースに対しては大きな効果が期待できる。

（３）顧客カード等の内部資料を外訪担当者のみならず、支店長、預金担当者、融資担当者など複数の者に回付するような場合は、万が一紛失した場合に、どの時点で紛失したか調査・トレースできるように、受渡簿や受渡票を利用することは、管理の精度を高めることになる。

解答：P.155

第14問 (模擬問題)

被相続人の個人情報に関する次の記述のうち、誤っているものを一つ選びなさい。

（１）死者に関する情報が、同時に遺族等の生存する個人に関する情報である場合には、個人情報保護法における保護の対象となる場合がある。

（２）金融機関における実務上、被相続人に関する情報であっても、それが一般に知れているものでない限りは、秘密である顧客情報の一部として管理するのが望ましい。

（３）被相続人の法定相続人の範囲は、個人情報保護法における保護の対象外である。

解答：P.155

第15問 (第81回)

預金取引情報と与信取引情報を利用する場合に関する次の記述のうち、最も適切なものを一つ選びなさい。

（１）預金取引に関連した利用目的の範囲には、与信審査は含まれず、預金取引開始時に与信取引の予定がない場合は、予め与信審査を利用目的に加えることは許されていない。

（2）利用目的は1つの個人情報について1つとは限られないので、預金取引情報について利用目的が複数になる場合には、抽象的な表示にならないように、具体的に複数のまま列挙すべきである。

（3）金融機関が、与信事業に際して、個人情報を取得する場合においては、利用目的について本人の同意を得ることとされており、契約書等における利用目的は他の契約条項等と分離してはならず、一体として記載することが求められている。

解答：P.156

第16問 （模擬問題）

　個人顧客の情報提供依頼への対応に関する次の記述のうち、誤っているものを一つ選びなさい。

（1）金融分野における個人情報取扱事業者は、一定の場合を除き、あらかじめ本人の同意を得ないで、個人データを第三者に提供してはならない。

（2）個人顧客が所属する会社や団体は、原則として第三者として扱われる。

（3）金融分野における個人情報取扱者が、会社の合併により、個人顧客の情報を事業の承継先に提供することは、原則として禁止されている。

解答：P.156

第17問 （模擬問題）

　疑わしい取引の届出と個人情報に関する次の記述のうち、正しいものを一つ選びなさい。

（1）犯罪収益移転防止法に定める「疑わしい取引の届出」は、顧客の個人情報を含む情報を第三者である当局に提供することに該当するので、あらかじめ届出について顧客の同意を得て行う必要がある。

（2）犯罪収益移転防止法に定める「疑わしい取引の届出」は、顧客の個人情報を含む情報を第三者に提供することになるが、法令に基づく場合として個人情報保護法による利用目的による制限は受けない。

（３）犯罪収益移転防止法に定める「疑わしい取引の届出」を行う場合は、あらかじめ当該顧客の同意を得る必要はないが、届出を行った旨を遅滞なく顧客に対して報告することが求められている。

解答：P.157

第18問 (第80回)

　金融機関の職員が、**名刺交換や聞き取り（ヒヤリング）により個人情報を得る場合**に関する次の記述のうち、正しいものを一つ選びなさい。

（１）金融機関の職員が、一般の慣行として名刺を交換する場合、書面（＝名刺）により、直接本人から個人情報を取得することとなるが、その利用目的が今後の連絡のためという利用目的であるような場合は、個人情報保護法における利用目的の通知等は不要である。

（２）金融機関の職員が、聞き取り（ヒヤリング）で得た個人情報は、書面で記録したり、第三者に提供したりしない限り、金融機関の職員の記憶に留まるものであるため、個人情報保護法の適用の対象外とされている。

（３）金融機関の職員が、噂話により個人情報の取得をした場合、その噂話が客観的証拠を伴わない限りは、個人情報保護法の適用の対象外とされている。

解答：P.157

第19問 (第77回)

　金融機関がグループ会社と個人データを共同利用する場合に関する次の記述のうち、正しいものを一つ選びなさい。

（１）グループ会社が、会社法に定める「子会社（会社がその総株主の議決権の過半数を有する株式会社その他の当該会社がその経営を支配している法人として法務省令で定めるもの）」である場合、当該子会社は、個人データの提供に関しては、第三者から除外される。

（２）金融機関が、個人データの共同利用に必要な「通知」を本人にする場合

には、対面で行う場合に限り、口頭でもよいとされている。

（3）共同利用における「個人データの管理について責任を有する者」とは、共同して利用する全ての事業者の中で、第一次的に苦情の受付・処理、開示・訂正等を行う権限を有する者をいい、共同利用者のうち一事業者の内部の担当責任者をいうものではないとされている。

解答：P.157

第20問 （第78回）

個人データに該当する預貯金口座の取引履歴の開示等に関する次の記述のうち、正しいものを一つ選びなさい。

（1）預貯金口座の名義人が成年被後見人である場合において、当該名義人の成年後見人から預貯金口座の取引履歴の開示請求があったとしても、当該名義人である成年被後見人の同意がない限り、金融機関は、成年後見人からの開示請求に応じることはできない。

（2）預貯金口座の名義人が死亡して、遺言書がない場合、複数いる法定相続人の一部から被相続人名義の預貯金口座の取引履歴について開示請求があった場合、金融機関は、他の相続人の同意がなくても、法定相続人からの開示請求に応じることができる。

（3）金融機関が、受入れした預貯金について犯罪収益であるとの疑いがあることから、金融機関が取引履歴について「疑わしい取引」の届出を行う場合は、「法令に基づく場合」であるため、本人の同意は不要であるが、事後に本人への通知が必要とされている。

解答：P.158

第21問 （第77回）

金融機関が個人データに該当する取引履歴を開示する場合に関する次の記述のうち、誤っているものを一つ選びなさい。

（1）預金者Aが死亡し、Aの共同相続人の1名であるBが金融機関に対して、

Aの預金の取引履歴について開示を請求してきた場合、金融機関は他の共同相続人の同意なく、BにAの預金の取引履歴を開示することができる。
（2）成年後見人も、本人である成年被後見人からみた場合は、「第三者」となるため、金融機関は、成年被後見人の同意なく、取引履歴を成年後見人に開示してはならない。
（3）犯罪収益移転防止法により金融機関が「疑わしい取引の届出」をする場合には、個人情報保護法上、利用目的による取扱いの制限、第三者提供の制限の適用はされない。

解答：P.158

第22問   （模擬問題）

取引履歴等の開示等に関する次の記述のうち、正しいものを一つ選びなさい。
（1）本人の同居かつ2親等以内の親族からの情報開示請求があった場合は、金融機関は原則として本人の同意なく応じる必要がある。
（2）共同相続人の一人から、単独で被相続人の預金取引経過の開示請求があった場合は、金融機関は開示に応じる必要がある。
（3）犯罪収益移転防止法の規定に基づき、疑わしい取引の届出を行う場合には、金融機関はあらかじめ当該取引を行った顧客に対して、個人情報を第三者提供する旨の同意を得る必要がある。

解答：P.159

第23問   （第78回）

個人事業主と個人情報に関する次の記述のうち、誤っているものを一つ選びなさい。
（1）個人情報保護法はプライバシーに関する情報を保護するものであり、個人事業主の営業に関する情報は対象とならない。
（2）個人事業主に関する情報といっても、営業活動の詳細な内容については、個人情報保護法の保護対象となる個人情報とはならない。

（３）個人事業主の営業に関する情報であっても、その職業を示す情報等非営業者個人に関する情報については、個人情報保護法の保護対象となる。

解答：P.159

第24問

　融資業務と個人情報及び個人データに関する次の記述のうち、正しいものを一つ選びなさい。

（１）融資取引において利用される個人データは、金融機関が得た個人情報を基に構成されるが、当該個人情報は、本人の明示的な同意を得て取得した情報に限定される。

（２）融資取引において融資の審査に利用する融資申込人の属性データのうち、融資担当者が面談する際に感じた本人の性格について「真面目である。」と記録した場合、当該情報は、融資担当者による印象に過ぎず、個人情報とはならない。

（３）融資取引において融資の審査に利用する融資申込人の資産負債データは、自金融機関との取引内容のみならず、他の金融機関における預貯金、借入情報であっても、本人に関する個人情報となる。

解答：P.160

第25問

　金融機関において融資取引時に取得する個人情報等に関する次の記述のうち、正しいものを一つ選びなさい。

（１）融資の申込人である本人から、個々の家族についての個人情報を取得した場合、金融機関は、融資の申込人である本人の個人情報として取り扱うべきであり、個々の家族本人の個人情報として取り扱うべきではない。

（２）与信審査において金融機関が取得する個人情報は、必ずしも本人の明示的な同意を得て取得する個人情報とは限らない。

（３）金融機関の担当者が、融資の申込人との面談で感じた身体的特徴や素振り、

性格等を記録した場合、これらは金融機関の担当者による印象に過ぎず、個人情報ではない。

解答：P.160

第26問 （第77回）

　個人信用情報機関への照会・情報提供に関する次の記述のうち、正しいものを一つ選びなさい。

（１）個人情報の利用目的について、「与信事業に際して個人情報を加盟する個人信用情報機関に提供する場合等、適切な業務の遂行に必要な範囲で第三者に提供するため」と特定しただけでは、どの個人信用情報機関に提供するか否か不明であるため、「できる限り」特定したことにはならない。

（２）金融機関が、個人信用情報機関から資金需要者の返済能力に関する情報を得た場合、当該資金需要者の返済能力の調査の目的の外、本人の同意を得ることにより、金融商品取引の勧誘に使用することができる。

（３）融資取引において、個人が連帯保証人となる予定の場合、連帯保証契約前であったとしても、金融機関は、当該連帯保証人予定者について個人信用情報照会を行うことができる。

解答：P.161

第27問 （第78回）

　勤務先情報の取扱いに関する次の記述のうち、最も不適切なものを一つ選びなさい。

（１）融資申込みに対して、金融機関が審査するうえで、顧客の個人情報を取得する際、過去（前職）の勤務先名について取得してはならない。

（２）融資申込みに際して、顧客の勤務先名に加え、代表者名等が記入された融資申込書の提出を受けて、金融機関がそれらの情報を取得することは、顧客（従業員）自身の個人情報ということができる。

（３）融資申込みに際して取得した勤務先の個人に関するデータは、その個人

からの融資申込みに対する審査に利用する目的で取得されたものである
から、他の目的に無断で利用することは目的外利用にあたる。

解答：P.161

第28問 （第78回）

　預金取引情報の取扱いに関する次の記述のうち、正しいものを一つ選びなさい。

（1）融資取引において必要となる与信審査では預金取引情報も当然に利用することが想定されるため、預金取引開始時に、当面与信取引が予定されていなくとも、あらかじめ与信審査を利用目的として特定して通知することができる。

（2）融資取引において必要となる与信審査では預金取引情報も当然に利用することが想定されるため、与信審査を預金取引の利用目的として特定して通知する必要はない。

（3）預金取引履歴は、金融機関の業務処理の結果（ログ）であるため、金融機関自身の情報であり、これを与信審査に利用する場合は預金取引の本人の同意を得るよう留意する必要はない。

解答：P.161

第29問 （第78回）

　個人である債務者が、金融機関に対し、住宅ローンの返済について保有個人データの開示又は訂正等を求めた場合に関する次の記述のうち、正しいものを一つ選びなさい。

（1）開示を求められた保有個人データである住宅ローンの返済履歴が多い場合、そのことのみをもって業務の適正な実施に著しい支障を及ぼすおそれがある場合として、金融機関は、開示を拒否できる。

（2）金融機関は、開示を請求した者に対し、手数料を請求することはできないものとされている。

（3）保有個人データが誤りである旨の指摘が正しくない場合には、訂正等を行う必要はないものの、遅滞なく、訂正等を行わない旨を本人に通知しなければならないとされており、当該通知は、口頭や電話でも足りる。

解答：P.162

第30問　(第77回)

　金融機関が保有する債務返済に伴う個人データに関する次の記述のうち、正しいものを一つ選びなさい。

（1）金融機関が債務者本人から訂正等の求めに基づいて調査した結果、延滞データが誤っていたため、これを訂正した場合は、債務者本人に対し、電話や口頭ではなく、必ず書面により、訂正した旨を通知しなくてはならないとされている。

（2）金融機関が債務者本人から訂正等の求めに基づいて調査した結果、訂正等を行わないことに決定した場合、債務者本人に、「訂正等を行わない旨」を通知しなければならないとされている。

（3）金融機関は、利用目的の達成に必要であるか否かにかかわらず、保有する全ての個人データを正確かつ最新の内容に保つよう努めなければならないとされているため、債務返済に伴う個人データについても、一律かつ常に最新化する必要がある。

解答：P.162

第31問　(第78回)

　金融機関が、主たる債務者の情報を連帯保証人に開示する場合に関する次の記述のうち、正しいものを一つ選びなさい。なお、主たる債務者及び連帯保証人は、共に個人であり、連帯保証人は、主たる債務者の委託を受けて金融機関に対して連帯保証しているものとする。

（1）金融機関に対して保証債務を履行した連帯保証人から「主たる債務者と連絡がつかないので、金融機関が保有している主たる債務者の住所及び

電話番号を教えて欲しい。」との依頼があったとしても、金融機関は、主たる債務者の個人データである住所及び電話番号については、主たる債務者の明確な同意がない限り、開示することはできない。

（2）主たる債務者が期限の利益を喪失した場合、金融機関は、連帯保証人に対し、その旨を通知しなければならず、かかる通知を怠った場合、連帯保証は無効となる。

（3）主たる債務の弁済状況については、それが主たる債務者の個人データであり、かつ、主たる債務者の同意がなくても、連帯保証人からの請求があれば、金融機関は、連帯保証人に対して開示することができる。

解答：P.163

第32問 （第78回）

　債権譲渡に際しての債務者に係る「個人データ」の取扱いに関する次の記述のうち、正しいものを一つ選びなさい。

（1）債務者本人が債権譲渡に伴う「個人データ」の第三者提供について明示的に拒否する意思を示した場合、金融機関は、債権そのもののみを移転するしか方法はなく、債務者に関する個人データを債権の譲受人に提供することはできない。

（2）債権譲渡に付随して譲渡人から譲受人に対して当該債権の管理に必要な範囲において債務者等に関する「個人データ」が提供される場合には、原則として、本人の同意を事実上推定できるため、改めて明示的に本人の同意を得る必要は個人情報保護法上ない。

（3）証券化の前提である債権の譲渡に関連して行われるデューデリジェンスや譲受人の選定等は、それが証券化にとって当然必要な準備行為であったとしても、債務者が金融機関から借入をする際に証券化されるとまでは合理的に想定はしていないため、同意の事実上の推定が及ばず、準備行為前に債務者の個別の同意が必要とされる。

解答：P.164

第33問　　　　　　　　　　　　　　　　　　　　　　　　（第78回）

　金融機関がグループ会社間で個人データを共同利用する場合に関する次の記述のうち、正しいものを一つ選びなさい。

（1）共同して利用する個人データについては、その利用目的を全て、本人に通知し、又は本人が容易に知り得る状態に置いていなければならないとされており、かつ、利用目的が個人データの項目によって異なる場合には、当該個人データの項目ごとに利用目的を区別して記載することが望ましいとされている。

（2）「共同して利用する者の範囲」の通知等については、共同して利用する者を個別に列挙しなければならず、「当社及び有価証券報告書等に記載されている当社の子会社」等といった特定方法は認められていない。

（3）「共同して利用する者の範囲」の通知等については、原則として口頭による通知が認められているが、機微（センシティブ）情報については、書面による通知が必要とされている。

解答：P.164

第34問　　　　　　　　　　　　　　　　　　　　　　　　（第81回）

　金融機関間の信用照会に関する次の記述のうち、誤っているものを一つ選びなさい。

（1）金融機関間で行われている信用照会については全銀協の定める様式が利用されていれば、与信のための審査以外の目的での照会であると知りながら回答しても、回答金融機関は守秘義務の問題は一切問われない。

（2）金融機関間で行われている信用照会については、商慣習として行われているものであり、仮に回答金融機関による誤った回答により損失を被っても回答金融機関による法的責任の負担は原則ないものと解されている。

（3）金融機関間の信用照会は、個人対象のものは個人情報の第三者提供にあたるため、行われていない。

解答：P.165

法人取引によって取得した当該法人の役員の個人情報に関する次の記述のうち、正しいものを一つ選びなさい。

（1）金融機関が法人取引を行う際に収集する代表者その他役員の情報については、公開情報である限り、個人情報には該当しない。

（2）金融機関が法人取引を行う際に収集する代表者その他役員の情報については、公開情報である限り、その取得の際に役員本人による同意は不要とされる。

（3）金融機関が法人取引を行う際に収集する代表者その他役員の情報については、公開情報である限り、利用目的にとらわれず当該情報を自由に利用することが認められる。

解答：P.165

個人で税理士事務所を経営している取引先の個人情報に関する次の記述のうち、誤っているものを一つ選びなさい。

（1）税理士事務所に関する情報も、個人情報保護法の保護の対象になる場合がある。

（2）税理士事務所を経営している取引先は、事業者であって消費者ではないから、個人情報保護法の保護の対象にならない。

（3）税理士会計事務所の屋号が付された取引に関する情報も、個人情報保護法の保護の対象になる場合がある。

解答：P.165

第37問 (模擬問題)

　以下の事例における個人情報または個人データの取扱い等に関する次の記述のうち、最も適切なものを一つ選びなさい。

〔事例〕

　Ａ金融機関Ｂ支店の融資担当者であるＸは、個人顧客であるＹから、「自分について、誤った約定返済処理による延滞情報があるので削除して欲しい」との依頼を受けた。

（１）　Ａ金融機関の調査の結果、Ｙの指摘が正しくない場合には、Ａ金融機関は、訂正等を行う必要はなく、訂正等を行わない旨をＹに通知する必要もない。

（２）　Ａ金融機関の調査の結果、Ｙの指摘が正しく、延滞の実績を削除した場合は、Ａ金融機関は、遅滞なく、その旨等をＹに通知しなければならないが、その通知は、書面または電子メールによるものとされており、口頭や電話での通知は許されていない。

（３）　Ａ金融機関の調査の結果、Ｙの指摘が正しく、延滞の実績を削除した場合は、Ａ金融機関は、遅滞なく、その旨等をＹに通知しなければならないが、その際には、Ｙに対し、根拠とした法の条文、判断の根拠およびその根拠となる事実を示し、その理由を説明することが望ましい。

解答：P.166

第38問 (模擬問題)

　漏えい事案等への対応に関する次の記述のうち、正しいものを一つ選びなさい。

（１）　金融分野における個人情報取扱事業者は、個人情報の漏えい事案等の事故が発生した場合には、監督当局等に直ちに報告する必要がある。

（２）　金融分野における個人情報取扱事業者は、個人情報の漏えい事案等の事故が発生した場合において、当該事案等の対象となった本人に対して速やかに当該事案等の事実関係等の通知等を行った場合には、それに加えて当該事案等の事実関係及び再発防止策等を公表する必要はない。

（3）金融分野における個人情報取扱事業者は、個人情報の漏えい事案等の事故が発生した場合において、当該事実を本人に通知することにより、当該個人情報取扱事業者の業務の適正な実施に著しい支障を及ぼすおそれがある場合には、当該事実を本人に通知しないことができる。

解答：P.166

第39問
（模擬問題）

融資取引時の機微（センシティブ）情報の取扱いに関する次の記述のうち、誤っているものを一つ選びなさい。

（1）ローン取引開始時に徴求した住民票の写しの「本籍地」は、融資判断に必要ないので、当該「本籍地」欄については直ちに塗りつぶした。

（2）業務運営上認められた範囲で取得、利用した機微（センシティブ）情報は貴重な個人情報であるから、厳重に保管して必要な場合に活用できるようにした。

（3）ローン取引開始時に返済能力の評価のために取得した融資申込者の健康状態については、他の個人情報とは区別して厳重に管理することとした。

解答：P.167

第40問
（模擬問題）

預金取引情報の審査への利用に関する次の記述のうち、正しいものを一つ選びなさい。

（1）金融機関が実際に利用する目的については、一つの個人情報について一つとは限られないため、利用目的を公表するにあたっては、必要な目的が複数となる場合には、複数のまま列挙せず、纏めて抽象的な表示を行うことが望ましい。

（2）融資取引において必要となる与信審査は、預金取引に関連した利用目的の範囲に当然に含まれるものではないので、別途預金取引情報の利用目的を特定して公表していない場合、与信審査を実施する際に本人の事前

の同意を得なくてはならない。

（3）個人情報としての預金取引情報の利用目的を公表するにあたっては、営業店窓口で扱う商品やインターネット専用商品等それぞれの取扱商品の販売形態に関わらず、一律の方法をとることが求められる。

解答：P.167

第41問 （第78回）

　保証人の個人情報取得に関する次の記述のうち、最も不適切なものを一つ選びなさい。

（1）融資申込者が金融機関に保証人として申し出る個人について、金融機関はその個人の属性、申込者との関係、資力等を確認するため、保証人として適切かどうかの判定に必要な情報を融資申込者に求めてもよい。

（2）金融機関は、保証人に対して、反社会的勢力ではないことの確認を行うことが必要であり、当該保証人に対して当該確認のために個人情報を利用することの同意を得る必要がある。

（3）融資契約に際して、保証人の個人情報を当該保証人以外から取得することは、一般に適正かつ適法な手段によるべきである。

解答：P.167

第42問 （第77回）

　保証会社への個人情報の提供に関する次の記述のうち、正しいものを一つ選びなさい。

（1）保証開始後に金融機関が取得した債務者の個人データを保証会社に提供する場合には、あらかじめ本人の同意を得ておく必要がある。

（2）融資申込書と保証依頼書を複写書式にして本人に必要事項を記入してもらう場合、保証会社宛の保証依頼書が複写作成されて保証会社に提出されることを説明したうえで捺印を受ければ、金融機関は保証依頼書記載の保証に関する個人情報を取得することができる。

（3）金融機関が個人データを保証会社に提供することの同意を得るための書
類としては、保証委託契約書を使用することが望ましい。

解答：P.168

第43問 （第77回）

　保証人の個人情報の取得・利用等に関する次の記述のうち、誤っているもの
を一つ選びなさい。

（1）金融機関は保証人の個人情報を取得する場合、優越的地位の濫用とみな
されないよう、一般に適正かつ適法な手段にて取得することに留意する
必要がある。

（2）保証人が反社会的勢力ではないことの調査を行うに際しては、必ずしも
保証人より同意を取得することは求められない。

（3）保証人となることが確定した個人の個人情報であれば、特段の同意なく
金融商品等営業目的のDM（ダイレクト・メール）発送に利用すること
も認められている。

解答：P.168

第44問 （第78回）

　金融商品取引と個人情報に関する次の記述のうち、誤っているものを一つ選
びなさい。

（1）信用取引では、金融機関が、個人情報を取得する場合においては、利用
目的について、あらかじめ公表をしていれば、本人の同意を得ることと
されていない。

（2）金融機関が、適合性の原則に基づいて勧誘する金融商品を選別するため、
本人の同意に基づき、機微（センシティブ）情報である保険医療に関す
る情報を取得することは、認められている。

（3）金融機関が利用目的を変更する場合には、変更前の利用目的と関連性を
有すると合理的に認められる範囲を超えて行ってはならないとされており、

「アンケート集計に利用」という利用目的を「商品案内等の郵送に利用」という利用目的に変更することは認められていない。

解答：P.169

第45問
（第80回）

証券取引と個人情報に関する次の記述のうち、誤っているものを一つ選びなさい。

（1）証券取引に際し、顧客から氏名・名称、住所、職業、投資目的、資産の状況等の個人情報を取得するが、本人の保健医療に関する情報は機微（センシティブ）情報に該当することから取得することは一切認められていない。

（2）証券取引において、適合性の原則に基づき取得する顧客本人の投資経験、投資の目的や資産の状況といった情報は、氏名等と同様に個人情報保護法における保護の対象である。

（3）法人顧客との証券取引に際しても、法人顧客や証券発行企業の関係者に関する情報については、通常、個人情報と同様に、利用目的開示及び安全管理措置、ならびに開示等の対象となる。

解答：P.169

第46問
（模擬問題）

証券取引時に作成が求められる顧客カードに関する次の記述のうち、誤っているものを一つ選びなさい。

（1）証券取引を行う個人顧客について顧客カードの作成が義務づけられているのは、適合性の原則を実現するためである。

（2）証券取引時に作成が義務づけられる顧客カードは、電磁的方法により作成及び保存することができるとされている。

（3）法人顧客も同様に「顧客カード」を作成するが、その法人の役員に関する情報を入手した場合、役員に関する情報に限っては個人情報とはなら

ない。

第47問   （第80回）

　金融機関が保証会社に融資先顧客の個人情報を提供する場合に関する次の記述のうちで、正しいものを一つ選びなさい。なお、上記及び各選択肢の「顧客」は、個人とする。

（1）保証会社は、金融機関保有の個人データの提供先としては、第三者に該当しない。

（2）保証委託契約は、金融機関と顧客の間の契約であるから、金融機関としては、当該契約書を顧客から受領する際に、保証会社に対する個人データの提供について同意を得ればよい。

（3）融資申込書と保証依頼書を複写書式にして、顧客に必要事項を記載してもらう場合、保証会社宛ての保証依頼書が複写されており、かつ、金融機関が保証会社に提出することを顧客に説明した上で顧客の署名・捺印を受ければ、本人による保証会社宛ての個人データの提供となる。

第48問   （第81回）

　金融機関において個人情報を利用する場合における保険業法上の弊害防止措置に関する次の記述のうち、正しいものを一つ選びなさい。

（1）金融機関が非公開金融情報を保険募集に係る業務に利用する場合、電話で顧客の事前の同意を得ることも可能であり、このような場合、同意を得た旨を記録しておけば足りる。

（2）銀行取引により得た預金残高等の非公開金融情報を保険募集に係る行為に利用する場合、保険の募集を目的としたリストを作成するだけであれば、顧客の事前同意は必要ない。

（3）銀行取引により得た非公開金融情報を保険募集に係る行為に利用する場

合には、顧客の事前同意が必要であるが、顧客の属性に関する情報（住所、氏名、生年月日等）は、非公開金融情報には該当しない。

解答：P.171

第49問 （第78回）

　金融機関での保険の募集及び販売時における個人情報に関する次の記述のうち、正しいものを一つ選びなさい。

（1）金融機関が、個人情報について、その利用目的を「保険の募集及び販売において利用する」として特定し、あらかじめ公表していれば、非公開金融情報についても、保険募集に利用することが可能となった。

（2）保険募集人による被保険者の観察情報等については、データベース化しておらず、又は、容易に検索可能な状態にしていない限り、個人データには該当しない。

（3）保険代理店である金融機関が、保険募集により得た個人データについて、当初通知した変更前の利用目的と関連性を有すると合理的に認められる範囲を超えて利用するためには、本人に変更後の利用目的を改めて通知することにより利用が可能となる。

解答：P.171

第50問 （第78回）

　一般社団法人生命保険協会が定める「生命保険業における個人情報保護のための取扱指針」（以下、「生保指針」という。）に関する次の記述のうち、誤っているものを一つ選びなさい。

（1）生命保険会社等が、合併、会社分割、事業譲渡等により他の個人情報取扱事業者から事業の承継をすることに伴って個人情報を取得した場合は、当該個人情報に係る承継前の利用目的の達成に必要な範囲内であれば、あらかじめ本人の同意を得ないで、当該個人情報を取扱うことができる。

（2）生命保険会社等は、宗教団体等への所属に関する情報は、機微（センシ

ティブ）情報であるから、いかなる場合においても取得してはならない。

（3）生命保険会社等が、保有個人データ又は第三者提供記録の開示の際に手数料を徴求する場合は、定めた手数料の額を本人の知り得る状態（本人の求めに応じて遅滞なく回答する場合を含む。）に置いておく必要がある。

解答：P.172

第51問

（第78回）

　保険業法の弊害防止措置と個人情報に関する次の記述のうち、正しいものを一つ選びなさい。

（1）金融機関が、保険募集に係る業務において取り扱う顧客の生活等に関する公開されていない情報（非公開保険情報）を保険募集に係る業務以外の業務に利用する場合には、あらかじめその旨を公表するか顧客より同意を得ることが必要となる。

（2）金融機関が、預金取引により得た顧客の属性に関する情報（氏名、住所、電話番号、性別、生年月日及び職業）であっても、公開されていない情報であれば、非公開金融情報に該当するため、保険募集に係る行為に利用する場合には、あらかじめその旨を公表するか顧客より同意を得ることが必要となる。

（3）金融機関が、非公開保険情報を住宅ローンの勧誘に利用する場合には、非公開保険情報の利用について顧客の同意を取得する際に、当該同意の有効期間及びその撤回の方法等も具体的に明示することが必要となる。

解答：P.172

第52問

（模擬問題）

　保険募集時の個人情報に関する次の記述のうち、誤っているものを一つ選びなさい。

（1）保険販売時に取得する個人情報は、氏名、生年月日、健康情報、資産状況、職業、肩書等に限られ、本人の同意があっても機微（センシティブ）

　情報を取得することはできない。
（2）個人情報を、どの事業でどのような目的で利用するかを特定し、公表していれば、保険募集と預金・貸付等の複数の事業間において個人情報を相互に利用することができる。
（3）保険募集をインターネットで行う場合、電子的方式、磁気的方式その他、人の知覚では認識できない方式で作られる記録も個人情報に含まれる。

解答：P.172

〔第1問〕

正　解：(1)　　　　　　　　　　　　　　　　　　　　正答率：28.9%

（1）個人情報保護法第21条第2項の定めるとおり。よって、正しい。

（2）店舗等に設置した防犯カメラによりカメラ画像を取得し、そこから顔認証データを抽出してこれを防犯目的で利用する場合、本人においてかかる取扱いが行われるとは合理的に予測・想定できないと考えられるため、利用目的を特定し、これをあらかじめ公表又はその取得後速やかに通知・公表する必要がある（「個人情報の保護に関する法律についてのガイドライン」に関するQ&A　1-12）。よって、誤り。

（3）犯罪収益移転防止法による取引時確認等において、生年月日は必須の確認事項である（同法第4条第1項第1号）。従って、金融機関は、生年月日の届け出を受けないまま預貯金口座の開設はできない。よって、誤り。

〔第2問〕

正　解：(3)　　　　　　　　　　　　　　　　　　　　正答率：71.9%

（1）「定期預金の満期のご案内」は、ダイレクトメールとは異なり、発送停止手続の対象外となるのが一般的である。よって、適切ではない。

（2）このような場合は、個人情報の取得の状況から見て利用目的が明らかな場合に該当する（個人情報保護法21条4項4号）。よって、適切ではない。

（3）個人情報保護法21条2項参照。よって、最も適切である。

〔第3問〕

正　解：(2)　　　　　　　　　　　　　　　　　　　　正答率：27.9%

（1）特定の個人を識別できるメールアドレス（kojin_ichiro@example.com

等のようにメールアドレスだけの情報の場合であっても、example社に所属するコジンイチロウのメールアドレスであることが分かるような場合は、個人情報になり得る（通則ガイドライン2-1事例5）。よって、誤り。

（2）運転免許証の番号だけでも、個人識別符号（法2条2項2号）として、個人情報に該当する（法2条1項2号）。よって、正しい。

（3）金融機関が顧客に負う守秘義務は、法的義務であり、道徳的義務ではない（最三決平成19年12月11日等）。よって、誤り。

〔第4問〕

正　解：（2）　　　　　　　　　　　　　　　　　　　　　正答率：25.1%

（1）適切である。「取得の状況から見て利用目的が明らかである場合」（法21条4項4号）に該当するので、特段の対応は不要と考えられる。

（2）振込依頼人、受取人の個人情報とも、振込取引において、「取得の状況から見て利用目的が明らかである場合」（法21条4項4号）に該当するので、特段の対応は不要と考えられる。ただし、既知の公開情報とみなされるわけではない。よって、誤り。

（3）適切である。「国の機関又は地方公共団体が法令の定める事務を遂行することに対して協力する必要がある場合であって、利用目的を本人に通知し、又は公表することにより当該事務の遂行に支障を及ぼすおそれがあるとき」（法21条4項3号）に該当すると考えられ、特段の対応は不要と考えられる。

〔第5問〕

正　解：（3）　　　　　　　　　　　　　　　　　　　　　正答率：78.2%

（1）法人の情報は個人情報保護法上の「個人情報」に該当しないため、利用目的を通知・公表する必要もない。よって、不適切といえる。

（2）請求した代理人に回答することもできる。よって、不適切といえる。

（3）通則ガイドライン2-16尚書（人情報の取扱いに関して同意したことによって生ずる結果について、未成年者、成年被後見人、被保佐人及び被補助人

が判断できる能力を有していないなどの場合は、親権者や法定代理人等から同意を得る必要がある。）。よって、最も適切である。

〔第6問〕

正　解：（1）　　　　　　　　　　　　　　　　　　　　　　正答率：72.5%

（1）労働組合への加盟に関する情報は、機微（センシティブ）情報として、一定の例外を除き、取得、利用又は第三者提供を行わないこととされている（金融分野ガイドライン5条1項）。よって、誤り。

（2）事業譲渡に伴う個人情報の取得については、選択肢の通りである（通則ガイドライン3-1-4）。よって、正しい。

（3）個人情報保護法上、利用目的の通知に書面性は求められていないが（法21条1項）、金融分野ガイドラインでは、原則として書面による通知を求めている（金融分野ガイドライン6条1項）。よって、正しい。

〔第7問〕

正　解：（3）　　　　　　　　　　　　　　　　　　　　　　正答率：80.8%

（1）については、法人の場合、第三者への該当性は法人格を基準に判断されるため、個人情報取扱事業者にとって、親会社・子会社等のグループ会社の共同利用の要件を満たさない限り第三者に該当し、また、金融分野ガイドライン14条、12条1項は、本人の同意を得る場合には原則として書面によることとされているので、適切である。

（2）記載されている要件は、同ガイドライン12条に従ったものであり、金融機関の与信の可否に関する判断を記載した個人データであっても、提供することに問題ないと考えられることから、適切である。

（3）については信用保証協会に対する個人データの授受も第三者提供と解され、また、個人情報保護法第二章の「国及び地方公共団体等の責務等」の問題とは関連がないことから、適切ではない。

よって、正解（記述の最も不適切なもの）は（3）。

第2章

〔第8問〕

正　解：（3）　　　　　　　　　　　　　　　　　　正答率：79.9%

（1）個人情報保護法27条にいう「個人データ」の提供は、口頭や書面の交付に限らず、端末機の画面に個人データを示して見せることも含む。「提供」とは、個人データ、保有個人データを、自己以外の者が利用可能な状態に置くことをいう。個人データ等が、物理的に提供されていない場合であっても、ネットワーク等を利用することにより、個人データ等を利用できる状態にあれば（利用する権限が与えられていれば）、「提供」に当たる（通則ガイドライン2-17）。よって、適切である。

（2）Xが、個人データの第三者提供を認識していなかったとしても、過失による守秘義務違反は問われ得る。よって、適切である。

（3）個人情報保護法は、あらかじめ本人の同意を得ないで、個人データを第三者に提供することを禁止しているが、本人であるYは「第三者」には該当しない（個人情報保護法27条1項）。よって、最も不適切である。

〔第9問〕

正　解：（3）　　　　　　　　　　　　　　　　　　正答率：81.6%

（1）法令や各種ガイドラインの定めるルールを遵守すれば、関連会社ではない専門業者に外部委託することも可能である（法27条5項参照）。よって、誤り。

（2）委託先の選定、監督に過失があれば、金融機関が責任を負うことがある。よって、誤り。

（3）顧客の電子メールのアドレスも個人情報となりえる（「個人情報の保護に関する法律についてのガイドライン」及び「個人データの漏えい等の事案が発生した場合等の対応について」に関するQ＆A1-4）ため、このような場合は、BCCを利用して送付することが望ましい。よって、正しい。

〔第10問〕

正　解：（3）　　　　　　　　　　　　　　　　　　　　　正答率：52.3%

（1）個人情報取扱事業者が、与信事業に際して、個人情報を個人信用情報機関に提供する場合には、その旨を利用目的に明示しなければならない（金融分野ガイドライン2条4項）。よって、誤り。

（2）個人情報保護法は、「個人情報取扱事業者は、個人情報を取得した場合は、あらかじめその利用目的を公表している場合を除き、速やかに、その利用目的を、本人に通知し、又は公表しなければならない。」としている（同法21条1項）。よって、誤り。

（3）金融分野ガイドライン第2条第1項、個人情報保護指針（全国銀行個人情報保護委員会）Ⅱ－1「運用上の考え方」参照。よって、正しい。

〔第11問〕

正　解：（3）　　　　　　　　　　　　　　　　　　　　　正答率：95.8%

（1）設問のような場合は、「取得の状況からみて利用目的が明らかであると認められる場合」といえるため、通知は必要とされない（個人情報保護法第21条第4項第4号）。よって、誤り。

（2）個人情報の取扱いに関して同意したことによって生ずる結果について、未成年者、成年被後見人、被保佐人及び被補助人が判断できる能力を有していないなどの場合は、親権者や法定代理人等から同意を得る必要がある（通則ガイドライン2-16参照）。よって、誤り。

（3）死者に関する情報が、同時に、遺族等の生存する個人に関する情報でもある場合には、当該生存する個人に関する情報に該当する（通則ガイドライン2-1（※2）参照）。よって、正しい。

〔第12問〕

正　解：(3)　　　　　　　　　　　　　　　　　　　　　　（模擬問題）

（1）親の同意がなく、十分な判断能力を有していない子供から、取得状況から考えて関係のない親の収入事情などの家族の個人情報を取得することは、偽りその他不正の手段による取得と考えられる（通則ガイドライン3-3-1）。よって、正しい。

（2）家族の情報であっても、本人以外の者から取得することは、第三者からの取得であることに変わりはないから、夫の個人情報を妻から取得することも、原則として本人たる夫自身の同意または通知等を要すると考えられる。よって、正しい。

（3）妻から夫の個人情報を取得するときにも、妻ではなく、夫自身に対し利用目的を通知等または明示することが必要であると考えられる。よって、不適切。

〔第13問〕

正　解：(2)　　　　　　　　　　　　　　　　　　　　　正答率：79.7％

（1）設問のとおり。よって、適切である。

（2）コピーを禁止したとしても、故意にコピーしてそれを漏洩するケースに対しては大きな効果が期待できない。よって、最も不適切である。

（3）設問のとおり。よって、適切である。

〔第14問〕

正　解：(3)　　　　　　　　　　　　　　　　　　　　　　（模擬問題）

（1）死者に関する情報が、同時に遺族等の生存する個人に関する情報である場合には、当該生存する個人に関する情報に該当する（通則ガイドライン2-1）。よって、正しい。

（2）被相続人に関する情報のどの部分が生存する遺族に関する情報なのか

を切り分けることは容易でない場合もあり、個人情報保護法の保護とはならなくとも守秘義務の対象となる場合もある。よって、正しい。

（3）被相続人の法定相続人の範囲は、遺族側から見た血縁関係の情報でもあるため、遺族に関する情報として個人情報保護法における保護の対象となる場合がある。よって、誤り。

〔第15問〕

正　解：（2）　　　　　　　　　　　　　　　　　　　　　　正答率：74.4%

（1）預金取引開始時に与信取引の予定がない場合であっても、預金取引に関連した利用目的の範囲に、与信審査を利用目的に加えても不自然ではない。よって、適切ではない。

（2）個人情報の取扱いについては、利用目的を具体的に特定して公表するか、または本人の同意を得ない限り、利用範囲が制限される（個人情報保護法15条、16条）。そのため預金取引情報について利用目的が複数になる場合には、具体的に複数のまま列挙すべきといえる。よって、最も適切である。

（3）設問の場合、「契約書等における利用目的は他の契約条項等と明確に分離して記載することとする。」とされている。（個人情報保護指針（全国銀行個人情報保護委員会）Ⅱ－1「運用上の考え方」参照。）。よって、適切ではない。

〔第16問〕

正　解：（3）　　　　　　　　　　　　　　　　　　　　　　（模擬問題）

（1）個人情報保護法27条1項に規定されているとおり。よって、正しい。

（2）金融機関における個人情報保護に関するQ＆AⅤ－2のとおり、本人が所属する会社や団体についても原則として第三者となる。よって、正しい。

（3）個人情報保護法27条5項2号では、合併その他の事由による事業の承継に伴って個人データが提供される場合は、第三者に該当しないとされていることから、合併に伴って個人の情報を授受されることは問題ないと考えられる。よって、誤り。

〔第17問〕

正　解：（2）　　　　　　　　　　　　　　　　　　　　　　　（模擬問題）

（1）届出が法令により義務づけられているので、個人情報保護法により同意を要しない（法27条1項）。よって、誤り。

（2）記述のとおり（法17条、18条3項）。よって、正しい。

（3）「疑わしい取引の届出」は組織犯罪の防止や捜査のための情報提供であるから、届出を行ったことについては、逆に守秘義務が課されている（犯罪収益移転防止法9条3項）。よって、誤り。

〔第18問〕

正　解：（1）　　　　　　　　　　　　　　　　　　　　正答率：91.9%

（1）通則ガイドライン3-3-5（4）事例2）参照。よって、正しい。

（2）聞き取り（ヒヤリング）で得た個人情報であっても、「偽りその他不正の手段により個人情報を取得してはならない」（法20条）等、個人情報保護法の適用の対象を受ける。よって、誤り。

（3）上記（2）の解説参照。なお、他人の情報をあえて引き出そうとしてはならないことはもちろん、いわゆる噂話でも慎重さが望まれる。よって、誤り。

〔第19問〕

正　解：（3）　　　　　　　　　　　　　　　　　　　　正答率：38.1%

（1）個人情報保護法27条1項「個人情報取扱事業者は、次に掲げる場合を除くほか、あらかじめ本人の同意を得ないで、個人データを第三者に提供してはならない。」の「第三者」から子会社は除外されていない。よって、誤り。

（2）「金融分野における個人情報取扱事業者は、法第27条第5項第3号に定める「通知」については、原則として、書面によることとする。」とされている（金融分野ガイドライン6条1項）。よって、誤り。

（3）個人情報保護法27条5項3号の「個人データの管理について責任を有する者」については、通則ガイドライン3-6-3(4) ⑤が設問の通り定めている。よって、正しい。

〔第20問〕

正　解：（2）　　　　　　　　　　　　　　　　　　　　　　正答率：76.1%

（1）成年後見人は、成年被後見人の法定代理人として、成年被後見人の財産を管理する権限を有するため（民法第859条第1項）、金融機関は成年被後見人の同意なく成年後見人からの開示請求に応じることができる。よって、誤り。

（2）法定相続人全員の同意がなくても、法定相続人の一部からの開示請求に対して、金融機関は応じることができるし、原則として、応じなければならない（最一判平成21年1月22日）。よって、正しい。

（3）法令等に基づく場合、金融機関は、本人の同意なくして個人データを第三者に提供できるものとされ（個人情報保護法第27条第1項第1号）、犯罪収益移転防止法に基づく「疑わしい取引」の届出については、本人の同意は不要であり、かつ、事後に本人への通知も必要とはされていない。また、犯罪による収益の移転の防止に関する法律において、疑わしい取引の届出をしたことは、本人である顧客等又はその者の関係者に漏らしてはならないこととされている（同法8条3項）。よって、誤り。

〔第21問〕

正　解：（2）　　　　　　　　　　　　　　　　　　　　　　正答率：65.6%

（1）判例上、「預金者の共同相続人の一人は、共同相続人全員に帰属する預金契約上の地位に基づき、被相続人名義の預金口座の取引経過の開示を求める権利を単独で行使することができる」（最一判平成21年1月22日　民集第63巻1号228頁）とされている。よって、正しい。

（2）民法上、「後見人は、被後見人の財産を管理し、かつ、その財産に関する法律行為について被後見人を代表する」（民法859条1項）ため、成年被後見

人の同意は不要である。よって、誤り。

　（3）「疑わしい取引の届出」（犯罪による収益の移転防止に関する法律8条）は、「法令に基づく場合」として、利用目的による取扱いの制限、第三者提供の制限の適用対象外である（法18条3項1号、27条1項1号）。よって、正しい。

〔第22問〕

正　解：（2）　　　　　　　　　　　　　　　　　　　　　　　　（模擬問題）

　（1）個人情報保護法では、取得した情報を本人以外に提供することが許される場合（法27条1項各号）、提供した本人以外の者を第三者とは見做さない場合（法27条5項各号）を規定しているが、「本人の家族」はそのいずれにも含まれていない。よって、誤り。

　（2）相続人からの開示請求については、2009年1月に、最高裁から預金取引経過の開示に関する判決が出され（最高裁判所民事判例集63巻1号228頁）、共同相続人の一人が単独で被相続人の預金取引経過の開示を求めることが可能と示された。よって、正しい。

　（3）犯罪収益移転防止法の規定に基づき疑わしい取引を届け出る場合は、「法令に基づく場合」に該当する（金融分野ガイドライン4条1号）。個人情報保護法上「法令に基づく場合」は特定目的の特定、利用目的による取扱いの制限、第三者提供の制限などの規定は適用されない（法17条、18条3項、27条1項）。よって、誤り。

〔第23問〕

正　解：（1）　　　　　　　　　　　　　　　　　　　　　　　正答率：53.8%

　（1）個人情報保護法の保護の対象となる情報は、プライバシーに限定されていない。営業に関する情報であっても、個人情報保護法上の要件を満たす情報は含まれる。よって、誤り。

　（2）個人事業主の営業活動の詳細な内容については、個人情報データベースの一部を構成するものの、個人情報保護法の保護する個人情報には含まれな

いと考えられる。よって、正しい。

（3）個人を特定できる情報として保護対象となる。よって、正しい。

〔第24問〕

正　解：（3）　　　　　　　　　　　　　　　　　　　　　　正答率：83.2%

（1）要配慮個人情報（法2条3項）以外の個人情報については、「偽りその他不正の手段」（法20条1項）によらなければ、必ずしも本人の明示的な同意を得なくても、取得は可能である。また、取得の状況からみて、利用目的が明らかであると認められる場合は、利用目的の明示は不要とされている。よって、誤り。

（2）個人情報とは、「当該情報に含まれる氏名、生年月日その他の記述等により特定の個人を識別することができるもの」（法2条1項1号）であるから、属性データ中の本人の性格についても、個人情報に該当する。よって、誤り。

（3）他の金融機関の取引内容について、融資申込人から聴取した取引内容や個人信用情報機関から得た取引内容は、自金融機関の取引内容と共に、本人に関する個人情報となる。よって、正しい。

〔第25問〕

正　解：（2）　　　　　　　　　　　　　　　　　　　　　　正答率：70.1%

（1）このような場合は、個々の家族本人の個人情報として取り扱うべきである。よって、誤り。

（2）機微（センシティブ）情報は、原則として取得が禁止されている（金融分野ガイドライン第5条）が、それ以外の個人情報については、「偽りその他不正の手段」（個人情報保護法17条1項）によらなければ、必ずしも本人の明示的な同意を得ずに取得することはあり得る。よって、正しい。

（3）このような場合でも、与信審査を目的として取得する本人に関する個人情報に該当する。よって、誤り。

〔第26問〕

正　解：（3）　　　　　　　　　　　　　　　　　　正答率：58.9%

（1）個人情報がどのような事業の用に供され、どのような目的で利用されるかを本人が合理的に予想できるように特定すればよく、選択肢の特定は「できる限り」特定した例といえる（全国銀行協会「個人情報の保護と利用に関する自主ルール」Ⅱ－1参照）。よって、誤り。

（2）「金融分野における個人情報取扱事業者は、個人信用情報機関から得た資金需要者の返済能力に関する情報については、当該資金需要者の返済能力の調査以外の目的に使用することのないよう、慎重に取り扱うこととする」（金融分野ガイドライン12条2項なお書き）とされている。よって、誤り。

（3）信用状況調査を目的とする限り、連帯保証人となる予定の者についても融資の申込者と同様に個人信用情報照会の対象とすることができる。よって、正しい。

〔第27問〕

正　解：（1）　　　　　　　　　　　　　　　　　　正答率：72.5%

（1）融資申込に際して、融資申込時の勤務先の勤続年数が年齢に比して非常に短い等、融資審査上前勤務先の情報が必要な場合は、現勤務先とあわせて前勤務先の情報を取得する実務上の必要性があるが、個人情報保護法上、これを制限するものではない。よって、誤り。

（2）正しい。

（3）正しい。

〔第28問〕

正　解：（1）　　　　　　　　　　　　　　　　　　正答率：51.9%

（1）当面与信取引が予定されていなくとも、与信審査を利用目的に加えておくことは一般的であり、正しい。

（2）個人情報の利用目的は、できる限り特定する必要があり（個人情報保護法17条1項）、提供する金融商品又はサービスを示した上で特定することが望ましい（金融分野ガイドライン2条1項）。よって、誤り。

（3）預金取引情報も個人情報に該当し得る。そして、与信事業においては、銀行は個人情報の利用目的について、本人の同意を得なければならないこととされている（金融分野ガイドライン2条3項、全国銀行個人情報保護協議会「個人情報保護指針」I.2（24））。よって、誤り。

〔第29問〕

正　解：（3）　　　　　　　　　　　　　　　　　　　　正答率：68.7%

（1）開示すべき保有個人データの量が多いことのみでは業務の適正な実施に著しい支障を及ぼすおそれがある場合に該当しないとされている（金融分野ガイドライン第16条尚書参照）。よって、誤り。

（2）手数料を徴収する場合は、実費を勘案して合理的であると認められる範囲内において、その手数料の額を定めなければならないとされており（全国銀行個人情報保護協議会個人情報保護指針VI 6「手数料」参照）、必ずしも、無料にしなければならないわけではない。よって、誤り。

（3）「通知」及び「説明」の手段には、例えば、書面、口頭、電子メール、電話（自動音声を含む。）があるとされている（全国銀行個人情報保護協議会個人情報保護指針、VI 3「訂正等の請求」参照）。よって、正しい。

〔第30問〕

正　解：（2）　　　　　　　　　　　　　　　　　　　　正答率：74.3%

（1）「通知」及び「説明」の手段には、例えば、書面、口頭、電子メール、電話（自動音声を含む。）がある（全国銀行個人情報保護協議会個人情報保護指針VI 3「訂正等の請求」参照）。よって、誤り。

（2）金融機関は、訂正等の請求を受けて、保有個人データの訂正等を行ったとき、または訂正等を行わない旨の決定をしたときは、遅滞なく、その旨（訂

正等を行った場合は、その内容を含む。）を本人に通知しなければならない（全国銀行個人情報保護協議会個人情報保護指針Ⅵ 3「訂正等の請求」参照）。よって、正しい。

（3）「保有する個人データを一律に又は常に最新化する必要はなく、それぞれの利用目的に応じて、その必要な範囲内で正確性・最新性を確保すれば足りる」とされている（法22条、通則ガイドライン3-4-1参照）。よって、誤り。

〔第31問〕

正　解：（3）　　　　　　　　　　　　　　　　　　　　　正答率：30.1%

（1）委託を受けた連帯保証人に対して、必要な範囲に限って主たる債務者の情報を開示する場合には、主たる債務者の黙示の同意があるといえるし、また、連帯保証人が求償権を行使するために必要な情報であれば、「（連帯保証人の）財産の保護のために必要がある場合であって、本人（主たる債務者）の同意を得ることが困難」であれば開示は可能である（個人情報保護法第27条第1項第2号）。よって、誤り。

（2）主たる債務者が期限の利益を喪失した場合、金融機関は、連帯保証人に対し、2ヶ月以内にその旨を通知しなければならない（民法第458条の3第1項）が、かかる通知を怠った場合は、金融機関は、期限の利益を喪失した時から同項の通知を現にするまでに生じた遅延損害金の請求ができなくなるだけで、連帯保証が無効となるわけではない（同条第2項）。よって、誤り。

（3）「保証人が主たる債務者の委託を受けて保証をした場合において、保証人の請求があったときは、債権者は、保証人に対し、遅滞なく、主たる債務の元本及び主たる債務に関する利息、違約金、損害賠償その他その債務に従たる全てのものについての不履行の有無並びにこれらの残額及びそのうち弁済期が到来しているものの額に関する情報を提供しなければならない。」とされており（民法第458条の2）、また、主たる債務の弁済状況については、連帯保証に関する情報ともいえる。よって、正しい。

〔第32問〕

正　解：（2）　　　　　　　　　　　　　　　　　　　　正答率：33.2%

（1）本人たる債務者が債権譲渡に伴う「個人データ」の第三者提供について明示的に拒否する意思を示し、これにより、当該債権の管理に支障を来し、債権の譲渡人又は譲受人の財産等の保護のために必要な場合には、「人の生命、身体又は財産の保護のために必要がある場合であって、本人の同意を得ることが困難であるとき」（個人情報保護法第27条第1項第2号）の定めに該当し、債務者等の同意なく当該「個人データ」を債権の譲受人に提供することができるものと解されている（金融機関における個人情報保護に関するQ＆A　Ⅵ－4　参照）。よって、誤り。

（2）債権譲渡に伴い第三者提供される「個人データ」の本人が、譲渡制限特約を結ぶことを要求できない立場にある場合等の例外を除いて、設問のとおりと解されている（金融機関における個人情報保護に関するQ＆A　Ⅵ－4　参照）。よって、正しい。

（3）証券化の前提である債権の譲渡に関連して行われるデューデリジェンスや譲受人の選定等、当然必要な準備行為についても、（債権の管理に必要な範囲に含まれるものとして）同意の事実上の推定が及ぶものと解されている（金融機関における個人情報保護に関するQ＆A　Ⅵ－4　参照）。よって、誤り。

〔第33問〕

正　解：（1）　　　　　　　　　　　　　　　　　　　　正答率：69.7%

（1）通則ガイドライン3-6-3(3)④記載のとおり。よって、正しい。

（2）共同して利用する者の外延を示すことにより本人に通知等することも認められており、必ずしも個別に列挙しなければならないわけではない（金融分野ガイドライン第12条第4項）。よって、誤り。

（3）「金融分野における個人情報取扱事業者は、法第27条第5項第3号に定める「通知」については、原則として、書面によることとする」とされている（金融分野ガイドライン第12条第4項）。よって、誤り。

〔第34問〕

正　解：（1）　　　　　　　　　　　　　　　　　　　　　　正答率：63.9%

　照会金融機関が取引先の依頼により信用照会を利用しているなど、認められていない照会に対して、事情を知りながら回答した場合は守秘義務の免除が受けられなくなると解される。よって（1）は誤り。

　（2）は記述の通り。

　（3）金融機関間の信用照会における回答金融機関の回答に含まれる個人情報は第三者提供に当たるため、全銀協は信用照会に利用される「信用調」の書式を改訂し、個人対象のものは廃止した。よって、適切である。

〔第35問〕

正　解：（2）　　　　　　　　　　　　　　　　　　　　　　　　（模擬問題）

　（1）個人情報については、生存する個人に関する情報であって、当該情報に含まれる氏名、生年月日その他の記述等により特定の個人を識別することができるもの（法2条1項）であり、公開非公開は問われていない。よって、誤り。

　（2）役員情報も「特定の個人を識別できるもの」であれば個人情報となるが、法により公開されている個人情報は、情報を取得する際に同意を要しない。よって、正しい。

　（3）個人情報保護法上、公開情報であっても、利用目的の範囲を超えて利用することを許容する規定は認められない。よって、誤り。

〔第36問〕

正　解：（2）　　　　　　　　　　　　　　　　　　　　　　　　（模擬問題）

　（1）個人情報保護法は、個人情報の保護の対象が私生活に関するものか、事業活動に関するものかで区別していない。よって、正しい。

　（2）個人情報の保護の対象が事業者か消費者かで区別していない。よって、

誤り。

（3）屋号が付された取引に関する情報でも、特定の個人を識別できる情報であれば、個人情報保護法の保護の対象になる場合がある。よって、正しい。

〔第37問〕

正　解：（3）　　　　　　　　　　　　　　　　　　　　　（模擬問題）

（1）このような場合、「訂正等を行わない旨の決定をしたときは、本人に対し、遅滞なく、その旨を通知しなければならない」とされている（法34条3項）。よって、適切ではない。

（2）口頭での通知も可能とされている（個人情報保護指針（全国銀行個人情報保護委員会）Ⅵ-3「運用上の考え方」）。よって、適切ではない。

（3）個人情報保護指針（全国銀行個人情報保護委員会）Ⅵ-3「運用上の考え方」参照。よって、最も適切である。

〔第38問〕

正　解：（1）　　　　　　　　　　　　　　　　　　　　　（模擬問題）

（1）「金融分野における個人情報取扱事業者は、個人情報の漏えい事案等の事故が発生した場合には、監督当局に直ちに報告することとする。」（金融分野ガイドライン11条1項）。よって、正しい。

（2）個人情報の漏洩事案等の事故が発生した場合、対象となった本人に速やかに通知等を行う必要があるが（金融分野ガイドライン11条3項）、それに加えて、二次被害の防止、類似事案の発生回避等の観点から、事実関係及び再発防止策等を早急に公表する必要がある（同条2項）。よって、誤り。

（3）個人情報の漏えい事案等の本人への通知義務について、業務の適正な実施に著しい支障を及ぼす場合といった例外事由は設けられていない（金融分野ガイドライン11条3項）。よって、誤り。

〔第39問〕

正　解：（2）　　　　　　　　　　　　　　　　　　　　　（模擬問題）

（1）「本籍地」は、融資業務には必要ない。よって、正しい。

（2）金融機関が定められた例外事項に該当する場合に機微（センシティブ）情報を取得、利用、第三者提供した後に同情報を保存していても、当初定められた範囲内の利用や第三者提供以外の目的で利用することができず、目的外利用や情報漏洩のリスクが増すだけであるから、取得・利用・第三者提供にかかる目的を達した後は、確実に廃棄・削除することが大切である。よって、誤り。

（3）健康状態は機微（センシティブ）情報であるが、融資取引には必要であるため取得することは許容されるが、厳重に管理する必要がある。よって、正しい。

〔第40問〕

正　解：（2）　　　　　　　　　　　　　　　　　　　　　（模擬問題）

（1）金融機関が必要とする目的が複数となる場合には、無理に纏めて抽象的な表示になってしまうことのないように複数のまま列挙する方法がよい。よって、誤り。

（2）記載のとおり。よって、正しい。

（3）個人情報としての預金取引情報の利用目的を公表する方法は、それぞれの取扱商品の販売形態により適切な方法をとることが望ましい。よって、誤り。

〔第41問〕

正　解：（2）　　　　　　　　　　　　　　　　　　　　正答率：35.1%

反社会的勢力排除のため、その該当有無の調査に関しては保証人の同意を得ることなく行うことが可能である。（金融分野ガイドライン6条3項）。よって、（2）は誤り。

（1）（3）は記述のとおり。

〔第42問〕

正　解：（1）　　　　　　　　　　　　　　　　正答率：58.9%

（1）保証会社も金融機関保有の個人データの提供先としては第三者に該当するので、原則として個人データの提供にはあらかじめ本人の同意が必要である。よって、正しい。

（2）本問のような場合、保証会社宛の保証依頼書が複写作成されて保証会社に提出されることを説明したうえで捺印を受ければ本人による直接の提供になり、金融機関は保証依頼書記載の個人情報を取得することにはならない。よって、誤り。

（3）保証委託契約書は保証会社と本人との間の契約書面であり、金融機関は契約当事者でもなく契約書も保管しないので、金融機関が個人データを保証会社に提供することの同意を得るための書類としては適当ではない。よって、誤り。

〔第43問〕

正　解：（3）　　　　　　　　　　　　　　　　正答率：91.5%

（1）金融分野ガイドライン2条3項において、金融分野における個人情報取扱事業者は、利用目的について本人の同意を得る場合に取引上の優越的な地位を不当に利用するような行為を行うべきではないとしている。よって、正しい。

（2）金融分野ガイドライン6条3項によれば、反社会的勢力に関する情報など、利用目的を本人に通知しまたは公表することにより本人または第三者の生命、身体、財産その他の権利利益や金融分野における個人情報取扱事業者の権利または正当な利益を害するおそれがある場合については、利用目的の通知や同意の取得は求められない。よって、正しい。

（3）金融分野ガイドライン2条3項において、金融分野における個人情報

取扱事業者が、与信事業に際して、個人情報を取得する場合、利用目的について本人の同意を得ることとしている。よって、保証人となることが確定した個人であっても、同意なしにDMの発送等を行うことは原則認められない。よって、誤り。

〔第44問〕

正　解：（1）　　　　　　　　　　　　　　　　　　　　　　正答率：69.4%

（1）信用取引は、与信事業に該当するため、金融機関が、個人情報を取得する場合においては、利用目的について本人の同意を得ることとし、契約書等における利用目的は他の契約条項等と明確に分離して記載することとされている（金融分野ガイドライン第2条第3項参照）。よって、誤り。

（2）機微（センシティブ）情報であっても、金融分野の事業の適切な業務運営を確保する必要性から、本人の同意に基づき業務遂行上必要な範囲で機微（センシティブ）情報を取得することは認められており（金融分野ガイドライン第5条第1項第7号）、金融機関が、適合性の原則に基づいて勧誘する金融商品を選別することは、業務遂行上必要な範囲といえる。よって、正しい。

（3）「個人情報の保護に関する指針」（日本証券業協会）第3条第3項の解説によれば、このような利用目的の変更は認められない例とされている。よって、正しい。

〔第45問〕

正　解：（1）　　　　　　　　　　　　　　　　　　　　　　正答率：85.0%

（1）証券業協会は、証券会社において「顧客カード」を整備することを求めている。「顧客カード」の記載事項には「その他各協会員において必要と認める事項」が含まれており（協会員の投資勧誘、顧客管理等に関する規則5条9号）、適合性を判断するために本人の健康状態などの情報を含める場合もあり得る。よって、誤り。

（2）個人情報とは、生存する個人に関する情報、かつ当該情報に含まれる

氏名、生年月日その他の記述等により特定の個人を識別することができるものや、個人識別符号を含むものを指す（法2条1項）。個人情報の例として、「・氏名、住所、生年月日などの属性情報・顧客カードの記載事項・アンケートへの回答内容・顧客の取引、預かり資産の情報・個人識別符号（基礎年金番号、免許証の番号、個人番号等）等」が挙げられる（日本証券業協会コンプライアンス・ハンドブック（勧誘・受注）2023年度版）。よって、正しい。

（3）法人顧客の証券取引に際しても、法人顧客や証券発行企業の関係者に関する情報も通常は、個人情報に該当すると考えられる。したがって、個人顧客の情報と同様に、利用目的開示、安全管理措置、開示等の対象となる。よって、正しい。

〔第46問〕

正　解：（3）　　　　　　　　　　　　　　　　　　　　　　　　　　（模擬問題）

（1）正しい。

（2）証券業協会の「協会員の投資勧誘、顧客管理等に関する規則」に記載のとおり。よって、正しい。

（3）法人の役員の氏名など、個人に関する情報が含まれる場合には、その部分については個人情報と考えるべきである。よって、誤り。

〔第47問〕

正　解：（3）　　　　　　　　　　　　　　　　　　　　　　　　　正答率：79.7%

（1）保証会社であったとして、金融機関保有の個人データの提供先としては、第三者に該当する（個人情報保護法27条1項）。よって、誤り。

（2）保証委託契約は、保証会社と顧客の間の契約であり、また、金融機関が、保証会社に対する個人データの提供についての同意を得るのであれば、別途金融機関宛ての同意書を得るべきである。よって、誤り。

（3）保証会社宛ての保証依頼書であり、顧客が個人データについて保証会社に提供されることを了解した上で、署名・捺印をしているのであるから、複

写方式であったとしても、本人による保証会社宛ての個人データの提供となる。よって、正しい。

〔第48問〕

正　解：（3）　　　　　　　　　　　　　　　　　　　　正答率：52.0%

（1）電話による場合は、①募集にかかる業務に先立って口頭による説明を行い、②同意を得た旨を記録し、③速やかに当該利用について説明した書面を送付または交付し、④契約申込までに書面による同意を得る必要がある（保険会社向けの総合監督指針Ⅱ-4-2-6-2（1）③）。よって、誤り。

（2）設問のような募集の準備行為であっても、「保険募集に係る行為」とされる（2016年3月全国銀行協会「生命保険・損害保険」コンプライアンスに関するガイダンスノートⅡ-1）。よって、誤り。

（3）保険会社向けの総合監督指針Ⅱ-4-2-6-2（1）（注）のとおり。よって、正しい。

〔第49問〕

正　解：（2）　　　　　　　　　　　　　　　　　　　　正答率：28.4%

（1）非公開金融情報を保険募集に利用する場合には、事前の書面による同意が必要とされている（生命保険につき保険業法施行規則第212条第2項第1号イ、損害保険につき212条の2　第2項第1号イ参照）。よって、誤り。

（2）「個人データ」とは、個人情報データベース等を構成する個人情報をいい（個人情報保護法第16条第3項）、個人情報データベース等は、電子計算機による検索性又は容易に検索することができるように体系的に構成したものであることが求められる（同条第1項）。よって、正しい。

（3）「個人情報取扱事業者は、あらかじめ本人の同意を得ないで、できる限り特定された利用目的の達成に必要な範囲を超えて、個人情報を取り扱ってはならない。」とされており、通知のみではなく、同意が求められている（個人情報保護法第18条第1項）。よって、誤り。

〔第50問〕

正　解：（2）　　　　　　　　　　　　　　　　　　　正答率：76.8%

（1）生保指針3－2（5）、個人情報保護法第18条第2項参照。よって、正しい。

（2）設例の場合は、「源泉徴収事務等の遂行上必要な範囲において、政治・宗教等の団体若しくは労働組合への所属若しくは加盟に関する従業者等の機微（センシティブ）情報を取得、利用又は第三者提供する場合」として認められている（生保指針3－2⑥　金融分野ガイドライン第5条第1項第6号参照）。よって、誤り。

（3）生保指針3－9（1）③参照。よって、正しい。

〔第51問〕

正　解：（3）　　　　　　　　　　　　　　　　　　　正答率：29.9%

（1）金融機関が、保険募集に係る業務において取り扱う顧客の生活等に関する公開されていない情報（非公開保険情報）を保険募集に係る業務以外の業務に利用する場合には、「事前に書面その他の適切な方法により当該顧客の同意を得る」ことが必要となり、公表のみでは足りない（保険業法施行規則第212条第2項第1号ロ、同第212条の2　第2項第1号ロ）。よって、誤り。

（2）顧客の属性に関する情報（氏名、住所、電話番号、性別、生年月日及び職業）は、非公開金融情報には該当しない（保険会社向けの総合的な監督指針Ⅱ－4－2－6－2（1）（注）参照）。よって、誤り。

（3）保険会社向けの総合的な監督指針Ⅱ－4－2－6－2（2）に記載のとおり。よって、正しい。

〔第52問〕

正　解：（1）　　　　　　　　　　　　　　　　　　　（模擬問題）

（1）保険業その他の金融分野の事業の適切な業務運営を確保する必要性が

ある場合があり、業務遂行上必要な範囲で、顧客本人の同意を得た上で機微（センシティブ）情報を取得することができる。よって、誤り。

（2）個人情報保護法17条1項、18条1項、21条1項のとおり。よって、正しい。

（3）個人情報保護法2条1項1号のとおり。よって、正しい。

第2章

支店業務と個人情報

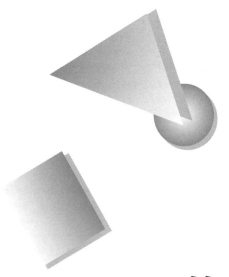

第3章

第3章　学習の手引

テーマ	80回	81回
1．支店管理職の情報管理	○	○
2．教育・研修のポイント	○	○

1．支店管理職の情報管理

　支店管理職における情報流出防止策、私物に関する監督、支店外への顧客情報の持ち出し、委託先管理の留意点、実際に情報が漏えいしてしまった際の対応について学習する。49回には顧客情報の流出防止策が1問、50回、51回には営業店における個人情報保護に関する問題が1問出題されている。他のテーマからの出題はなかったが、支店業務上、重要な事項であることから、重要ポイントを押さえておきたい。

2．教育・研修のポイント

　金融機関の行職員に対して個人情報保護に関する教育・研修をどのように行い、またパート・派遣社員については同様の教育・研修でよいのかなどについて学習する。本分野からは、49回以前は出題はなかったが、50回、51回には各1問出題されているので、ポイントを理解しておこう。

1．支店管理職の情報管理

（1）情報流出防止とモニタリング

①　情報流出の防止策

　支店から個人情報を流出させないためには、次のような着想が必要である。

　従前は、個人情報を多く集めるほど豊富な経営資源になると考えられていたが、今般は個人情報を保有すること自体が大きな事務リスクになる。支店で保有する個人情報の量が増えるほど、適切に管理するのが難しくなるので、個人情報を必要以上に取得しない、なるべく複製せず用が済んだら複製は廃棄する、保存期間を決めて経過したら消去するなど、個人情報の量を減らすことが大切である。

　従前は、個人情報を記録した書類や磁気ディスクなどの媒体は一般の書類と同様、危険物として管理されてこなかったが、今般は個人情報を含む情報媒体は、取扱いを誤れば金融機関に損害をもたらすという危険物になるものであり、金融機関が日常的に取り扱う現金や有価証券などの貴重品と同様、厳格に管理されることが必要である。

　個人情報を貴重品と同列に扱う以上、現金（円）や有価証券（枚）と同様に、個人情報も数量の単位（件）をもって管理されるべきである。具体的には、支店で保有する個人情報を棚卸して数量を把握し、これを台帳化して管理する。

　台帳には、

　イ．取得項目

　ロ．利用目的

　ハ．保管場所・保管方法・保管期限

　ニ．管理部署

　ホ．アクセス制限の状況

を記載して管理するなどの措置が必要である（「金融分野における個人情報保護に関するガイドラインの安全管理措置等についての実務指針」（以下、「実務指針」）2-4）。

② 行職員の私物に対する監督

　金融機関では営業室内への私物の持込は厳禁とされているのが一般的である。しかし、行職員が私的に使っている携帯電話、PDA（携帯情報端末）といった情報端末やスケジュール帳に金融機関の顧客情報が転載・複製され、これが支店外に自由に持ち出されれば、そこから顧客情報が流出するリスクは飛躍的に高まる。

　あるいは、そうした行職員の私物に金融機関の顧客情報が転載・複製されること自体、金融機関から私人たる行職員に対する流出と評すべき場合もあろう。盗難と違い複製は痕跡が残らないために発見が難しい。

　そこで、以下のようなルールを策定することが望ましい。

　イ．職場には必要最小限の私物しか持ち込まない。特にノートパソコンやスマートフォンなど、顧客情報を複製することができる情報端末は持ち込まないか、支店の管理下に置く

　ロ．私物を業務に使用しない。業務に必要な場合、例えば外回りの多い営業職員が出先から顧客に連絡するのに携帯電話が必要であれば、支店が貸与する

　ハ．行職員の私物に顧客情報を転載・複製することを禁止する。スケジュール帳に予定を入れたり携帯電話に登録する場合は、イニシャルを使うなど識別性をなくす

　上記のようなルールを策定したら、これが実施されているかをモニタリングする。しかし、私物には行職員のプライバシー保護が及んでいるので、ルールの事前告知により自分のプライバシーを開示するかどうかの選択を行職員に与える、恣意的に運用しないなど、行職員のプライバシーに配慮しながらモニタリングする必要がある。

③ 支店外に持ち出された顧客情報の管理

　顧客情報はなるべく支店外に持ち出さないことが情報セキュリティ上は望ましいが、顧客を訪問して商談したり帳票を受け渡しする、本社での会議に出席するなど、顧客情報を記録した情報媒体をカバンに入れて持ち歩かなければならないケースは業務上多い。

そこで、支店に「顧客情報出納帳」のようなものを備え置き、情報媒体の出入りを支店管理者が管理することが重要となる。こうした管理を徹底することは煩雑で、業務効率を落とす一面もあるかも知れない。しかし、顧客情報を含む媒体は単なる書類ではなく、現金や有価証券と同列に扱うべき貴重品であり、こうした意識を行職員に植えつける教育効果が見込まれる。

また、顧客情報を支店外に持ち出すときは、データを暗号化する、顧客名をイニシャルにして識別性をなくす、顧客リストの出所を不明にして（金融機関のリストであることを判らなくする）リストの価値をあらかじめ減じるなどの工夫により、万が一流出した場合の被害を最小限に食い止める方策を講じておく。

④　通信機器利用の注意点

ファックスや電子メールを利用して顧客や社内に顧客情報を送信する際、送信先を誤って予期せぬ第三者に顧客情報を洩らしてしまう危険があり、慎重な取扱いが求められる。

ファックスによる誤送信の原因は、ファックス番号の押し間違えである。送信先を登録しておく、何度も番号を確認するなどして、押し間違えを避けるしかない。

ファックスの場合、誤送信しても自ら気がつくことは少なく、誤送信の受領先がわざわざ教えてくれることも少ない。顧客から「ファックスがまだ届かない」という連絡があって発信履歴を調べて発覚するような例が多く、紛争化することもある。

また、顧客から支店に書類をファックスしてもらうときも危険が高い。ファックス番号を間違えて伝えれば金融機関の責任になる。正しく伝えても顧客が押し間違えればやはり誤送信になって紛争化するおそれがあるので、顧客によく注意喚起しておく。

電子メールの場合、メールアドレスの入力を間違えれば送信エラーになるのが通常で、誤送信の原因は送信先の確認不足である。膨大な顧客情報が瞬時に誤送信されるおそれがある。万が一の誤送信に備え、特に一般公衆回線を使用して送信する場合は、暗号化や電子鍵を使う。

多数の顧客にメールマガジンなどを BCC で送信すべきところを誤って CC で送信し、大量のメールアドレスを開示してしまうケースもある。システム上 CC では送信できない設定にしておく必要がある。

なお、もし仮に誤送信してしまった場合、たとえ 1 件であっても顧客情報の流出事故であることに変わりはない。イ．原状回復措置（ファックス書類の回収、メールの削除など）、ロ．顧客への謝罪と説明、ハ．金融庁への報告、ニ．対外的公表などを含めて早急に関係部署と協議する必要がある（金融分野ガイドライン17条）。

⑤　情報アクセスの管理

支店の行職員にどの範囲で顧客情報へのアクセス権を付与するかは、一つの問題であるが、業務効率と情報セキュリティとの調整点として、業務に必要な最小限の範囲でアクセス権を付与するというのが一般論である。

行職員が担当する顧客以外についてアクセス権を認める必要はなく、支店全顧客へのアクセス権は必要な管理職に認めれば足りる。自分が担当する顧客の情報であっても、ファイルの印刷に一定の制限を加えることも考えられる。また、機微（センシティブ）情報は特に慎重に取り扱うこととされており（金融分野ガイドライン 5 条 2 項）、機微情報のアクセス権を管理職に限定することも考えられる。

行職員が悪意になれば、付与されたアクセス権を逸脱して顧客情報を取得したり、付与されたアクセス権を濫用して顧客情報を不正に利用することを完全に防ぐことは難しい。しかし、アクセス状況を記録・監視することでそうした不正が後日発覚する可能性を高めておくことは、行職員の不正に対する抑止力になる。

（２）委託先管理の実務上の留意点

業務委託先に対する管理は、個人情報保護法25条に基づく委託先の監督が求められる。

具体的には、金融分野ガイドライン10条および実務指針5-1ないし5-4に基づ

き、委託先選定基準と委託契約を用いた委託先の監督を行わなければならない。

　委託先選定基準においては、委託先業者の安全管理態勢はもとより、委託業務の履行可能性、経営の健全性についてもチェック項目に入れておく。なぜなら、委託業務が誠実に履行されないことは、金融機関の事務に支障を及ぼすリスクだからである。

　なお、委託先は事業会社であることが多いが、金融機関の保有する個人データの取扱いを委託する以上、金融分野ガイドラインおよび実務指針を遵守するよう求めることが必要である。

　委託契約においては、委託先に対する監督権限、再委託の制限、損害賠償の範囲を条項化する。

　金融機関は委託先が自金融機関の選定基準をクリアする安全管理態勢を敷いているかを常に監督しなければならないが、監督権限は委託契約によって付与され、その強度は契約内容に左右される。再委託により安全管理態勢が劣化すれば委託先に対する監督は尻抜けになる。また、万が一顧客情報の流出事故が発生した場合、金融機関は純粋な意味での損害に加えて信用回復に必要なコストを負担することがあり、損害賠償の範囲をこうしたコストまで拡げておくことが望ましい。損害賠償の範囲を委託料相当額に限定する条項があれば、その撤廃を求めなければならない。

　なお、清掃業者や備品リース業者など、個人情報の提供を予定しない（個人情報の利用権限を付与しない）委託先であっても、支店の施設内に出入りして個人情報を含む何らかの情報媒体を持ち出す危険はある。きちんと委託契約を結び、個人情報に接触してはならないこと、損害賠償範囲を拡げることなどを盛り込んでおく必要がある。

（3）情報漏えい時の対応

　金融機関は、個人情報の漏えい等の事故が発生した場合には、監督当局に直ちに報告するほか、二次被害の防止、類似事案の発生回避等の観点から、漏えい等の事実関係および再発防止策等を早急に公表しなければならないとされている。また、漏えい等の対象となった本人には、速やかにその事実関係等の通

知を行う必要がある（金融分野ガイドライン17条）。

　この中でも、漏えい・紛失した個人の権利保護や二次被害の防止が最も重要であり、本人への通知報告を最優先に考える姿勢が不可欠である。会社の体面やレピュテーションの低下を気にし過ぎて、内部調査に時間を要し、本人等への通知・報告が遅れるような事態は避けなければならない。

　次に、監督当局宛ての報告については、それが銀行法や保険業法など業法上の報告・命令権限に基づいて求められている場合、報告漏れは法令違反に該当することとなるため、社内の報告態勢の整備とともに、当局宛て報告を要する事案か否かの迅速な検討が必要となる。

　報告義務の根拠や対象は、それぞれ以下のように分類される。

① 　個人情報保護法の体系（実務指針）による報告義務　→個人データ
② 　個人情報保護法の体系（ガイドライン）による努力義務　→個人情報
③ 　業法の体系による報告義務　→個人顧客に関する個人データ
④ 　業法の体系による報告義務（監督指針）　→顧客情報
⑤ 　業法上の不祥事届出

このうち、ファックスの誤送信、配送の誤配、メールの誤送信なども、形式的には個人情報や個人データの漏えいにあたり、報告等が必要となり得る。しかし、金融機関は、漏えい等した情報の量や、「機微情報の有無」、「二次被害や類似事案の発生の可能性」などを検討し直ちに報告を行う必要性が低いと判断したものであれば、業務上の手続きの簡素化を図る観点から、月に一回程度にまとめて報告しても差し支えないとされている。

　なお、漏えい事案等に速やかに対応するため、金融機関内の連絡体制、事実関係の調査・初期対応、顧客への適切な対応などの態勢整備をしておくことが求められる。

　また、行職員が、個人情報の漏えいをしてしまった場合や紛失をしてしまった場合、またはそうした事態を認識した場合、社内手続きに従ってただちに上司、個人情報担当者、コンプライアンス部署等の関係者にそうした事実を報告しなければならない。とりわけ上司への報告が第一となる。この場合、漏えい、紛失した情報の数が、たとえ一件であれ、社内での報告を怠ってはならないことはいうまでもない。たとえ一件であっても、それが原因での二次被害が生じ

る可能性があるからである。

報告は、迅速を旨としつつ、できる限り詳細に、漏えい・紛失した情報の性質、量、場所や方法、漏えいの経路等を報告すべきである。

また、前述のとおり、当局への報告も必要であるが、漏えい・紛失した個人顧客の利益保護が最も重要であることを認識すべきである。できる限りで速やかに本人にも連絡し、情報の悪用による二次的被害が起きないように最大限努力すべきである。

（4）支店の情報管理者の役割

実務指針2-1-2は、個人データを取り扱う各部署における「個人データ管理者」が以下の業務を所管しなければならないとしている。

① 個人データの取扱者の指定及び変更等の管理
② 個人データの利用申請の承認及び記録等の管理
③ 個人データを取り扱う保管媒体の設置場所の指定及び変更等
④ 個人データの管理区分及び権限についての設定及び変更の管理
⑤ 個人データの取扱状況の把握
⑥ 委託先における個人データの取扱状況等の監督
⑦ 個人データの安全管理に関する教育・研修の実施
⑧ 個人データ管理責任者に対する報告
⑨ その他所管部署における個人データの安全管理に関すること

個人データ管理者の役割は、個人情報の管理担当部署が策定したルールを支店において実施し、実施状況をモニタリングし、リスク事象を管理担当部署にフィードバックすることである。また、ルールが実務に沿っていないと思われる事項についてフィードバックし、ルールの改善につなげることもある。

現場に最も近いモニタリングだけにその役割は重要であり、管理者が機能を十分に発揮しているかどうかは、本社担当部署（検査部・内部監査部など）によるモニタリングの対象になる。

2. 教育・研修のポイント

（1）職員教育・研修

① 行職員への教育・研修

　行職員に個人情報保護法の教育研修を行う際、法令やガイドラインの内容をただ教え込むだけではなかなか頭に入らない。そこで、個人情報の取得から利用の流れを大きく整理し、

　イ．直接取得（21条2項）
　ロ．間接取得（21条1項、20条）
　ハ．目的内利用（18条1項）
　ニ．委託（27条5項1号）
　ホ．委託以外の第三者提供（27条2項、5項2号、3号）

という5つの代表的場面を理解させ、問題となっている個人情報の取扱いはこの5つのうちどの場面なのか、個人情報保護法のいずれの条文が適用されるのかを常に考える習慣を身に付けさせる。これによって問題発見能力が高まることが見込まれる。

　そうすれば、行職員が自分の業務に置きかえて考えたときも、どの場面でどの条文が問題となるのか把握することが容易になる。内部マニュアルのどの部分を参照すべきかが分かるようになり、問題解決能力が高まる。

② パート・派遣社員への教育・研修

　金融機関と雇用関係にあるパート社員はもとより、直接の雇用関係にない派遣社員もまた、金融機関が必要かつ適切な監督を行わなければならない「従業者」に含まれる（金融分野ガイドライン9条2項）。

　パート社員の場合、いわゆるパート指針により、事業主はパート社員の職業能力の開発・向上を図るために就業実態に応じた教育訓練を実施するよう努めるものとされており、各パート社員の就業実態に応じた個別メニューの教育・研修を行うことになる。

　また、個人情報の取扱いに関する各種社内規程がパート社員にも適用される

こと、社内規程違反として就業規則に基づいて懲戒処分を受ける可能性があることなどを、パート社員に周知しておくべきである。

　派遣社員の場合も、労働者派遣契約において就業条件として業務内容が特定されるため、各派遣社員の業務内容に即した個別メニューの教育・研修を行うことになる。派遣社員を受け入れる金融機関は、派遣先として派遣社員を指揮命令することができ、金融機関が保有する個人情報の取扱いについても指揮命令できるので、その一環として個人情報の取扱いについて派遣社員から誓約書を徴求することも許される。

　派遣元との関係では、労働者派遣契約の中に、派遣元が派遣社員に対して個人情報の取扱いに関して教育・研修を行うこと、派遣先において派遣社員から誓約書を徴求すること、派遣元は派遣社員をして派遣終了後も守秘義務を遵守せしめること、派遣社員が個人情報の取扱いで事故を起こしたときに派遣元は教育・研修の不備などを理由に損害賠償責任を負う場合があることなどを定めておくことが望ましい。

※問題右上の回号表記は、目次注釈参照。

第1問 (第77回)

情報管理に関する次の記述のうち、誤っているものを一つ選びなさい。

（1）保有する個人情報を定期的に棚卸しして数量を把握し、これを台帳化して管理することは、情報流出の有効な防止策である。

（2）顧客情報を支店外に持ち出すときに、データを暗号化する、あるいは顧客名をイニシャルにするなどにより識別性をなくすことは、万一リストが流出しても被害を最小限に食い止める方策である。

（3）顧客情報を含む CD-ROM を第三者に委託して運搬する場合、大手の運送会社や警備会社であれば、委託先管理として十分である。

解答：P.197

第2問 (第80回)

個人情報の管理について本店と支店の役割に関する次の記述のうち、誤っているものを一つ選びなさい。

（1）金融分野における個人情報取扱事業者は、「個人データ管理責任者」と「個人データ管理者」を設置しなければならず、個人データ管理責任者は各営業所等の長、もしくはその次席にあたる者でなければならない。

（2）個人データ管理責任者が所管しなければならない業務には、「個人データの安全管理に関する教育・研修の企画」が含まれる。

（3）金融機関の全行職員は、金融機関との間で個人データの非開示契約等を締結し、これに違反すると就業規則等に基づき懲戒処分に服することになる。

解答：P.197

第3問 (第77回)

　金融機関に対し個人情報保護法に基づき開示等の請求等があった場合における顧客対応の留意点に関する次の記述のうち、正しいものを一つ選びなさい。

（1）金融機関は、開示等の請求等に関し、請求を受け付ける方法を定めることはできないため、任意の方法による顧客からの開示等の請求に対応しなければならない。

（2）開示等の請求等は、未成年者又は成年被後見人の法定代理人だけでなく、開示等の請求等をすることにつき本人が委任した代理人によってもすることができる。

（3）顧客から、金融機関に対し、当該顧客の信用度や富裕層区分等の評価に関する情報について訂正等の請求があった場合、評価の前提となる数値等の事実に誤りがなくても、訂正等の請求の対象としなければならない。

解答：P.198

第4問 (模擬問題)

　個人情報のデータ開示請求等における顧客対応の留意点に関する次の記述のうち、誤っているものを一つ選びなさい。

（1）金融機関は本人から本人が識別される保有個人データの開示を求められたときは、本人に対し、速やかに保有個人データを開示する必要があるが、例えば与信格付についてはその限りではない。

（2）金融機関が本人から保有個人データに関する利用停止等請求を受けた場合、請求の方法が金融機関の定める方法ではないことを理由に当該請求を利用停止等請求として受け付けないこととすることは認められていない。

（3）本人より本人が識別される保有個人データの内容の訂正等の請求を受けた場合には、遅滞なく調査及び調査結果に基づく訂正を行うことが金融機関に求められているが、その条件は、本人が識別される保有個人データの内容が事実ではないという理由の場合に限られる。

解答：P.198

　業務上、個人情報を伝達する手段としてファックスなどの通信機器を利用する場合に関する次の記述のうち、最も不適切なものを一つ選びなさい。

（1）ファックスによる誤送信の原因はファックス番号の押し間違いであるから、頻繁に送信する先についてはあらかじめ送信先の番号を登録するとともに送信前に再確認することも必要である。

（2）営業店が顧客から個人情報の記載された書面をファックスで受信するときも、営業店のファックス番号を間違えて伝えればトラブルの原因となるので、口頭で伝えるよりもファックス番号自体を記載した紙をファックスで顧客に送信するなどして言い間違いや聞き間違いのないようにするほうが望ましい。

（3）ファックスとは異なり、個人情報の記載されたファイルを電子メール上に添付する方法で送信する場合には、メールアドレスを間違えれば送信エラーになるだけのことであり、第三者に誤送信して個人情報が漏れることはないから安心である。

解答：P.199

　個人データを破棄する場合の問題に関する次の記述のうち、最も不適切なものを一つ選びなさい。

（1）顧客が死亡するなどして、当該顧客に関する生前の保有個人データを維持する必要がなくなった場合でも、各担当者が当該保有個人データを恣意的に破棄するのではなく、金融機関内部で定めたルール・手続に従って破棄すべきである。

（2）金融機関が顧客の求めに応じ、事実ではない保有個人データを消去したときは、本人に対し遅滞なくその旨を通知しなければならない。

（3）金融機関が顧客から当該顧客にかかる保有個人データの全部消去を求められたにもかかわらず、何ら消去に応じない旨を通知する場合にはその

理由を本人に説明するよう努めるべきであるが、一部だけ消去に応じない旨を通知する場合にはその理由を説明するように努める必要はない。

解答：P.199

第7問　(第81回)

営業店（支店）保有顧客情報の流出防止策に関する次の記述のうち、最も適切なものを一つ選びなさい。

（1）営業店（支店）の保有する個人情報は貴重な支店経営資源であり、取得には顧客の同意を得る等多大なエネルギーを要するので、すべて廃棄せずに整理して保管することも適切な管理方法の一つとなることを考慮すべきである。

（2）営業店（支店）職員ごとに定める顧客個人情報へのアクセス権を付与するにあたっては、各職員の業務の遂行に支障が生じないように、アクセス制限をする範囲を最小限とすべきである。

（3）営業店（支店）外に個人情報を持ち出す際に、万一の情報流出被害を最小限に食い止める方策の一つに、顧客名をイニシャルにして個人の識別性をなくすという工夫がある。

解答：P.200

第8問　(模擬問題)

情報流出の防止策に関する次の記述のうち、正しいものを一つ選びなさい。

（1）個人情報の流出の防止は、個人情報を記録した書類や磁気ディスク等の媒体の厳格な保管・保存によって実現すべきであり、支店で取得する個人情報の量を制限することは、金融機関の業務の効率性の観点から、情報流出の防止策としては好ましくない。

（2）金融分野における個人情報取扱事業者は、その保有する個人情報につき、取得項目、利用目的、保管場所・保管方法・保管期限に加え、管理部署、アクセス制御の状況等についても記載した台帳等を整備しなければなら

ない。

（3）行職員が私的に使っている私物への顧客情報の記録については、顧客情報の流出を防止するためのルールを策定すべきであるが、行職員のプライバシー権の保護の観点から、モニタリングの実施までは許されない。

解答：P.200

第9問 （第78回）

　金融機関の個人情報保護における本社（本部）と支店（営業店）の役割等に関する次の記述のうち、**最も不適切なもの**を一つ選びなさい。

（1）保有個人データの利用停止請求は、支店で受け付けるべきであり、本部の苦情処理窓口で受け付けるべきではない。

（2）支店における個人データ取扱者である各担当者より個人情報の取扱いに関するリスク事象を効果的に収集するためには、内部通報制度の構築も有効と考えられる。

（3）金融分野実務指針において、個人データ管理者には、個人データ取扱者の指定変更管理や取扱状況の把握など、個人データ統括管理部署の策定したルールを支店にて実践するとともにモニタリング及びフィードバックを行うことが求められている。

解答：P.200

第10問 （第78回）

　金融機関の個人情報保護における本社（本部）と支店（営業店）の役割等に関する次の記述のうち、**最も適切なもの**を一つ選びなさい。

（1）金融機関は、採用時等に従業者と個人データの非開示契約等を締結しなければならないが、支店において臨時職員を採用する場合は、従業者の例外としての取り扱いが認められている。

（2）金融機関は、「個人データの管理区分の設定及びアクセス制御」として、従業者の役割・責任に応じた管理区分及びアクセス権限の設定を行わな

ければならないものとされ、支店長には、全てのアクセス権限を付与して、支店における個人データの管理責任を負わせるべきものとされている。

（3）金融機関が設置する個人データ管理責任者は、取締役、執行役、理事等の業務執行に責任を有する者でなければならないとされている。

解答：P.201

第11問 （第77回）

個人情報保護における本社（本部）と支店の役割等に関する次の記述のうち、誤っているものを一つ選びなさい。

（1）金融分野実務指針によれば、金融分野における個人情報取扱事業者は個人データの安全管理に係る業務遂行の総責任者である個人データ管理責任者を設置しなければならず、個人データ管理責任者は取締役又は執行役等の業務執行に責任を有する者でなければならない。

（2）金融分野における個人情報取扱事業者は、従業者との間で個人データの非開示契約等の締結を行わなければならず、従業者が違反した場合には就業規則等の定めるところにより懲戒処分に付すものとされている。

（3）本社における個人データ管理責任者と個人データを取り扱う各部署における個人データ管理者は、個人情報保護に関して相互に牽制効果を発揮することが期待されているため、個人データ管理者の任命は、個人データ管理責任者以外のコンプライアンス統括部門の責任者が行うものとされている。

解答：P.201

第12問 （模擬問題）

支店の情報管理者に関する次の記述のうち、誤っているものを一つ選びなさい。

（1）支店の個人データ管理者は、個人データの取扱者の指定及び変更等を管理しなければならない。

（2）支店の個人データ管理者は、個人データを取り扱う保管媒体の設置場所の指定及び変更を管理しなければならない。

（3）支店の個人データ管理者は、個人データの安全管理に関する教育・研修を企画しなければならない。

解答：P.202

第13問 （模擬問題）

還元資料（データ）の作成、利用に関する次の記述のうち、誤っているものを一つ選びなさい。

（1）金融機関が法人と預金口座を開設する際に取得した代表者の情報は、法によって公開されている情報であり、自由に利用することができるため、金融機関の職員は、投資信託の勧誘をするために「当支店に預金口座がある」「資本金5,000万円以上」「株式会社の代表取締役の住所・氏名」という条件で作成した還元資料（データ）は、自由に利用することができる。

（2）金融機関の職員が作成した還元資料（データ）を、顧客への外訪時に携帯して店舗外に持ち出す際には、一定の役職者の事前承認を要することとし、持ち帰り時には、再度確認を受ける等、誰がどの資料を店舗外に持ち出しているかを把握できるようにすべきである。

（3）金融機関の職員が作成した還元資料（データ）を、金融機関の店舗内で保管する場合には、顧客が記載した各種届出書類と同様に、毎日の営業終了後は、所定の場所に施錠して保管をし、その鍵は一定の役職者が保管するようにすべきである。

解答：P.202

第14問 （模擬問題）

個人情報の管理とノートパソコン等の電子記録可能な可搬媒体の持ち出しに関する次の記述のうち、誤っているものを一つ選びなさい。

（1）外訪担当者が外部に持ち出す媒体上には、個人情報等の顧客情報を記録

することを禁止する旨を定めた。

（2）外部に持ち出す媒体に対し、使用時にパスワードを求める設定を行い、当該機器を所持者以外に使用できないようにしたほか、きわめて短い時間でのオートパワーオフ機能を併用させることにより、他者が容易に当該機器を利用できないようにした。

（3）外部に持ち出す媒体について、そこに記録されているデータの内容を担当者自らが定期的にセルフチェックし、必要に応じて記録されているデータを消去することにした。

解答：P.203

第15問　　　　　　　　　　　　　　　　　　　　　（模擬問題）

　金融機関の職員が業務上貸与されたパソコン類等の機器・媒体を、店舗外に持ち出す場合に関する次の記述のうち、正しいものを一つ選びなさい。

（1）職員が店舗外でパソコン類等の機器・媒体を紛失して、パソコン類等の機器・媒体に記録されていた個人情報の流出が疑われる場合は、二次被害を防ぐために、どの顧客の情報が流出したのかを識別・特定できる形で早急に公表するべきである。

（2）店舗外に持ち出される可能性のあるパソコン類等の機器・媒体については、当該機器・媒体の貸与を受けた職員以外の職員が定期的又は随時チェックを行い、業務上不要な個人情報が記録されていれば、当該個人情報を削除するようにすべきである。

（3）パソコン類等の機器・媒体については、パスワードを設定すべきであるが、一定の役職者が随時チェックすることを可能とするために、営業店内で共通のパスワードを設定すべきである。

解答：P.203

取引先担当者が店舗外で取引先を訪問する際に持ち出す集金ノートに関する次の記述のうち、正しいものを一つ選びなさい。

（1）集金ノートを取引先で盗み見られた場合は、集金ノートそのものに物理的な変化はなく、情報漏えいの危険発生が検知しにくいため、集金ノートを取引先で広げる場合には、他の取引先の情報が見えないようにする等の工夫が必要である。

（2）集金ノートに記載される情報は、顧客カードに記載されている情報よりは少なく、通常は個人情報保護法にいう個人情報は記載されていないが、集金ノートを店舗外で紛失したような場合には、口座番号が流出しただけでも昨今の犯罪事情を考えると大きなリスクがあるといえる。

（3）集金ノートは、店舗内においてその冊数（残高）管理を厳格に行う一方、当該集金ノートを使用する職員以外に集金ノートに記載されている情報が拡散するのを防ぐため、第三者が記載内容等をチェックすべきではないとされている。

解答：P.204

従業員へのモニタリングとプライバシーに関する次の記述のうち、裁判例、行動指針などに照らし最も不適切なものを一つ選びなさい。

（1）コンピュータ等によりモニタリングを行う場合、実施理由、実施時間帯、収集される情報内容等を労働者に対し事前に通知し、個人情報の保護に関する権利を侵害しないよう配慮しなければならない。

（2）従業員の電子メールを会社がモニタリングすることは、監視の目的、手段および態様等を総合考慮するとともに、監視される従業員側の不利益とを比較衡量して、社会通念上相当な範囲を逸脱した場合、プライバシー侵害になりうる。

（3）管理者が従業員の電子メールを閲覧することは個人情報保護のためであ

ってもプライバシーの侵害にあたるので、事前に従業員に通知するだけではなく、従業員の同意を得ていない限り、違法になる。

解答：P.204

第18問 （模擬問題）

　個人情報の管理の問題に関する次の記述の中で、個人情報保護法の趣旨、全銀協の自主ルールなどに照らし、最も適切なものを一つ選びなさい。

（1）顧客から、法律上定められた手続に従って、担当者が目的外利用していることを理由に金融機関の保有個人データを消去してほしい旨の請求があった場合には、できる限り早期に権利侵害状態をなくす観点から、目的外利用の事実を確認せずに即時に消去し、目的外利用の事実がなかったことが確認された場合に改めて個人情報を取得するという手続が定められている。

（2）金融機関が顧客の求めに応じ、事実ではない保有個人データを消去したときは、本人に対し遅滞なくその旨を通知しなければならない。

（3）金融機関が顧客から当該顧客にかかる保有個人データの全部消去を求められたにもかかわらず、何ら消去に応じない旨を通知する場合には、その理由を本人に説明するよう努めるべきであるが、一部だけ消去に応じない旨を通知する場合にはその理由を説明するように努める必要はない。

解答：P.204

第19問 （第81回）

　金融機関における個人情報の教育・研修に関する次の記述のうち、最も適切なものを一つ選びなさい。

（1）金融機関が個人情報保護法の教育・研修を行う場合は、法令やガイドラインの内容の理解が重要であり、個人情報の流れの大きな理解よりも、個人情報や個人データの定義の正確な理解を重視すべきである。

（2）金融機関は、個人データの安全管理が図られるよう「従業者」に対する

監督を行う必要があるが、当該金融機関と直接の雇用関係にない監査役であっても、金融機関が監督を行わなければならない「従業者」に含まれる。

（3）金融機関内における個人情報取扱いにかかるマニュアルは、従業者の理解、運用の安定性の観点から、個人情報保護法やガイドラインの改正等があった場合を除いて、改正は行うべきではない。

解答：P.205

第20問　　　　　　　　　　　　　　　　　　　　　　　（模擬問題）

　個人情報の保護に対する行職員教育・研修に関する次の記述のうち、誤っているものを一つ選びなさい。

（1）職員や退職社員により、店周の個人情報が、不正売買により名簿業者等に漏えいした場合、事業者に対しても損害賠償が請求されることもありえる。

（2）個人データが、不正売買の対象となったり、データ管理の不備により外部に漏えいしたりしないよう、管理体制を整え、教育指導を行うことが必要である。

（3）パート、派遣社員は、正社員ではないから、特に教育・研修を行う必要はない。

解答：P.205

第21問　　　　　　　　　　　　　　　　　　　　　　　（模擬問題）

　行職員への人的安全管理措置に関する次の記述のうち、誤っているものを一つ選びなさい。

（1）従業者の役割・責任に応じた管理区分およびアクセス権限の設定

（2）個人データの安全管理に係る就業規則等に違反した場合の懲戒処分の周知

（3）従業者に対する教育・訓練の評価および定期的な見直し

解答：P.206

━━━━第3章の解答・解説━━━━

〔第1問〕

正　解：（3）　　　　　　　　　　　　　　　　　　　　　　**正答率：93.5％**

（1）金融分野における個人情報取扱事業者は、「個人データの取扱状況を確認できる手段の整備」として、次に掲げる事項を含む台帳等を整備しなければならない。①取得項目、②利用目的、③保管場所・保管方法・保管期限、④管理部署、⑤アクセス制御の状況（金融分野実務指針2-4）。よって、正しい。

（2）顧客情報を支店外に持ち出すときは、顧客リストの出所を不明にして、金融機関のリストであることを判らなくして、リストの価値をあらかじめ減じるなどの工夫が必要である。よって、正しい。

（3）顧客情報を含む情報媒体を運搬することを第三者に委託する場合、個人情報保護法25条に基づく委託先の監督が求められる。具体的には、金融分野ガイドライン10条及び金融分野実務指針5-1ないし5-4に基づき、委託先選定基準と委託契約を用いた委託先の監督を行わなければならない。運搬を委託する運送業者や警備会社には、独自の免責約款を採用していることが多いので、委託契約の内容を検討する際にはどのような免責約款が摘要されるかを確認する必要がある。委託元と委託先の責任の明確化が図られていない場合、顧客情報の漏えい事故が起きると、業務改善命令を受けることもある。よって、誤り。

〔第2問〕

正　解：（1）　　　　　　　　　　　　　　　　　　　　　　**正答率：47.3％**

（1）金融分野における個人情報取扱事業者は、①個人データの安全管理に係る業務遂行の総責任者である「個人データ管理責任者」と②個人データを取扱う各部署における「個人データ管理者」を設置しなければならず、個人データ管理責任者は取締役又は執行役等の業務執行に責任を有するものでなければならないとしている（金融分野実務指針2-1）。よって、誤り。

（2）個人データ管理責任者は、以下の業務を所管しなければならない。①個人データの安全管理に関する規程及び委託先の選定基準の承認及び周知、②個人データ管理者及び4-1に定める「本人確認に関する情報」の管理者の任命、③個人データ管理者からの報告徴収と助言・指導、④個人データの安全管理に関する教育・研修の企画、⑤その他個人情報取扱事業者全体における個人データの安全管理に関すること（金融分野実務指針2-1-1）。よって、正しい。

（3）記述のとおり（金融分野実務指針2-2、3-1）。よって、正しい。

〔第3問〕

正　解：（2）　　　　　　　　　　　　　　　　正答率：77.9%

（1）金融機関は、開示等の請求等に関し、請求を受け付ける方法を定めることはできるとされており（法37条1項）、任意の方法による顧客からの開示等の請求に対応しなければならないわけではない。よって、誤り。

（2）開示等の請求等は、法定代理人の他、任意代理人にも認められている（法37条3項、施行令13条2号）。よって、正しい。

（3）訂正等の請求の対象となるのは、「当該本人が識別される保有個人データの内容が事実」か否かであって（法34条1項）、評価に関する情報ではない。よって、誤り。

〔第4問〕

正　解：（2）　　　　　　　　　　　　　　　　　　（模擬問題）

（1）原則として本人から保有個人データの開示請求を受けた場合には遅滞なく回答することが必要となるが、例えば、与信審査内容等の個人情報取扱事業者が付加した情報の開示請求を受けた場合など、開示により当該個人情報取扱事業者の業務の適正な実施に著しい支障を及ぼすおそれがある場合は全部または一部を開示しないことを許容している（金融分野ガイドライン16条）。よって、正しい。

（2）個人情報取扱事業者は、保有個人データに関する事項の公表、開示、

訂正又は利用停止等の求めに関して、政令で定めるところにより、その求めを受け付ける方法を定めることができ、この場合に、本人は、当該方法に従って、開示等の求めを行わなければならないと定められている（法34条１項）。よって、誤り。

（３）本人から、当該本人が識別される保有個人データの内容が事実でないという理由によって当該保有個人データの内容の訂正、追加又は削除（以下「訂正等」という。）を求められた場合には、利用目的の達成に必要な範囲内において、遅滞なく、事実の確認等の必要な調査を行い、その結果に基づき、当該保有個人データの内容の訂正等を行わなければならないと定めている（法34条）。よって、正しい。

〔第５問〕

正　解：（３）　　　　　　　　　　　　　　　　　　　（模擬問題）

（１）、（２）いずれも記述のとおりであり、適切である。

（３）電子メールを利用する場合でも第三者のメールアドレスに送信するなど送信先を間違えれば第三者に個人情報を記載した添付ファイルが流出する可能性もあるため、不適切である。

〔第６問〕

正　解：（３）　　　　　　　　　　　　　　　　　　　（模擬問題）

（１）適切である。

（２）適切である（法34条２項）。

（３）本人から求められた措置の全部または一部について、その措置をとらない旨を通知する場合は、本人に対し、その理由を説明するよう努めなければならない（法36条）。よって、不適切である。

〔第7問〕

正　解：（3）　　　　　　　　　　　　　　　　　　正答率：62.5%

（1）営業店（支店）で個人情報を保有すること自体が大きな事務リスクであり、保有情報が増えるほど適切に保管することが困難になるので、廃棄・消去を進めて必要な限度で情報を保有すべきである。よって、不適切である。

（2）アクセス権の付与は、業務に必要な最小限の範囲とするのが一般である。よって、不適切である。

（3）個人情報を持ち出す際に、万一の情報流出被害を最小限にする工夫として、データの暗号化、顧客名の記号化により識別できなくする、情報の出所を不明にするなど、データの価値を減じる方法がある。よって、最も適切である。

〔第8問〕

正　解：（2）　　　　　　　　　　　　　　　　　　（模擬問題）

（1）支店で取得する個人情報の量の制限は、情報媒体の厳格な管理等と同様、情報流出の防止策として有用である。よって、誤り。

（2）金融分野実務指針2-4のとおりである。よって、正しい。

（3）モニタリングの実施に際しては、行職員のプライバシーに配慮する必要があるが、そうであるからといって一切実施できないということではない。よって、誤り。

〔第9問〕

正　解：（1）　　　　　　　　　　　　　　　　　　正答率：87.4%

（1）苦情処理窓口（個人情報保護法35条）で受け付けることが現実的である。よって、適切ではない。

（2）個人データ管理責任者及び情報管理担当部署に求められる組織内のモニタリング機能として、個人データ管理者からの報告体制に加え、各情報取扱

者からの報告チャネルとして内部通報制度を整備することはモニタリング機能発揮において有効と考えられる。よって、正しい。

（3）金融分野実務指針において、個人データ管理者は個人データの取扱者の指定及び変更等の管理や利用申請の承認及び記録の管理などといったルールの実践、個人データの取扱状況の把握や委託先における監督などのモニタリング、管理責任者に対する報告等のフィードバックなどが求められている。（金融分野実務指針2-1-2）。よって、正しい。

〔第10問〕

正　解：（3）　　　　　　　　　　　　　　　　正答率：68.0%

（1）前段は、正しいが（金融分野実務指針3-1参照）、従業者には、臨時職員を含む（金融分野ガイドライン第9条第2項参照）。よって、適切ではない。

（2）前段は、正しいが（金融分野実務指針3-1参照）、支店長だからといって、全てのアクセス権限を付与するのが適切とはいえない。よって、適切ではない。

（3）「個人データ管理責任者は、株式会社組織であれば取締役又は執行役等の業務執行に責任を有する者でなければならない。」（金融分野実務指針2-1）とされている。よって、適切である。

〔第11問〕

正　解：（3）　　　　　　　　　　　　　　　　正答率：65.8%

（1）正しい。金融分野実務指針2-1参照。

（2）正しい。金融分野実務指針2-2、3-1参照。

（3）誤り。個人データ管理者の役割は、個人情報の管理担当部署が策定したルールを支店において実施し、その実施状況をモニタリングして、リスク事情を管理担当部署にフィードバックすることであり、その任命は個人データ管理責任者によってなされる（金融分野実務指針2-1-1　②参照）。

〔第12問〕

　　　　　　　　　　　　　　　　　　　（模擬問題）

　　支店の個人データ管理者は、以下の業務を所管しなければならない。（実務指針2-1-2）

「① 個人データの取扱者の指定及び変更等の管理

　② 個人データの利用申請の承認及び記録等の管理

　③ 個人データを取り扱う保管媒体の設置場所の指定及び変更等

　④ 個人データの管理区分及び権限についての設定及び変更の管理

　⑤ 個人データの取扱状況の把握

　⑥ 委託先における個人データの取扱状況等の監督

　⑦ 個人データの安全管理に関する教育・研修の実施

　⑧ 個人データ管理責任者に対する報告

　⑨ その他所管部署における個人データの安全管理に関すること」よって、

（1）、（2）は上記①、③より正しい。個人データの安全管理に関する教育・研修の実施は個人データ管理者の所管業務であるが（上記⑦）、企画に関しては個人データ管理責任者の所管業務であり（実務指針2-1-1④）、（3）は誤り。

〔第13問〕

　　　　　　　　　　　　　　　　　　　（模擬問題）

　（1）法により公開されている個人情報であっても、利用目的の範囲を超えて利用することはできない。よって、誤り。

　（2）責任の所在、還元資料（データ）の存在場所は常に明らかにしておく必要がある。よって、正しい。

　（3）還元資料（データ）には、顧客の個人情報が記載されているため、重要な資料（データ）として、厳格な保管をすべきである。よって、正しい。

〔第14問〕

正　解：（3）　　　　　　　　　　　　　　　　　　　　（模擬問題）

（1）ノートパソコン等の媒体を外部へ持ち出すことが営業上不可欠な場合は、当該機器上に個人情報等の顧客情報が記録されないようにすることが重要であり、記録不可を定めることも事実上の牽制効果等ある程度の有効性はある。よって、正しい。

（2）媒体使用時のパスワード設定や短期間でのオートパワーオフの設定は、当該機器に係る他者利用防止やリスク軽減策として有効である。よって、正しい。

（3）持出可能な媒体については、そこに記録されているデータを定期的あるいは随時第三者がチェックし、必要ならそこに記録されているデータを消去するとよい。セルフチェックではなく、第三者によるチェックが点検や精査に実効性を持たせるのである。よって、誤り。

〔第15問〕

正　解：（2）　　　　　　　　　　　　　　　　　　　　（模擬問題）

（1）二次被害の防止、類似事案の発生回避等の観点から、漏えい等の事実関係および再発防止策等を早急に公表すべきものとされている（個人情報保護指針（全国銀行個人情報保護委員会）「Ⅷ　漏えい事案等への対応」参照）が、どの顧客の情報が流出したかを識別・特定できる形での公表は避けるべきである。よって、誤り。

（2）第三者による持ち出し情報の点検・精査に実効性を持たせることが重要であり、記述も一つの方法である。よって、正しい。

（3）パソコン類等の機器・媒体にパスワードを設定すべきであるが、誰が利用（ログイン）したか判別できるようにする必要があり、また、第三者の利用を防ぐという観点からも、当該パソコン類等の機器・媒体の貸与を受けた職員が所定のルールに従って、個別にパスワードを設定すべきである。よって、誤り。

〔第16問〕

正　解：（1）　　　　　　　　　　　　　　　　　　　　　（模擬問題）

（1）集金ノートの紛失と異なり、集金ノートを取引先で盗み見られた場合は、情報漏えいの危険発生が検知しにくい。そのため、集金ノートを取引先で広げる場合には、1ページに複数の取引先の情報を記載しないなどの工夫をして、他の取引先の情報が見えないようにすべきである。よって、正しい。

（2）集金ノートには、通常は、顧客を特定することができる情報（取引先名）や口座番号が記載されており、個人顧客であれば、個人情報に該当する情報が記載されている。よって、誤り。

（3）集金ノートは、冊数（残高）管理を厳格に行うだけではなく、記載内容等についても問題がないか、第三者がチェックすべきである。よって、誤り。

〔第17問〕

正　解：（3）　　　　　　　　　　　　　　　　　　　　　（模擬問題）

（1）旧労働省が公表（1998年6月）した「労働者の個人情報保護に関する行動指針」の考え方であり、不適切とはいえない。

（2）社内メール無断モニタリング事件の判旨（東京地判平成13.12.3労判826号76頁）であり、不適切とはいえない。

（3）従業員のプライバシーであっても絶対的に不可侵なものではなく、正当な理由に基づく場合には制約される可能性があるため、不適切である。現に日経クイック情報電子メール事件判決（東京地判平成14.2.26労判825号50頁）等において、従業員の同意なしに電子メールを閲覧したことについて、違法とはいえないとの判断が下されている。

〔第18問〕

正　解：（2）　　　　　　　　　　　　　　　　　　　　　（模擬問題）

（1）金融機関が目的外利用を理由とする保有個人データの消去請求を受け

204

たときは、速やかに違法利用の有無を調査したうえで、違法利用の事実が判明した時点で速やかに消去するべきであり、調査未了の段階で消去する義務は課されていないため、不適切である。

（2）適切である（法34条2項）。

（3）本人から求められた措置の全部または一部について、その措置をとらない旨を通知する場合は、本人に対し、その理由を説明するよう努めなければならない（法36条）。よって、不適切である。

〔第19問〕

正　解：（2）　　　　　　　　　　　　　　　　　　　　正答率：70.7%

（1）金融機関が個人情報保護法の教育・研修を行う場合は、個人情報の流れを大きく整理して、代表的場面を理解させることが重要である。よって、適切ではない。

（2）「従業者」とは、個人情報取扱事業者の組織内にあって直接又は間接に事業者の指揮監督を受けて事業者の業務に従事している者をいい、事業者との間の雇用関係にない者である監査役等も含まれる（金融分野ガイドライン9条2項参照）。よって、最も適切である。

（3）既存のマニュアルについても、絶えず見直すことが求められている。よって、適切ではない。

〔第20問〕

正　解：（3）　　　　　　　　　　　　　　　　　　　　　　（模擬問題）

（1）職員や退職社員により、店周の個人情報が、不正売買により名簿業者等に漏えいした場合、相当な監督義務が尽くされていないとして、事業者に対しても、使用者責任（民法715条）に基づく損害賠償が請求されることもある。よって、正しい。

（2）個人データが、不正売買の対象となったり、データ管理の不備により外部に漏えいしたりしないよう、管理体制を整え、教育指導を行うことが必要

である。よって、正しい。

（3）金融機関が、必要かつ適切な監督を行わなければならない「従業者」には、雇用関係にある従業者（正社員、契約社員、嘱託社員、パート社員、アルバイト社員等）のみならず、事業者と雇用関係にない者（取締役、執行役、理事、監査役、監事、派遣社員等）も含まれる（金融分野ガイドライン9条2項）。よって、誤り。

〔第21問〕

正　解：（1）　　　　　　　　　　　　　　　　　　　　　　（模擬問題）

（1）技術的安全管理措置（実務指針4-2①）である。よって、誤り。

（2）（3）いずれも、人的安全管理措置（実務指針3-3③、④）である。よって、正しい。

巻末資料

●個人情報の保護に関する法律（令和３年法律第37号）（一部省略）

個人情報の保護に関する法律（一部省略）

（平成15年5月30日　法律57号、
最終改正：令和4年10月1日　法律37号）

第一章　総則

（目的）

第一条　この法律は、デジタル社会の進展に伴い個人情報の利用が著しく拡大していることに鑑み、個人情報の適正な取扱いに関し、基本理念及び政府による基本方針の作成その他の個人情報の保護に関する施策の基本となる事項を定め、国及び地方公共団体の責務等を明らかにし、個人情報を取り扱う事業者及び行政機関等についてこれらの特性に応じて遵守すべき義務等を定めるとともに、個人情報保護委員会を設置することにより、行政機関等の事務及び事業の適正かつ円滑な運営を図り、並びに個人情報の適正かつ効果的な活用が新たな産業の創出並びに活力ある経済社会及び豊かな国民生活の実現に資するものであることその他の個人情報の有用性に配慮しつつ、個人の権利利益を保護することを目的とする。

（定義）

第二条　この法律において「個人情報」とは、生存する個人に関する情報であって、次の各号のいずれかに該当するものをいう。

一　当該情報に含まれる氏名、生年月日その他の記述等（文書、図画若しくは電磁的記録（電磁的方式（電子的方式、磁気的方式その他人の知覚によっては認識することができない方式をいう。次項第二号において同じ。）で作られる記録をいう。以下同じ。）に記載され、若しくは記録され、又は音声、動作その他の方法を用いて表された一切の事項（個人識別符号を除く。）をいう。以下同じ。）により特定の個人を識別することができるもの（他の情報と容易に照合することができ、それにより特定の個人を識別することができることとなるものを含む。）

二　個人識別符号が含まれるもの

2　この法律において「個人識別符号」とは、次の各号のいずれかに該当する文字、番号、記号その他の符号のうち、政令で定めるものをいう。

一　特定の個人の身体の一部の特徴を電子計算機の用に供するために変換した文字、番号、記号その他の符号であって、当該特定の個人を識別することができるもの

二　個人に提供される役務の利用若しくは個人に販売される商品の購入に関し割り当てられ、又は個人に発行されるカードその他の書類に記載され、若しくは電磁

的方式により記録された文字、番号、記号その他の符号であって、その利用者若しくは購入者又は発行を受ける者ごとに異なるものとなるように割り当てられ、又は記載され、若しくは記録されることにより、特定の利用者若しくは購入者又は発行を受ける者を識別することができるもの

3　この法律において「要配慮個人情報」とは、本人の人種、信条、社会的身分、病歴、犯罪の経歴、犯罪により害を被った事実その他本人に対する不当な差別、偏見その他の不利益が生じないようにその取扱いに特に配慮を要するものとして政令で定める記述等が含まれる個人情報をいう。

4　この法律において個人情報について「本人」とは、個人情報によって識別される特定の個人をいう。

5　この法律において「仮名加工情報」とは、次の各号に掲げる個人情報の区分に応じて当該各号に定める措置を講じて他の情報と照合しない限り特定の個人を識別することができないように個人情報を加工して得られる個人に関する情報をいう。

　一　第一項第一号に該当する個人情報　当該個人情報に含まれる記述等の一部を削除すること（当該一部の記述等を復元することのできる規則性を有しない方法により他の記述等に置き換えることを含む。）。

　二　第一項第二号に該当する個人情報　当該個人情報に含まれる個人識別符号の全部を削除すること（当該個人識別符号を復元することのできる規則性を有しない方法により他の記述等に置き換えることを含む。）。

6　この法律において「匿名加工情報」とは、次の各号に掲げる個人情報の区分に応じて当該各号に定める措置を講じて特定の個人を識別することができないように個人情報を加工して得られる個人に関する情報であって、当該個人情報を復元することができないようにしたものをいう。

　一　第一項第一号に該当する個人情報　当該個人情報に含まれる記述等の一部を削除すること（当該一部の記述等を復元することのできる規則性を有しない方法により他の記述等に置き換えることを含む。）。

　二　第一項第二号に該当する個人情報　当該個人情報に含まれる個人識別符号の全部を削除すること（当該個人識別符号を復元することのできる規則性を有しない方法により他の記述等に置き換えることを含む。）。

7　この法律において「個人関連情報」とは、生存する個人に関する情報であって、個人情報、仮名加工情報及び匿名加工情報のいずれにも該当しないものをいう。

8　この法律において「行政機関」とは、次に掲げる機関をいう。

　一　法律の規定に基づき内閣に置かれる機関（内閣府を除く。）及び内閣の所轄の

下に置かれる機関

　二　内閣府、宮内庁並びに内閣府設置法（平成十一年法律第八十九号）第四十九条
　　第一項及び第二項に規定する機関（これらの機関のうち第四号の政令で定める機
　　関が置かれる機関にあっては、当該政令で定める機関を除く。）

　三　国家行政組織法（昭和二十三年法律第百二十号）第三条第二項に規定する機関
　　（第五号の政令で定める機関が置かれる機関にあっては、当該政令で定める機関
　　を除く。）

　四　内閣府設置法第三十九条及び第五十五条並びに宮内庁法（昭和二十二年法律第
　　七十号）第十六条第二項の機関並びに内閣府設置法第四十条及び第五十六条（宮
　　内庁法第十八条第一項において準用する場合を含む。）の特別の機関で、政令で
　　定めるもの

　五　国家行政組織法第八条の二の施設等機関及び同法第八条の三の特別の機関で、
　　政令で定めるもの

　六　会計検査院

9　この法律において「独立行政法人等」とは、独立行政法人通則法（平成十一年法
　律第百三号）第二条第一項に規定する独立行政法人及び別表第一に掲げる法人をい
　う。

10　この法律において「地方独立行政法人」とは、地方独立行政法人法（平成十五年
　法律第百十八号）第二条第一項に規定する地方独立行政法人をいう。

11　この法律において「行政機関等」とは、次に掲げる機関をいう。

　一　行政機関

　二　独立行政法人等（別表第二に掲げる法人を除く。第十六条第二項第三号、第六
　　十三条、第七十八条第七号イ及びロ、第八十九条第三項から第五項まで、第百十
　　七条第三項から第五項まで並びに第百二十三条第二項において同じ。）

　（基本理念）

第三条　個人情報は、個人の人格尊重の理念の下に慎重に取り扱われるべきものであ
　ることに鑑み、その適正な取扱いが図られなければならない。

第二章　国及び地方公共団体の責務等

　（国の責務）

第四条　国は、この法律の趣旨にのっとり、国の機関、独立行政法人等及び事業者等
　による個人情報の適正な取扱いを確保するために必要な施策を総合的に策定し、及
　びこれを実施する責務を有する。

（地方公共団体の責務）

第五条　地方公共団体は、この法律の趣旨にのっとり、その地方公共団体の区域の特性に応じて、個人情報の適正な取扱いを確保するために必要な施策を策定し、及びこれを実施する責務を有する。

（法制上の措置等）

第六条　政府は、個人情報の性質及び利用方法に鑑み、個人の権利利益の一層の保護を図るため特にその適正な取扱いの厳格な実施を確保する必要がある個人情報について、保護のための格別の措置が講じられるよう必要な法制上の措置その他の措置を講ずるとともに、国際機関その他の国際的な枠組みへの協力を通じて、各国政府と共同して国際的に整合のとれた個人情報に係る制度を構築するために必要な措置を講ずるものとする。

第三章　個人情報の保護に関する施策等

　第一節　個人情報の保護に関する基本方針

第七条　政府は、個人情報の保護に関する施策の総合的かつ一体的な推進を図るため、個人情報の保護に関する基本方針（以下「基本方針」という。）を定めなければならない。

2　基本方針は、次に掲げる事項について定めるものとする。

　一　個人情報の保護に関する施策の推進に関する基本的な方向

　二　国が講ずべき個人情報の保護のための措置に関する事項

　三　地方公共団体が講ずべき個人情報の保護のための措置に関する基本的な事項

　四　独立行政法人等が講ずべき個人情報の保護のための措置に関する基本的な事項

　五　地方独立行政法人が講ずべき個人情報の保護のための措置に関する基本的な事項

　六　第十六条第二項に規定する個人情報取扱事業者、同条第五項に規定する仮名加工情報取扱事業者及び同条第六項に規定する匿名加工情報取扱事業者並びに第五十一条第一項に規定する認定個人情報保護団体が講ずべき個人情報の保護のための措置に関する基本的な事項

　七　個人情報の取扱いに関する苦情の円滑な処理に関する事項

　八　その他個人情報の保護に関する施策の推進に関する重要事項

3　内閣総理大臣は、個人情報保護委員会が作成した基本方針の案について閣議の決定を求めなければならない。

4　内閣総理大臣は、前項の規定による閣議の決定があったときは、遅滞なく、基本

方針を公表しなければならない。

5　前二項の規定は、基本方針の変更について準用する。

第二節　国の施策

（国の機関等が保有する個人情報の保護）

第八条　国は、その機関が保有する個人情報の適正な取扱いが確保されるよう必要な措置を講ずるものとする。

2　国は、独立行政法人等について、その保有する個人情報の適正な取扱いが確保されるよう必要な措置を講ずるものとする。

（地方公共団体等への支援）

第九条　国は、地方公共団体が策定し、又は実施する個人情報の保護に関する施策及び国民又は事業者等が個人情報の適正な取扱いの確保に関して行う活動を支援するため、情報の提供、事業者等が講ずべき措置の適切かつ有効な実施を図るための指針の策定その他の必要な措置を講ずるものとする。

（苦情処理のための措置）

第十条　国は、個人情報の取扱いに関し事業者と本人との間に生じた苦情の適切かつ迅速な処理を図るために必要な措置を講ずるものとする。

（個人情報の適正な取扱いを確保するための措置）

第十一条　国は、地方公共団体との適切な役割分担を通じ、次章に規定する個人情報取扱事業者による個人情報の適正な取扱いを確保するために必要な措置を講ずるものとする。

第三節　地方公共団体の施策

（地方公共団体等が保有する個人情報の保護）

第十二条　地方公共団体は、その保有する個人情報の性質、当該個人情報を保有する目的等を勘案し、その保有する個人情報の適正な取扱いが確保されるよう必要な措置を講ずることに努めなければならない。

2　地方公共団体は、その設立に係る地方独立行政法人について、その性格及び業務内容に応じ、その保有する個人情報の適正な取扱いが確保されるよう必要な措置を講ずることに努めなければならない。

（区域内の事業者等への支援）

第十三条　地方公共団体は、個人情報の適正な取扱いを確保するため、その区域内の事業者及び住民に対する支援に必要な措置を講ずるよう努めなければならない。

（苦情の処理のあっせん等）

第十四条　地方公共団体は、個人情報の取扱いに関し事業者と本人との間に生じた苦

情が適切かつ迅速に処理されるようにするため、苦情の処理のあっせんその他必要
な措置を講ずるよう努めなければならない。

第四節　国及び地方公共団体の協力

第十五条　国及び地方公共団体は、個人情報の保護に関する施策を講ずるにつき、相
　協力するものとする。

第四章　個人情報取扱事業者等の義務等

第一節　総則

（定義）

第十六条　この章及び第八章において「個人情報データベース等」とは、個人情報を
　含む情報の集合物であって、次に掲げるもの（利用方法からみて個人の権利利益を
　害するおそれが少ないものとして政令で定めるものを除く。）をいう。

　一　特定の個人情報を電子計算機を用いて検索することができるように体系的に構
　　成したもの

　二　前号に掲げるもののほか、特定の個人情報を容易に検索することができるよう
　　に体系的に構成したものとして政令で定めるもの

2　この章及び第六章から第八章までにおいて「個人情報取扱事業者」とは、個人情
　報データベース等を事業の用に供している者をいう。ただし、次に掲げる者を除く。

　一　国の機関

　二　地方公共団体

　三　独立行政法人等

　四　地方独立行政法人

3　この章において「個人データ」とは、個人情報データベース等を構成する個人情
　報をいう。

4　この章において「保有個人データ」とは、個人情報取扱事業者が、開示、内容の
　訂正、追加又は削除、利用の停止、消去及び第三者への提供の停止を行うことので
　きる権限を有する個人データであって、その存否が明らかになることにより公益そ
　の他の利益が害されるものとして政令で定めるもの以外のものをいう。

5　この章、第六章及び第七章において「仮名加工情報取扱事業者」とは、仮名加工
　情報を含む情報の集合物であって、特定の仮名加工情報を電子計算機を用いて検索
　することができるように体系的に構成したものその他特定の仮名加工情報を容易に
　検索することができるように体系的に構成したものとして政令で定めるもの（第四
　十一条第一項において「仮名加工情報データベース等」という。）を事業の用に供

している者をいう。ただし、第二項各号に掲げる者を除く。

6　この章、第六章及び第七章において「匿名加工情報取扱事業者」とは、匿名加工情報を含む情報の集合物であって、特定の匿名加工情報を電子計算機を用いて検索することができるように体系的に構成したものその他特定の匿名加工情報を容易に検索することができるように体系的に構成したものとして政令で定めるもの（第四十三条第一項において「匿名加工情報データベース等」という。）を事業の用に供している者をいう。ただし、第二項各号に掲げる者を除く。

7　この章、第六章及び第七章において「個人関連情報取扱事業者」とは、個人関連情報を含む情報の集合物であって、特定の個人関連情報を電子計算機を用いて検索することができるように体系的に構成したものその他特定の個人関連情報を容易に検索することができるように体系的に構成したものとして政令で定めるもの（第三十一条第一項において「個人関連情報データベース等」という。）を事業の用に供している者をいう。ただし、第二項各号に掲げる者を除く。

8　この章において「学術研究機関等」とは、大学その他の学術研究を目的とする機関若しくは団体又はそれらに属する者をいう。

第二節　個人情報取扱事業者及び個人関連情報取扱事業者の義務

（利用目的の特定）

第十七条　個人情報取扱事業者は、個人情報を取り扱うに当たっては、その利用の目的（以下「利用目的」という。）をできる限り特定しなければならない。

2　個人情報取扱事業者は、利用目的を変更する場合には、変更前の利用目的と関連性を有すると合理的に認められる範囲を超えて行ってはならない。

（利用目的による制限）

第十八条　個人情報取扱事業者は、あらかじめ本人の同意を得ないで、前条の規定により特定された利用目的の達成に必要な範囲を超えて、個人情報を取り扱ってはならない。

2　個人情報取扱事業者は、合併その他の事由により他の個人情報取扱事業者から事業を承継することに伴って個人情報を取得した場合は、あらかじめ本人の同意を得ないで、承継前における当該個人情報の利用目的の達成に必要な範囲を超えて、当該個人情報を取り扱ってはならない。

3　前二項の規定は、次に掲げる場合については、適用しない。

一　法令に基づく場合

二　人の生命、身体又は財産の保護のために必要がある場合であって、本人の同意を得ることが困難であるとき。

三　公衆衛生の向上又は児童の健全な育成の推進のために特に必要がある場合であって、本人の同意を得ることが困難であるとき。

四　国の機関若しくは地方公共団体又はその委託を受けた者が法令の定める事務を遂行することに対して協力する必要がある場合であって、本人の同意を得ることにより当該事務の遂行に支障を及ぼすおそれがあるとき。

五　当該個人情報取扱事業者が学術研究機関等である場合であって、当該個人情報を学術研究の用に供する目的（以下この章において「学術研究目的」という。）で取り扱う必要があるとき（当該個人情報を取り扱う目的の一部が学術研究目的である場合を含み、個人の権利利益を不当に侵害するおそれがある場合を除く。）。

六　学術研究機関等に個人データを提供する場合であって、当該学術研究機関等が当該個人データを学術研究目的で取り扱う必要があるとき（当該個人データを取り扱う目的の一部が学術研究目的である場合を含み、個人の権利利益を不当に侵害するおそれがある場合を除く。）。

（不適正な利用の禁止）

第十九条　個人情報取扱事業者は、違法又は不当な行為を助長し、又は誘発するおそれがある方法により個人情報を利用してはならない。

（適正な取得）

第二十条　個人情報取扱事業者は、偽りその他不正の手段により個人情報を取得してはならない。

2　個人情報取扱事業者は、次に掲げる場合を除くほか、あらかじめ本人の同意を得ないで、要配慮個人情報を取得してはならない。

一　法令に基づく場合

二　人の生命、身体又は財産の保護のために必要がある場合であって、本人の同意を得ることが困難であるとき。

三　公衆衛生の向上又は児童の健全な育成の推進のために特に必要がある場合であって、本人の同意を得ることが困難であるとき。

四　国の機関若しくは地方公共団体又はその委託を受けた者が法令の定める事務を遂行することに対して協力する必要がある場合であって、本人の同意を得ることにより当該事務の遂行に支障を及ぼすおそれがあるとき。

五　当該個人情報取扱事業者が学術研究機関等である場合であって、当該要配慮個人情報を学術研究目的で取り扱う必要があるとき（当該要配慮個人情報を取り扱う目的の一部が学術研究目的である場合を含み、個人の権利利益を不当に侵害するおそれがある場合を除く。）。

六　学術研究機関等から当該要配慮個人情報を取得する場合であって、当該要配慮個人情報を学術研究目的で取得する必要があるとき（当該要配慮個人情報を取得する目的の一部が学術研究目的である場合を含み、個人の権利利益を不当に侵害するおそれがある場合を除く。）（当該個人情報取扱事業者と当該学術研究機関等が共同して学術研究を行う場合に限る。）。

七　当該要配慮個人情報が、本人、国の機関、地方公共団体、学術研究機関等、第五十七条第一項各号に掲げる者その他個人情報保護委員会規則で定める者により公開されている場合

八　その他前各号に掲げる場合に準ずるものとして政令で定める場合

（取得に際しての利用目的の通知等）

第二十一条　個人情報取扱事業者は、個人情報を取得した場合は、あらかじめその利用目的を公表している場合を除き、速やかに、その利用目的を、本人に通知し、又は公表しなければならない。

2　個人情報取扱事業者は、前項の規定にかかわらず、本人との間で契約を締結することに伴って契約書その他の書面（電磁的記録を含む。以下この項において同じ。）に記載された当該本人の個人情報を取得する場合その他本人から直接書面に記載された当該本人の個人情報を取得する場合は、あらかじめ、本人に対し、その利用目的を明示しなければならない。ただし、人の生命、身体又は財産の保護のために緊急に必要がある場合は、この限りでない。

3　個人情報取扱事業者は、利用目的を変更した場合は、変更された利用目的について、本人に通知し、又は公表しなければならない。

4　前三項の規定は、次に掲げる場合については、適用しない。

一　利用目的を本人に通知し、又は公表することにより本人又は第三者の生命、身体、財産その他の権利利益を害するおそれがある場合

二　利用目的を本人に通知し、又は公表することにより当該個人情報取扱事業者の権利又は正当な利益を害するおそれがある場合

三　国の機関又は地方公共団体が法令の定める事務を遂行することに対して協力する必要がある場合であって、利用目的を本人に通知し、又は公表することにより当該事務の遂行に支障を及ぼすおそれがあるとき。

四　取得の状況からみて利用目的が明らかであると認められる場合

（データ内容の正確性の確保等）

第二十二条　個人情報取扱事業者は、利用目的の達成に必要な範囲内において、個人データを正確かつ最新の内容に保つとともに、利用する必要がなくなったときは、

当該個人データを遅滞なく消去するよう努めなければならない。

（安全管理措置）

第二十三条　個人情報取扱事業者は、その取り扱う個人データの漏えい、滅失又は毀損の防止その他の個人データの安全管理のために必要かつ適切な措置を講じなければならない。

（従業者の監督）

第二十四条　個人情報取扱事業者は、その従業者に個人データを取り扱わせるに当たっては、当該個人データの安全管理が図られるよう、当該従業者に対する必要かつ適切な監督を行わなければならない。

（委託先の監督）

第二十五条　個人情報取扱事業者は、個人データの取扱いの全部又は一部を委託する場合は、その取扱いを委託された個人データの安全管理が図られるよう、委託を受けた者に対する必要かつ適切な監督を行わなければならない。

（漏えい等の報告等）

第二十六条　個人情報取扱事業者は、その取り扱う個人データの漏えい、滅失、毀損その他の個人データの安全の確保に係る事態であって個人の権利利益を害するおそれが大きいものとして個人情報保護委員会規則で定めるものが生じたときは、個人情報保護委員会規則で定めるところにより、当該事態が生じた旨を個人情報保護委員会に報告しなければならない。ただし、当該個人情報取扱事業者が、他の個人情報取扱事業者又は行政機関等から当該個人データの取扱いの全部又は一部の委託を受けた場合であって、個人情報保護委員会規則で定めるところにより、当該事態が生じた旨を当該他の個人情報取扱事業者又は行政機関等に通知したときは、この限りでない。

2　前項に規定する場合には、個人情報取扱事業者（同項ただし書の規定による通知をした者を除く。）は、本人に対し、個人情報保護委員会規則で定めるところにより、当該事態が生じた旨を通知しなければならない。ただし、本人への通知が困難な場合であって、本人の権利利益を保護するため必要なこれに代わるべき措置をとるときは、この限りでない。

（第三者提供の制限）

第二十七条　個人情報取扱事業者は、次に掲げる場合を除くほか、あらかじめ本人の同意を得ないで、個人データを第三者に提供してはならない。

一　法令に基づく場合

二　人の生命、身体又は財産の保護のために必要がある場合であって、本人の同意

を得ることが困難であるとき。

三　公衆衛生の向上又は児童の健全な育成の推進のために特に必要がある場合であって、本人の同意を得ることが困難であるとき。

四　国の機関若しくは地方公共団体又はその委託を受けた者が法令の定める事務を遂行することに対して協力する必要がある場合であって、本人の同意を得ることにより当該事務の遂行に支障を及ぼすおそれがあるとき。

五　当該個人情報取扱事業者が学術研究機関等である場合であって、当該個人データの提供が学術研究の成果の公表又は教授のためやむを得ないとき（個人の権利利益を不当に侵害するおそれがある場合を除く。）。

六　当該個人情報取扱事業者が学術研究機関等である場合であって、当該個人データを学術研究目的で提供する必要があるとき（当該個人データを提供する目的の一部が学術研究目的である場合を含み、個人の権利利益を不当に侵害するおそれがある場合を除く。）（当該個人情報取扱事業者と当該第三者が共同して学術研究を行う場合に限る。）。

七　当該第三者が学術研究機関等である場合であって、当該第三者が当該個人データを学術研究目的で取り扱う必要があるとき（当該個人データを取り扱う目的の一部が学術研究目的である場合を含み、個人の権利利益を不当に侵害するおそれがある場合を除く。）。

2　個人情報取扱事業者は、第三者に提供される個人データについて、本人の求めに応じて当該本人が識別される個人データの第三者への提供を停止することとしている場合であって、次に掲げる事項について、個人情報保護委員会規則で定めるところにより、あらかじめ、本人に通知し、又は本人が容易に知り得る状態に置くとともに、個人情報保護委員会に届け出たときは、前項の規定にかかわらず、当該個人データを第三者に提供することができる。ただし、第三者に提供される個人データが要配慮個人情報又は第二十条第一項の規定に違反して取得されたもの若しくは他の個人情報取扱事業者からこの項本文の規定により提供されたもの（その全部又は一部を複製し、又は加工したものを含む。）である場合は、この限りでない。

一　第三者への提供を行う個人情報取扱事業者の氏名又は名称及び住所並びに法人にあっては、その代表者（法人でない団体で代表者又は管理人の定めのあるものにあっては、その代表者又は管理人。以下この条、第三十条第一項第一号及び第三十二条第一項第一号において同じ。）の氏名

二　第三者への提供を利用目的とすること。

三　第三者に提供される個人データの項目

　四　第三者に提供される個人データの取得の方法

　五　第三者への提供の方法

　六　本人の求めに応じて当該本人が識別される個人データの第三者への提供を停止すること。

　七　本人の求めを受け付ける方法

　八　その他個人の権利利益を保護するために必要なものとして個人情報保護委員会規則で定める事項

3　個人情報取扱事業者は、前項第一号に掲げる事項に変更があったとき又は同項の規定による個人データの提供をやめたときは遅滞なく、同項第三号から第五号まで、第七号又は第八号に掲げる事項を変更しようとするときはあらかじめ、その旨について、個人情報保護委員会規則で定めるところにより、本人に通知し、又は本人が容易に知り得る状態に置くとともに、個人情報保護委員会に届け出なければならない。

4　個人情報保護委員会は、第二項の規定による届出があったときは、個人情報保護委員会規則で定めるところにより、当該届出に係る事項を公表しなければならない。前項の規定による届出があったときも、同様とする。

5　次に掲げる場合において、当該個人データの提供を受ける者は、前各項の規定の適用については、第三者に該当しないものとする。

　一　個人情報取扱事業者が利用目的の達成に必要な範囲内において個人データの取扱いの全部又は一部を委託することに伴って当該個人データが提供される場合

　二　合併その他の事由による事業の承継に伴って個人データが提供される場合

　三　特定の者との間で共同して利用される個人データが当該特定の者に提供される場合であって、その旨並びに共同して利用される個人データの項目、共同して利用する者の範囲、利用する者の利用目的並びに当該個人データの管理について責任を有する者の氏名又は名称及び住所並びに法人にあっては、その代表者の氏名について、あらかじめ、本人に通知し、又は本人が容易に知り得る状態に置いているとき。

6　個人情報取扱事業者は、前項第三号に規定する個人データの管理について責任を有する者の氏名、名称若しくは住所又は法人にあっては、その代表者の氏名に変更があったときは遅滞なく、同号に規定する利用する者の利用目的又は当該責任を有する者を変更しようとするときはあらかじめ、その旨について、本人に通知し、又は本人が容易に知り得る状態に置かなければならない。

（外国にある第三者への提供の制限）

第二十八条　個人情報取扱事業者は、外国（本邦の域外にある国又は地域をいう。以下この条及び第三十一条第一項第二号において同じ。）（個人の権利利益を保護する上で我が国と同等の水準にあると認められる個人情報の保護に関する制度を有している外国として個人情報保護委員会規則で定めるものを除く。以下この条及び同号において同じ。）にある第三者（個人データの取扱いについてこの節の規定により個人情報取扱事業者が講ずべきこととされている措置に相当する措置（第三項において「相当措置」という。）を継続的に講ずるために必要なものとして個人情報保護委員会規則で定める基準に適合する体制を整備している者を除く。以下この項及び次項並びに同号において同じ。）に個人データを提供する場合には、前条第一項各号に掲げる場合を除くほか、あらかじめ外国にある第三者への提供を認める旨の本人の同意を得なければならない。この場合においては、同条の規定は、適用しない。

2　個人情報取扱事業者は、前項の規定により本人の同意を得ようとする場合には、個人情報保護委員会規則で定めるところにより、あらかじめ、当該外国における個人情報の保護に関する制度、当該第三者が講ずる個人情報の保護のための措置その他当該本人に参考となるべき情報を当該本人に提供しなければならない。

3　個人情報取扱事業者は、個人データを外国にある第三者（第一項に規定する体制を整備している者に限る。）に提供した場合には、個人情報保護委員会規則で定めるところにより、当該第三者による相当措置の継続的な実施を確保するために必要な措置を講ずるとともに、本人の求めに応じて当該必要な措置に関する情報を当該本人に提供しなければならない。

（第三者提供に係る記録の作成等）

第二十九条　個人情報取扱事業者は、個人データを第三者（第十六条第二項各号に掲げる者を除く。以下この条及び次条（第三十一条第三項において読み替えて準用する場合を含む。）において同じ。）に提供したときは、個人情報保護委員会規則で定めるところにより、当該個人データを提供した年月日、当該第三者の氏名又は名称その他の個人情報保護委員会規則で定める事項に関する記録を作成しなければならない。ただし、当該個人データの提供が第二十七条第一項各号又は第五項各号のいずれか（前条第一項の規定による個人データの提供にあっては、第二十七条第一項各号のいずれか）に該当する場合は、この限りでない。

2　個人情報取扱事業者は、前項の記録を、当該記録を作成した日から個人情報保護委員会規則で定める期間保存しなければならない。

（第三者提供を受ける際の確認等）

第三十条　個人情報取扱事業者は、第三者から個人データの提供を受けるに際しては、個人情報保護委員会規則で定めるところにより、次に掲げる事項の確認を行わなければならない。ただし、当該個人データの提供が第二十七条第一項各号又は第五項各号のいずれかに該当する場合は、この限りでない。

　一　当該第三者の氏名又は名称及び住所並びに法人にあっては、その代表者の氏名

　二　当該第三者による当該個人データの取得の経緯

２　前項の第三者は、個人情報取扱事業者が同項の規定による確認を行う場合において、当該個人情報取扱事業者に対して、当該確認に係る事項を偽ってはならない。

３　個人情報取扱事業者は、第一項の規定による確認を行ったときは、個人情報保護委員会規則で定めるところにより、当該個人データの提供を受けた年月日、当該確認に係る事項その他の個人情報保護委員会規則で定める事項に関する記録を作成しなければならない。

４　個人情報取扱事業者は、前項の記録を、当該記録を作成した日から個人情報保護委員会規則で定める期間保存しなければならない。

（個人関連情報の第三者提供の制限等）

第三十一条　個人関連情報取扱事業者は、第三者が個人関連情報（個人関連情報データベース等を構成するものに限る。以下この章及び第六章において同じ。）を個人データとして取得することが想定されるときは、第二十七条第一項各号に掲げる場合を除くほか、次に掲げる事項について、あらかじめ個人情報保護委員会規則で定めるところにより確認することをしないで、当該個人関連情報を当該第三者に提供してはならない。

　一　当該第三者が個人関連情報取扱事業者から個人関連情報の提供を受けて本人が識別される個人データとして取得することを認める旨の当該本人の同意が得られていること。

　二　外国にある第三者への提供にあっては、前号の本人の同意を得ようとする場合において、個人情報保護委員会規則で定めるところにより、あらかじめ、当該外国における個人情報の保護に関する制度、当該第三者が講ずる個人情報の保護のための措置その他当該本人に参考となるべき情報が当該本人に提供されていること。

２　第二十八条第三項の規定は、前項の規定により個人関連情報取扱事業者が個人関連情報を提供する場合について準用する。この場合において、同条第三項中「講ずるとともに、本人の求めに応じて当該必要な措置に関する情報を当該本人に提供し」とあるのは、「講じ」と読み替えるものとする。

3　前条第二項から第四項までの規定は、第一項の規定により個人関連情報取扱事業者が確認する場合について準用する。この場合において、同条第三項中「の提供を受けた」とあるのは、「を提供した」と読み替えるものとする。

（保有個人データに関する事項の公表等）

第三十二条　個人情報取扱事業者は、保有個人データに関し、次に掲げる事項について、本人の知り得る状態（本人の求めに応じて遅滞なく回答する場合を含む。）に置かなければならない。

一　当該個人情報取扱事業者の氏名又は名称及び住所並びに法人にあっては、その代表者の氏名

二　全ての保有個人データの利用目的（第二十一条第四項第一号から第三号までに該当する場合を除く。）

三　次項の規定による求め又は次条第一項（同条第五項において準用する場合を含む。）、第三十四条第一項若しくは第三十五条第一項、第三項若しくは第五項の規定による請求に応じる手続（第三十八条第二項の規定により手数料の額を定めたときは、その手数料の額を含む。）

四　前三号に掲げるもののほか、保有個人データの適正な取扱いの確保に関し必要な事項として政令で定めるもの

2　個人情報取扱事業者は、本人から、当該本人が識別される保有個人データの利用目的の通知を求められたときは、本人に対し、遅滞なく、これを通知しなければならない。ただし、次の各号のいずれかに該当する場合は、この限りでない。

一　前項の規定により当該本人が識別される保有個人データの利用目的が明らかな場合

二　第二十一条第四項第一号から第三号までに該当する場合

3　個人情報取扱事業者は、前項の規定に基づき求められた保有個人データの利用目的を通知しない旨の決定をしたときは、本人に対し、遅滞なく、その旨を通知しなければならない。

（開示）

第三十三条　本人は、個人情報取扱事業者に対し、当該本人が識別される保有個人データの電磁的記録の提供による方法その他の個人情報保護委員会規則で定める方法による開示を請求することができる。

2　個人情報取扱事業者は、前項の規定による請求を受けたときは、本人に対し、同項の規定により当該本人が請求した方法（当該方法による開示に多額の費用を要する場合その他の当該方法による開示が困難である場合にあっては、書面の交付によ

る方法）により、遅滞なく、当該保有個人データを開示しなければならない。ただし、開示することにより次の各号のいずれかに該当する場合は、その全部又は一部を開示しないことができる。

一　本人又は第三者の生命、身体、財産その他の権利利益を害するおそれがある場合

二　当該個人情報取扱事業者の業務の適正な実施に著しい支障を及ぼすおそれがある場合

三　他の法令に違反することとなる場合

3　個人情報取扱事業者は、第一項の規定による請求に係る保有個人データの全部若しくは一部について開示しない旨の決定をしたとき、当該保有個人データが存在しないとき、又は同項の規定により本人が請求した方法による開示が困難であるときは、本人に対し、遅滞なく、その旨を通知しなければならない。

4　他の法令の規定により、本人に対し第二項本文に規定する方法に相当する方法により当該本人が識別される保有個人データの全部又は一部を開示することとされている場合には、当該全部又は一部の保有個人データについては、第一項及び第二項の規定は、適用しない。

5　第一項から第三項までの規定は、当該本人が識別される個人データに係る第二十九条第一項及び第三十条第三項の記録（その存否が明らかになることにより公益その他の利益が害されるものとして政令で定めるものを除く。第三十七条第二項において「第三者提供記録」という。）について準用する。

（訂正等）

第三十四条　本人は、個人情報取扱事業者に対し、当該本人が識別される保有個人データの内容が事実でないときは、当該保有個人データの内容の訂正、追加又は削除（以下この条において「訂正等」という。）を請求することができる。

2　個人情報取扱事業者は、前項の規定による請求を受けた場合には、その内容の訂正等に関して他の法令の規定により特別の手続が定められている場合を除き、利用目的の達成に必要な範囲内において、遅滞なく必要な調査を行い、その結果に基づき、当該保有個人データの内容の訂正等を行わなければならない。

3　個人情報取扱事業者は、第一項の規定による請求に係る保有個人データの内容の全部若しくは一部について訂正等を行ったとき、又は訂正等を行わない旨の決定をしたときは、本人に対し、遅滞なく、その旨（訂正等を行ったときは、その内容を含む。）を通知しなければならない。

（利用停止等）

第三十五条　本人は、個人情報取扱事業者に対し、当該本人が識別される保有個人データが第十八条若しくは第十九条の規定に違反して取り扱われているとき、又は第二十条の規定に違反して取得されたものであるときは、当該保有個人データの利用の停止又は消去（以下この条において「利用停止等」という。）を請求することができる。

2　個人情報取扱事業者は、前項の規定による請求を受けた場合であって、その請求に理由があることが判明したときは、違反を是正するために必要な限度で、遅滞なく、当該保有個人データの利用停止等を行わなければならない。ただし、当該保有個人データの利用停止等に多額の費用を要する場合その他の利用停止等を行うことが困難な場合であって、本人の権利利益を保護するため必要なこれに代わるべき措置をとるときは、この限りでない。

3　本人は、個人情報取扱事業者に対し、当該本人が識別される保有個人データが第二十七条第一項又は第二十八条の規定に違反して第三者に提供されているときは、当該保有個人データの第三者への提供の停止を請求することができる。

4　個人情報取扱事業者は、前項の規定による請求を受けた場合であって、その請求に理由があることが判明したときは、遅滞なく、当該保有個人データの第三者への提供を停止しなければならない。ただし、当該保有個人データの第三者への提供の停止に多額の費用を要する場合その他の第三者への提供を停止することが困難な場合であって、本人の権利利益を保護するため必要なこれに代わるべき措置をとるときは、この限りでない。

5　本人は、個人情報取扱事業者に対し、当該本人が識別される保有個人データを当該個人情報取扱事業者が利用する必要がなくなった場合、当該本人が識別される保有個人データに係る第二十六条第一項本文に規定する事態が生じた場合その他当該本人が識別される保有個人データの取扱いにより当該本人の権利又は正当な利益が害されるおそれがある場合には、当該保有個人データの利用停止等又は第三者への提供の停止を請求することができる。

6　個人情報取扱事業者は、前項の規定による請求を受けた場合であって、その請求に理由があることが判明したときは、本人の権利利益の侵害を防止するために必要な限度で、遅滞なく、当該保有個人データの利用停止等又は第三者への提供の停止を行わなければならない。ただし、当該保有個人データの利用停止等又は第三者への提供の停止に多額の費用を要する場合その他の利用停止等又は第三者への提供の停止を行うことが困難な場合であって、本人の権利利益を保護するため必要なこれに代わるべき措置をとるときは、この限りでない。

7　個人情報取扱事業者は、第一項若しくは第五項の規定による請求に係る保有個人データの全部若しくは一部について利用停止等を行ったとき若しくは利用停止等を行わない旨の決定をしたとき、又は第三項若しくは第五項の規定による請求に係る保有個人データの全部若しくは一部について第三者への提供を停止したとき若しくは第三者への提供を停止しない旨の決定をしたときは、本人に対し、遅滞なく、その旨を通知しなければならない。

（理由の説明）

第三十六条　個人情報取扱事業者は、第三十二条第三項、第三十三条第三項（同条第五項において準用する場合を含む。）、第三十四条第三項又は前条第七項の規定により、本人から求められ、又は請求された措置の全部又は一部について、その措置をとらない旨を通知する場合又はその措置と異なる措置をとる旨を通知する場合には、本人に対し、その理由を説明するよう努めなければならない。

（開示等の請求等に応じる手続）

第三十七条　個人情報取扱事業者は、第三十二条第二項の規定による求め又は第三十三条第一項（同条第五項において準用する場合を含む。次条第一項及び第三十九条において同じ。）、第三十四条第一項若しくは第三十五条第一項、第三項若しくは第五項の規定による請求（以下この条及び第五十四条第一項において「開示等の請求等」という。）に関し、政令で定めるところにより、その求め又は請求を受け付ける方法を定めることができる。この場合において、本人は、当該方法に従って、開示等の請求等を行わなければならない。

2　個人情報取扱事業者は、本人に対し、開示等の請求等に関し、その対象となる保有個人データ又は第三者提供記録を特定するに足りる事項の提示を求めることができる。この場合において、個人情報取扱事業者は、本人が容易かつ的確に開示等の請求等をすることができるよう、当該保有個人データ又は当該第三者提供記録の特定に資する情報の提供その他本人の利便を考慮した適切な措置をとらなければならない。

3　開示等の請求等は、政令で定めるところにより、代理人によってすることができる。

4　個人情報取扱事業者は、前三項の規定に基づき開示等の請求等に応じる手続を定めるに当たっては、本人に過重な負担を課するものとならないよう配慮しなければならない。

（手数料）

第三十八条　個人情報取扱事業者は、第三十二条第二項の規定による利用目的の通知

225

を求められたとき又は第三十三条第一項の規定による開示の請求を受けたときは、当該措置の実施に関し、手数料を徴収することができる。

2　個人情報取扱事業者は、前項の規定により手数料を徴収する場合は、実費を勘案して合理的であると認められる範囲内において、その手数料の額を定めなければならない。

（事前の請求）

第三十九条　本人は、第三十三条第一項、第三十四条第一項又は第三十五条第一項、第三項若しくは第五項の規定による請求に係る訴えを提起しようとするときは、その訴えの被告となるべき者に対し、あらかじめ、当該請求を行い、かつ、その到達した日から二週間を経過した後でなければ、その訴えを提起することができない。ただし、当該訴えの被告となるべき者がその請求を拒んだときは、この限りでない。

2　前項の請求は、その請求が通常到達すべきであった時に、到達したものとみなす。

3　前二項の規定は、第三十三条第一項、第三十四条第一項又は第三十五条第一項、第三項若しくは第五項の規定による請求に係る仮処分命令の申立てについて準用する。

（個人情報取扱事業者による苦情の処理）

第四十条　個人情報取扱事業者は、個人情報の取扱いに関する苦情の適切かつ迅速な処理に努めなければならない。

2　個人情報取扱事業者は、前項の目的を達成するために必要な体制の整備に努めなければならない。

第三節　仮名加工情報取扱事業者等の義務

（仮名加工情報の作成等）

第四十一条　個人情報取扱事業者は、仮名加工情報（仮名加工情報データベース等を構成するものに限る。以下この章及び第六章において同じ。）を作成するときは、他の情報と照合しない限り特定の個人を識別することができないようにするために必要なものとして個人情報保護委員会規則で定める基準に従い、個人情報を加工しなければならない。

2　個人情報取扱事業者は、仮名加工情報を作成したとき、又は仮名加工情報及び当該仮名加工情報に係る削除情報等（仮名加工情報の作成に用いられた個人情報から削除された記述等及び個人識別符号並びに前項の規定により行われた加工の方法に関する情報をいう。以下この条及び次条第三項において読み替えて準用する第七項において同じ。）を取得したときは、削除情報等の漏えいを防止するために必要なものとして個人情報保護委員会規則で定める基準に従い、削除情報等の安全管理の

ための措置を講じなければならない。

3　仮名加工情報取扱事業者（個人情報取扱事業者である者に限る。以下この条において同じ。）は、第十八条の規定にかかわらず、法令に基づく場合を除くほか、第十七条第一項の規定により特定された利用目的の達成に必要な範囲を超えて、仮名加工情報（個人情報であるものに限る。以下この条において同じ。）を取り扱ってはならない。

4　仮名加工情報についての第二十一条の規定の適用については、同条第一項及び第三項中「、本人に通知し、又は公表し」とあるのは「公表し」と、同条第四項第一号から第三号までの規定中「本人に通知し、又は公表する」とあるのは「公表する」とする。

5　仮名加工情報取扱事業者は、仮名加工情報である個人データ及び削除情報等を利用する必要がなくなったときは、当該個人データ及び削除情報等を遅滞なく消去するよう努めなければならない。この場合においては、第二十二条の規定は、適用しない。

6　仮名加工情報取扱事業者は、第二十七条第一項及び第二項並びに第二十八条第一項の規定にかかわらず、法令に基づく場合を除くほか、仮名加工情報である個人データを第三者に提供してはならない。この場合において、第二十七条第五項中「前各項」とあるのは「第四十一条第六項」と、同項第三号中「、本人に通知し、又は本人が容易に知り得る状態に置いて」とあるのは「公表して」と、同条第六項中「、本人に通知し、又は本人が容易に知り得る状態に置かなければ」とあるのは「公表しなければ」と、第二十九条第一項ただし書中「第二十七条第一項各号又は第五項各号のいずれか（前条第一項の規定による個人データの提供にあっては、第二十七条第一項各号のいずれか）」とあり、及び第三十条第一項ただし書中「第二十七条第一項各号又は第五項各号のいずれか」とあるのは「法令に基づく場合又は第二十七条第五項各号のいずれか」とする。

7　仮名加工情報取扱事業者は、仮名加工情報を取り扱うに当たっては、当該仮名加工情報の作成に用いられた個人情報に係る本人を識別するために、当該仮名加工情報を他の情報と照合してはならない。

8　仮名加工情報取扱事業者は、仮名加工情報を取り扱うに当たっては、電話をかけ、郵便若しくは民間事業者による信書の送達に関する法律（平成十四年法律第九十九号）第二条第六項に規定する一般信書便事業者若しくは同条第九項に規定する特定信書便事業者による同条第二項に規定する信書便により送付し、電報を送達し、ファクシミリ装置若しくは電磁的方法（電子情報処理組織を使用する方法その他の情

報通信の技術を利用する方法であって個人情報保護委員会規則で定めるものをいう。）を用いて送信し、又は住居を訪問するために、当該仮名加工情報に含まれる連絡先その他の情報を利用してはならない。

9　仮名加工情報、仮名加工情報である個人データ及び仮名加工情報である保有個人データについては、第十七条第二項、第二十六条及び第三十二条から第三十九条までの規定は、適用しない。

（仮名加工情報の第三者提供の制限等）

第四十二条　仮名加工情報取扱事業者は、法令に基づく場合を除くほか、仮名加工情報（個人情報であるものを除く。次項及び第三項において同じ。）を第三者に提供してはならない。

2　第二十七条第五項及び第六項の規定は、仮名加工情報の提供を受ける者について準用する。この場合において、同条第五項中「前各項」とあるのは「第四十二条第一項」と、同項第一号中「個人情報取扱事業者」とあるのは「仮名加工情報取扱事業者」と、同項第三号中「、本人に通知し、又は本人が容易に知り得る状態に置いて」とあるのは「公表して」と、同条第六項中「個人情報取扱事業者」とあるのは「仮名加工情報取扱事業者」と、「、本人に通知し、又は本人が容易に知り得る状態に置かなければ」とあるのは「公表しなければ」と読み替えるものとする。

3　第二十三条から第二十五条まで、第四十条並びに前条第七項及び第八項の規定は、仮名加工情報取扱事業者による仮名加工情報の取扱いについて準用する。この場合において、第二十三条中「漏えい、滅失又は毀損」とあるのは「漏えい」と、前条第七項中「ために、」とあるのは「ために、削除情報等を取得し、又は」と読み替えるものとする。

　　第四節　匿名加工情報取扱事業者等の義務

（匿名加工情報の作成等）

第四十三条　個人情報取扱事業者は、匿名加工情報（匿名加工情報データベース等を構成するものに限る。以下この章及び第六章において同じ。）を作成するときは、特定の個人を識別すること及びその作成に用いる個人情報を復元することができないようにするために必要なものとして個人情報保護委員会規則で定める基準に従い、当該個人情報を加工しなければならない。

2　個人情報取扱事業者は、匿名加工情報を作成したときは、その作成に用いた個人情報から削除した記述等及び個人識別符号並びに前項の規定により行った加工の方法に関する情報の漏えいを防止するために必要なものとして個人情報保護委員会規則で定める基準に従い、これらの情報の安全管理のための措置を講じなければなら

ない。

3　個人情報取扱事業者は、匿名加工情報を作成したときは、個人情報保護委員会規則で定めるところにより、当該匿名加工情報に含まれる個人に関する情報の項目を公表しなければならない。

4　個人情報取扱事業者は、匿名加工情報を作成して当該匿名加工情報を第三者に提供するときは、個人情報保護委員会規則で定めるところにより、あらかじめ、第三者に提供される匿名加工情報に含まれる個人に関する情報の項目及びその提供の方法について公表するとともに、当該第三者に対して、当該提供に係る情報が匿名加工情報である旨を明示しなければならない。

5　個人情報取扱事業者は、匿名加工情報を作成して自ら当該匿名加工情報を取り扱うに当たっては、当該匿名加工情報の作成に用いられた個人情報に係る本人を識別するために、当該匿名加工情報を他の情報と照合してはならない。

6　個人情報取扱事業者は、匿名加工情報を作成したときは、当該匿名加工情報の安全管理のために必要かつ適切な措置、当該匿名加工情報の作成その他の取扱いに関する苦情の処理その他の当該匿名加工情報の適正な取扱いを確保するために必要な措置を自ら講じ、かつ、当該措置の内容を公表するよう努めなければならない。

（匿名加工情報の提供）

第四十四条　匿名加工情報取扱事業者は、匿名加工情報（自ら個人情報を加工して作成したものを除く。以下この節において同じ。）を第三者に提供するときは、個人情報保護委員会規則で定めるところにより、あらかじめ、第三者に提供される匿名加工情報に含まれる個人に関する情報の項目及びその提供の方法について公表するとともに、当該第三者に対して、当該提供に係る情報が匿名加工情報である旨を明示しなければならない。

（識別行為の禁止）

第四十五条　匿名加工情報取扱事業者は、匿名加工情報を取り扱うに当たっては、当該匿名加工情報の作成に用いられた個人情報に係る本人を識別するために、当該個人情報から削除された記述等若しくは個人識別符号若しくは第四十三条第一項若しくは第百十四条第一項（同条第二項において準用する場合を含む。）の規定により行われた加工の方法に関する情報を取得し、又は当該匿名加工情報を他の情報と照合してはならない。

（安全管理措置等）

第四十六条　匿名加工情報取扱事業者は、匿名加工情報の安全管理のために必要かつ適切な措置、匿名加工情報の取扱いに関する苦情の処理その他の匿名加工情報の適

正な取扱いを確保するために必要な措置を自ら講じ、かつ、当該措置の内容を公表するよう努めなければならない。

第五節　民間団体による個人情報の保護の推進

（認定）

第四十七条　個人情報取扱事業者、仮名加工情報取扱事業者又は匿名加工情報取扱事業者（以下この章において「個人情報取扱事業者等」という。）の個人情報、仮名加工情報又は匿名加工情報（以下この章において「個人情報等」という。）の適正な取扱いの確保を目的として次に掲げる業務を行おうとする法人（法人でない団体で代表者又は管理人の定めのあるものを含む。次条第三号ロにおいて同じ。）は、個人情報保護委員会の認定を受けることができる。

一　業務の対象となる個人情報取扱事業者等（以下この節において「対象事業者」という。）の個人情報等の取扱いに関する第五十三条の規定による苦情の処理

二　個人情報等の適正な取扱いの確保に寄与する事項についての対象事業者に対する情報の提供

三　前二号に掲げるもののほか、対象事業者の個人情報等の適正な取扱いの確保に関し必要な業務

2　前項の認定は、対象とする個人情報取扱事業者等の事業の種類その他の業務の範囲を限定して行うことができる。

3　第一項の認定を受けようとする者は、政令で定めるところにより、個人情報保護委員会に申請しなければならない。

4　個人情報保護委員会は、第一項の認定をしたときは、その旨（第二項の規定により業務の範囲を限定する認定にあっては、その認定に係る業務の範囲を含む。）を公示しなければならない。

（欠格条項）

第四十八条　次の各号のいずれかに該当する者は、前条第一項の認定を受けることができない。

一　この法律の規定により刑に処せられ、その執行を終わり、又は執行を受けることがなくなった日から二年を経過しない者

二　第百五十二条第一項の規定により認定を取り消され、その取消しの日から二年を経過しない者

三　その業務を行う役員（法人でない団体で代表者又は管理人の定めのあるものの代表者又は管理人を含む。以下この条において同じ。）のうちに、次のいずれかに該当する者があるもの

　　イ　禁錮以上の刑に処せられ、又はこの法律の規定により刑に処せられ、その執行を終わり、又は執行を受けることがなくなった日から二年を経過しない者

　　ロ　第百五十二条第一項の規定により認定を取り消された法人において、その取消しの日前三十日以内にその役員であった者でその取消しの日から二年を経過しない者

（認定の基準）

第四十九条　個人情報保護委員会は、第四十七条第一項の認定の申請が次の各号のいずれにも適合していると認めるときでなければ、その認定をしてはならない。

　一　第四十七条第一項各号に掲げる業務を適正かつ確実に行うに必要な業務の実施の方法が定められているものであること。

　二　第四十七条第一項各号に掲げる業務を適正かつ確実に行うに足りる知識及び能力並びに経理的基礎を有するものであること。

　三　第四十七条第一項各号に掲げる業務以外の業務を行っている場合には、その業務を行うことによって同項各号に掲げる業務が不公正になるおそれがないものであること。

（変更の認定等）

第五十条　第四十七条第一項の認定（同条第二項の規定により業務の範囲を限定する認定を含む。次条第一項及び第百五十二条第一項第五号において同じ。）を受けた者は、その認定に係る業務の範囲を変更しようとするときは、個人情報保護委員会の認定を受けなければならない。ただし、個人情報保護委員会規則で定める軽微な変更については、この限りでない。

2　第四十七条第三項及び第四項並びに前条の規定は、前項の変更の認定について準用する。

（廃止の届出）

第五十一条　第四十七条第一項の認定（前条第一項の変更の認定を含む。）を受けた者（以下この節及び第六章において「認定個人情報保護団体」という。）は、その認定に係る業務（以下この節及び第六章において「認定業務」という。）を廃止しようとするときは、政令で定めるところにより、あらかじめ、その旨を個人情報保護委員会に届け出なければならない。

2　個人情報保護委員会は、前項の規定による届出があったときは、その旨を公示しなければならない。

（対象事業者）

第五十二条　認定個人情報保護団体は、認定業務の対象となることについて同意を得

た個人情報取扱事業者等を対象事業者としなければならない。この場合において、第五十四条第四項の規定による措置をとったにもかかわらず、対象事業者が同条第一項に規定する個人情報保護指針を遵守しないときは、当該対象事業者を認定業務の対象から除外することができる。

2　認定個人情報保護団体は、対象事業者の氏名又は名称を公表しなければならない。

（苦情の処理）

第五十三条　認定個人情報保護団体は、本人その他の関係者から対象事業者の個人情報等の取扱いに関する苦情について解決の申出があったときは、その相談に応じ、申出人に必要な助言をし、その苦情に係る事情を調査するとともに、当該対象事業者に対し、その苦情の内容を通知してその迅速な解決を求めなければならない。

2　認定個人情報保護団体は、前項の申出に係る苦情の解決について必要があると認めるときは、当該対象事業者に対し、文書若しくは口頭による説明を求め、又は資料の提出を求めることができる。

3　対象事業者は、認定個人情報保護団体から前項の規定による求めがあったときは、正当な理由がないのに、これを拒んではならない。

（個人情報保護指針）

第五十四条　認定個人情報保護団体は、対象事業者の個人情報等の適正な取扱いの確保のために、個人情報に係る利用目的の特定、安全管理のための措置、開示等の請求等に応じる手続その他の事項又は仮名加工情報若しくは匿名加工情報に係る作成の方法、その情報の安全管理のための措置その他の事項に関し、消費者の意見を代表する者その他の関係者の意見を聴いて、この法律の規定の趣旨に沿った指針（以下この節及び第六章において「個人情報保護指針」という。）を作成するよう努めなければならない。

2　認定個人情報保護団体は、前項の規定により個人情報保護指針を作成したときは、個人情報保護委員会規則で定めるところにより、遅滞なく、当該個人情報保護指針を個人情報保護委員会に届け出なければならない。これを変更したときも、同様とする。

3　個人情報保護委員会は、前項の規定による個人情報保護指針の届出があったときは、個人情報保護委員会規則で定めるところにより、当該個人情報保護指針を公表しなければならない。

4　認定個人情報保護団体は、前項の規定により個人情報保護指針が公表されたときは、対象事業者に対し、当該個人情報保護指針を遵守させるため必要な指導、勧告その他の措置をとらなければならない。

（目的外利用の禁止）

第五十五条　認定個人情報保護団体は、認定業務の実施に際して知り得た情報を認定業務の用に供する目的以外に利用してはならない。

（名称の使用制限）

第五十六条　認定個人情報保護団体でない者は、認定個人情報保護団体という名称又はこれに紛らわしい名称を用いてはならない。

第六節　雑則

（適用除外）

第五十七条　個人情報取扱事業者等及び個人関連情報取扱事業者のうち次の各号に掲げる者については、その個人情報等及び個人関連情報を取り扱う目的の全部又は一部がそれぞれ当該各号に規定する目的であるときは、この章の規定は、適用しない。

　一　放送機関、新聞社、通信社その他の報道機関（報道を業として行う個人を含む。）　報道の用に供する目的

　二　著述を業として行う者　著述の用に供する目的

　三　宗教団体　宗教活動（これに付随する活動を含む。）の用に供する目的

　四　政治団体　政治活動（これに付随する活動を含む。）の用に供する目的

2　前項第一号に規定する「報道」とは、不特定かつ多数の者に対して客観的事実を事実として知らせること（これに基づいて意見又は見解を述べることを含む。）をいう。

3　第一項各号に掲げる個人情報取扱事業者等は、個人データ、仮名加工情報又は匿名加工情報の安全管理のために必要かつ適切な措置、個人情報等の取扱いに関する苦情の処理その他の個人情報等の適正な取扱いを確保するために必要な措置を自ら講じ、かつ、当該措置の内容を公表するよう努めなければならない。

（適用の特例）

第五十八条　個人情報取扱事業者又は匿名加工情報取扱事業者のうち別表第二に掲げる法人については、第三十二条から第三十九条まで及び第四節の規定は、適用しない。

2　独立行政法人労働者健康安全機構が行う病院（医療法（昭和二十三年法律第二百五号）第一条の五第一項に規定する病院をいう。第六十六条第二項第三号並びに第百二十三条第一項及び第三項において同じ。）の運営の業務における個人情報、仮名加工情報又は個人関連情報の取扱いについては、個人情報取扱事業者、仮名加工情報取扱事業者又は個人関連情報取扱事業者による個人情報、仮名加工情報又は個人関連情報の取扱いとみなして、この章（第三十二条から第三十九条まで及び第四

233

節を除く。）及び第六章から第八章までの規定を適用する。

（学術研究機関等の責務）

第五十九条　個人情報取扱事業者である学術研究機関等は、学術研究目的で行う個人情報の取扱いについて、この法律の規定を遵守するとともに、その適正を確保するために必要な措置を自ら講じ、かつ、当該措置の内容を公表するよう努めなければならない。

第五章　行政機関等の義務等

第一節　総則

（定義）

第六十条　この章及び第八章において「保有個人情報」とは、行政機関等の職員（独立行政法人等にあっては、その役員を含む。以下この章及び第八章において同じ。）が職務上作成し、又は取得した個人情報であって、当該行政機関等の職員が組織的に利用するものとして、当該行政機関等が保有しているものをいう。ただし、行政文書（行政機関の保有する情報の公開に関する法律（平成十一年法律第四十二号。以下この章において「行政機関情報公開法」という。）第二条第二項に規定する行政文書をいう。）又は法人文書（独立行政法人等の保有する情報の公開に関する法律（平成十三年法律第百四十号。以下この章において「独立行政法人等情報公開法」という。）第二条第二項に規定する法人文書（同項第四号に掲げるものを含む。）をいう。）（以下この章において「行政文書等」という。）に記録されているものに限る。

2　この章及び第八章において「個人情報ファイル」とは、保有個人情報を含む情報の集合物であって、次に掲げるものをいう。

一　一定の事務の目的を達成するために特定の保有個人情報を電子計算機を用いて検索することができるように体系的に構成したもの

二　前号に掲げるもののほか、一定の事務の目的を達成するために氏名、生年月日、その他の記述等により特定の保有個人情報を容易に検索することができるように体系的に構成したもの

3　この章において「行政機関等匿名加工情報」とは、次の各号のいずれにも該当する個人情報ファイルを構成する保有個人情報の全部又は一部（これらの一部に行政機関情報公開法第五条に規定する不開示情報（同条第一号に掲げる情報を除き、同条第二号ただし書に規定する情報を含む。）又は独立行政法人等情報公開法第五条に規定する不開示情報（同条第一号に掲げる情報を除き、同条第二号ただし書に規

定する情報を含む。）が含まれているときは、これらの不開示情報に該当する部分を除く。）を加工して得られる匿名加工情報をいう。

一　第七十五条第二項各号のいずれかに該当するもの又は同条第三項の規定により同条第一項に規定する個人情報ファイル簿に掲載しないこととされるものでないこと。

二　行政機関情報公開法第三条に規定する行政機関の長又は独立行政法人等情報公開法第二条第一項に規定する独立行政法人等に対し、当該個人情報ファイルを構成する保有個人情報が記録されている行政文書等の開示の請求（行政機関情報公開法第三条又は独立行政法人等情報公開法第三条の規定による開示の請求をいう。）があったとしたならば、これらの者が次のいずれかを行うこととなるものであること。

　　イ　当該行政文書等に記録されている保有個人情報の全部又は一部を開示する旨の決定をすること。

　　ロ　行政機関情報公開法第十三条第一項若しくは第二項又は独立行政法人等情報公開法第十四条第一項若しくは第二項の規定により意見書の提出の機会を与えること。

三　行政機関等の事務及び事業の適正かつ円滑な運営に支障のない範囲内で、第百十四条第一項の基準に従い、当該個人情報ファイルを構成する保有個人情報を加工して匿名加工情報を作成することができるものであること。

4　この章において「行政機関等匿名加工情報ファイル」とは、行政機関等匿名加工情報を含む情報の集合物であって、次に掲げるものをいう。

一　特定の行政機関等匿名加工情報を電子計算機を用いて検索することができるように体系的に構成したもの

二　前号に掲げるもののほか、特定の行政機関等匿名加工情報を容易に検索することができるように体系的に構成したものとして政令で定めるもの

第二節　行政機関等における個人情報等の取扱い

（個人情報の保有の制限等）

第六十一条　行政機関等は、個人情報を保有するに当たっては、法令の定める所掌事務又は業務を遂行するため必要な場合に限り、かつ、その利用目的をできる限り特定しなければならない。

2　行政機関等は、前項の規定により特定された利用目的の達成に必要な範囲を超えて、個人情報を保有してはならない。

3　行政機関等は、利用目的を変更する場合には、変更前の利用目的と相当の関連性

を有すると合理的に認められる範囲を超えて行ってはならない。

（利用目的の明示）

第六十二条　行政機関等は、本人から直接書面（電磁的記録を含む。）に記録された当該本人の個人情報を取得するときは、次に掲げる場合を除き、あらかじめ、本人に対し、その利用目的を明示しなければならない。

一　人の生命、身体又は財産の保護のために緊急に必要があるとき。

二　利用目的を本人に明示することにより、本人又は第三者の生命、身体、財産その他の権利利益を害するおそれがあるとき。

三　利用目的を本人に明示することにより、国の機関、独立行政法人等、地方公共団体又は地方独立行政法人が行う事務又は事業の適正な遂行に支障を及ぼすおそれがあるとき。

四　取得の状況からみて利用目的が明らかであると認められるとき。

（不適正な利用の禁止）

第六十三条　行政機関の長（第二条第八項第四号及び第五号の政令で定める機関にあっては、その機関ごとに政令で定める者をいう。以下この章及び第百六十九条において同じ。）及び独立行政法人等（以下この章及び次章において「行政機関の長等」という。）は、違法又は不当な行為を助長し、又は誘発するおそれがある方法により個人情報を利用してはならない。

（適正な取得）

第六十四条　行政機関の長等は、偽りその他不正の手段により個人情報を取得してはならない。

（正確性の確保）

第六十五条　行政機関の長等は、利用目的の達成に必要な範囲内で、保有個人情報が過去又は現在の事実と合致するよう努めなければならない。

（安全管理措置）

第六十六条　行政機関の長等は、保有個人情報の漏えい、滅失又は毀損の防止その他の保有個人情報の安全管理のために必要かつ適切な措置を講じなければならない。

2　前項の規定は、次の各号に掲げる者が当該各号に定める業務を行う場合における個人情報の取扱いについて準用する。

一　行政機関等から個人情報の取扱いの委託を受けた者　当該委託を受けた業務

二　別表第二に掲げる法人　法令に基づき行う業務であって政令で定めるもの

三　独立行政法人労働者健康安全機構　病院の運営の業務のうち法令に基づき行う業務であって政令で定めるもの

　四　前三号に掲げる者から当該各号に定める業務の委託（二以上の段階にわたる委
　　託を含む。）を受けた者　当該委託を受けた業務
（従事者の義務）
第六十七条　個人情報の取扱いに従事する行政機関等の職員若しくは職員であった者、
　　前条第二項各号に定める業務に従事している者若しくは従事していた者又は行政機
　　関等において個人情報の取扱いに従事している派遣労働者（労働者派遣事業の適正
　　な運営の確保及び派遣労働者の保護等に関する法律（昭和六十年法律第八十八号）
　　第二条第二号に規定する派遣労働者をいう。以下この章及び第百七十一条において
　　同じ。）若しくは従事していた派遣労働者は、その業務に関して知り得た個人情報
　　の内容をみだりに他人に知らせ、又は不当な目的に利用してはならない。
（漏えい等の報告等）
第六十八条　行政機関の長等は、保有個人情報の漏えい、滅失、毀損その他の保有個
　　人情報の安全の確保に係る事態であって個人の権利利益を害するおそれが大きいも
　　のとして個人情報保護委員会規則で定めるものが生じたときは、個人情報保護委員
　　会規則で定めるところにより、当該事態が生じた旨を個人情報保護委員会に報告し
　　なければならない。
2　前項に規定する場合には、行政機関の長等は、本人に対し、個人情報保護委員会
　　規則で定めるところにより、当該事態が生じた旨を通知しなければならない。ただ
　　し、次の各号のいずれかに該当するときは、この限りでない。
　一　本人への通知が困難な場合であって、本人の権利利益を保護するため必要なこ
　　れに代わるべき措置をとるとき。
　二　当該保有個人情報に第七十八条各号に掲げる情報のいずれかが含まれるとき。
（利用及び提供の制限）
第六十九条　行政機関の長等は、法令に基づく場合を除き、利用目的以外の目的のた
　　めに保有個人情報を自ら利用し、又は提供してはならない。
2　前項の規定にかかわらず、行政機関の長等は、次の各号のいずれかに該当すると
　　認めるときは、利用目的以外の目的のために保有個人情報を自ら利用し、又は提供
　　することができる。ただし、保有個人情報を利用目的以外の目的のために自ら利用
　　し、又は提供することによって、本人又は第三者の権利利益を不当に侵害するおそ
　　れがあると認められるときは、この限りでない。
　一　本人の同意があるとき、又は本人に提供するとき。
　二　行政機関等が法令の定める所掌事務又は業務の遂行に必要な限度で保有個人情
　　報を内部で利用する場合であって、当該保有個人情報を利用することについて相

当の理由があるとき。

　　三　他の行政機関、独立行政法人等、地方公共団体又は地方独立行政法人に保有個人情報を提供する場合において、保有個人情報の提供を受ける者が、法令の定める事務又は業務の遂行に必要な限度で提供に係る個人情報を利用し、かつ、当該個人情報を利用することについて相当の理由があるとき。

　　四　前三号に掲げる場合のほか、専ら統計の作成又は学術研究の目的のために保有個人情報を提供するとき、本人以外の者に提供することが明らかに本人の利益になるとき、その他保有個人情報を提供することについて特別の理由があるとき。

３　前項の規定は、保有個人情報の利用又は提供を制限する他の法令の規定の適用を妨げるものではない。

４　行政機関の長等は、個人の権利利益を保護するため特に必要があると認めるときは、保有個人情報の利用目的以外の目的のための行政機関等の内部における利用を特定の部局若しくは機関又は職員に限るものとする。

　（保有個人情報の提供を受ける者に対する措置要求）

第七十条　行政機関の長等は、利用目的のために又は前条第二項第三号若しくは第四号の規定に基づき、保有個人情報を提供する場合において、必要があると認めるときは、保有個人情報の提供を受ける者に対し、提供に係る個人情報について、その利用の目的若しくは方法の制限その他必要な制限を付し、又はその漏えいの防止その他の個人情報の適切な管理のために必要な措置を講ずることを求めるものとする。

　（外国にある第三者への提供の制限）

第七十一条　行政機関の長等は、外国（本邦の域外にある国又は地域をいう。以下この条において同じ。）（個人の権利利益を保護する上で我が国と同等の水準にあると認められる個人情報の保護に関する制度を有している外国として個人情報保護委員会規則で定めるものを除く。以下この条において同じ。）にある第三者（第十六条第三項に規定する個人データの取扱いについて前章第二節の規定により同条第二項に規定する個人情報取扱事業者が講ずべきこととされている措置に相当する措置（第三項において「相当措置」という。）を継続的に講ずるために必要なものとして個人情報保護委員会規則で定める基準に適合する体制を整備している者を除く。以下この項及び次項において同じ。）に利用目的以外の目的のために保有個人情報を提供する場合には、法令に基づく場合及び第六十九条第二項第四号に掲げる場合を除くほか、あらかじめ外国にある第三者への提供を認める旨の本人の同意を得なければならない。

２　行政機関の長等は、前項の規定により本人の同意を得ようとする場合には、個人

238

情報保護委員会規則で定めるところにより、あらかじめ、当該外国における個人情報の保護に関する制度、当該第三者が講ずる個人情報の保護のための措置その他当該本人に参考となるべき情報を当該本人に提供しなければならない。

3　行政機関の長等は、保有個人情報を外国にある第三者（第一項に規定する体制を整備している者に限る。）に利用目的以外の目的のために提供した場合には、法令に基づく場合及び第六十九条第二項第四号に掲げる場合を除くほか、個人情報保護委員会規則で定めるところにより、当該第三者による相当措置の継続的な実施を確保するために必要な措置を講ずるとともに、本人の求めに応じて当該必要な措置に関する情報を当該本人に提供しなければならない。

（個人関連情報の提供を受ける者に対する措置要求）

第七十二条　行政機関の長等は、第三者に個人関連情報を提供する場合（当該第三者が当該個人関連情報を個人情報として取得することが想定される場合に限る。）において、必要があると認めるときは、当該第三者に対し、提供に係る個人関連情報について、その利用の目的若しくは方法の制限その他必要な制限を付し、又はその漏えいの防止その他の個人関連情報の適切な管理のために必要な措置を講ずることを求めるものとする。

（仮名加工情報の取扱いに係る義務）

第七十三条　行政機関の長等は、法令に基づく場合を除くほか、仮名加工情報（個人情報であるものを除く。以下この条及び第百二十六条において同じ。）を第三者（当該仮名加工情報の取扱いの委託を受けた者を除く。）に提供してはならない。

2　行政機関の長等は、その取り扱う仮名加工情報の漏えいの防止その他仮名加工情報の安全管理のために必要かつ適切な措置を講じなければならない。

3　行政機関の長等は、仮名加工情報を取り扱うに当たっては、法令に基づく場合を除き、当該仮名加工情報の作成に用いられた個人情報に係る本人を識別するために、削除情報等（仮名加工情報の作成に用いられた個人情報から削除された記述等及び個人識別符号並びに第四十一条第一項の規定により行われた加工の方法に関する情報をいう。）を取得し、又は当該仮名加工情報を他の情報と照合してはならない。

4　行政機関の長等は、仮名加工情報を取り扱うに当たっては、法令に基づく場合を除き、電話をかけ、郵便若しくは民間事業者による信書の送達に関する法律第二条第六項に規定する一般信書便事業者若しくは同条第九項に規定する特定信書便事業者による同条第二項に規定する信書便により送付し、電報を送達し、ファクシミリ装置若しくは電磁的方法（電子情報処理組織を使用する方法その他の情報通信の技術を利用する方法であって個人情報保護委員会規則で定めるものをいう。）を用い

て送信し、又は住居を訪問するために、当該仮名加工情報に含まれる連絡先その他の情報を利用してはならない。

5　前各項の規定は、行政機関の長等から仮名加工情報の取扱いの委託（二以上の段階にわたる委託を含む。）を受けた者が受託した業務を行う場合について準用する。

第三節　個人情報ファイル

（個人情報ファイルの保有等に関する事前通知）

第七十四条　行政機関（会計検査院を除く。以下この条において同じ。）が個人情報ファイルを保有しようとするときは、当該行政機関の長は、あらかじめ、個人情報保護委員会に対し、次に掲げる事項を通知しなければならない。通知した事項を変更しようとするときも、同様とする。

一　個人情報ファイルの名称

二　当該機関の名称及び個人情報ファイルが利用に供される事務をつかさどる組織の名称

三　個人情報ファイルの利用目的

四　個人情報ファイルに記録される項目（以下この節において「記録項目」という。）及び本人（他の個人の氏名、生年月日その他の記述等によらないで検索し得る者に限る。次項第九号において同じ。）として個人情報ファイルに記録される個人の範囲（以下この節において「記録範囲」という。）

五　個人情報ファイルに記録される個人情報（以下この節において「記録情報」という。）の収集方法

六　記録情報に要配慮個人情報が含まれるときは、その旨

七　記録情報を当該機関以外の者に経常的に提供する場合には、その提供先

八　次条第三項の規定に基づき、記録項目の一部若しくは第五号若しくは前号に掲げる事項を次条第一項に規定する個人情報ファイル簿に記載しないこととするとき、又は個人情報ファイルを同項に規定する個人情報ファイル簿に掲載しないこととするときは、その旨

九　第七十六条第一項、第九十条第一項又は第九十八条第一項の規定による請求を受理する組織の名称及び所在地

十　第九十条第一項ただし書又は第九十八条第一項ただし書に該当するときは、その旨

十一　その他政令で定める事項

2　前項の規定は、次に掲げる個人情報ファイルについては、適用しない。

一　国の安全、外交上の秘密その他の国の重大な利益に関する事項を記録する個人

情報ファイル

二　犯罪の捜査、租税に関する法律の規定に基づく犯則事件の調査又は公訴の提起若しくは維持のために作成し、又は取得する個人情報ファイル

三　当該機関の職員又は職員であった者に係る個人情報ファイルであって、専らその人事、給与若しくは福利厚生に関する事項又はこれらに準ずる事項を記録するもの（当該機関が行う職員の採用試験に関する個人情報ファイルを含む。）

四　専ら試験的な電子計算機処理の用に供するための個人情報ファイル

五　前項の規定による通知に係る個人情報ファイルに記録されている記録情報の全部又は一部を記録した個人情報ファイルであって、その利用目的、記録項目及び記録範囲が当該通知に係るこれらの事項の範囲内のもの

六　一年以内に消去することとなる記録情報のみを記録する個人情報ファイル

七　資料その他の物品若しくは金銭の送付又は業務上必要な連絡のために利用する記録情報を記録した個人情報ファイルであって、送付又は連絡の相手方の氏名、住所その他の送付又は連絡に必要な事項のみを記録するもの

八　職員が学術研究の用に供するためその発意に基づき作成し、又は取得する個人情報ファイルであって、記録情報を専ら当該学術研究の目的のために利用するもの

九　本人の数が政令で定める数に満たない個人情報ファイル

十　第三号から前号までに掲げる個人情報ファイルに準ずるものとして政令で定める個人情報ファイル

十一　第六十条第二項第二号に係る個人情報ファイル

3　行政機関の長は、第一項に規定する事項を通知した個人情報ファイルについて、当該行政機関がその保有をやめたとき、又はその個人情報ファイルが前項第九号に該当するに至ったときは、遅滞なく、個人情報保護委員会に対しその旨を通知しなければならない。

（個人情報ファイル簿の作成及び公表）

第七十五条　行政機関の長等は、政令で定めるところにより、当該行政機関の長等の属する行政機関等が保有している個人情報ファイルについて、それぞれ前条第一項第一号から第七号まで、第九号及び第十号に掲げる事項その他政令で定める事項を記載した帳簿（以下この章において「個人情報ファイル簿」という。）を作成し、公表しなければならない。

2　前項の規定は、次に掲げる個人情報ファイルについては、適用しない。

一　前条第二項第一号から第十号までに掲げる個人情報ファイル

二　前項の規定による公表に係る個人情報ファイルに記録されている記録情報の全部又は一部を記録した個人情報ファイルであって、その利用目的、記録項目及び記録範囲が当該公表に係るこれらの事項の範囲内のもの

三　前号に掲げる個人情報ファイルに準ずるものとして政令で定める個人情報ファイル

3　第一項の規定にかかわらず、行政機関の長等は、記録項目の一部若しくは前条第一項第五号若しくは第七号に掲げる事項を個人情報ファイル簿に記載し、又は個人情報ファイルを個人情報ファイル簿に掲載することにより、利用目的に係る事務又は事業の性質上、当該事務又は事業の適正な遂行に著しい支障を及ぼすおそれがあると認めるときは、その記録項目の一部若しくは事項を記載せず、又はその個人情報ファイルを個人情報ファイル簿に掲載しないことができる。

第四節　開示、訂正及び利用停止

第一款　開示

（開示請求権）

第七十六条　何人も、この法律の定めるところにより、行政機関の長等に対し、当該行政機関の長等の属する行政機関等の保有する自己を本人とする保有個人情報の開示を請求することができる。

2　未成年者若しくは成年被後見人の法定代理人又は本人の委任による代理人（以下この節において「代理人」と総称する。）は、本人に代わって前項の規定による開示の請求（以下この節及び第百二十五条において「開示請求」という。）をすることができる。

（開示請求の手続）

第七十七条　開示請求は、次に掲げる事項を記載した書面（第三項において「開示請求書」という。）を行政機関の長等に提出してしなければならない。

一　開示請求をする者の氏名及び住所又は居所

二　開示請求に係る保有個人情報が記録されている行政文書等の名称その他の開示請求に係る保有個人情報を特定するに足りる事項

2　前項の場合において、開示請求をする者は、政令で定めるところにより、開示請求に係る保有個人情報の本人であること（前条第二項の規定による開示請求にあっては、開示請求に係る保有個人情報の本人の代理人であること）を示す書類を提示し、又は提出しなければならない。

3　行政機関の長等は、開示請求書に形式上の不備があると認めるときは、開示請求をした者（以下この節において「開示請求者」という。）に対し、相当の期間を定

めて、その補正を求めることができる。この場合において、行政機関の長等は、開示請求者に対し、補正の参考となる情報を提供するよう努めなければならない。

（保有個人情報の開示義務）

第七十八条　行政機関の長等は、開示請求があったときは、開示請求に係る保有個人情報に次の各号に掲げる情報（以下この節において「不開示情報」という。）のいずれかが含まれている場合を除き、開示請求者に対し、当該保有個人情報を開示しなければならない。

一　開示請求者（第七十六条第二項の規定により代理人が本人に代わって開示請求をする場合にあっては、当該本人をいう。次号及び第三号、次条第二項並びに第八十六条第一項において同じ。）の生命、健康、生活又は財産を害するおそれがある情報

二　開示請求者以外の個人に関する情報（事業を営む個人の当該事業に関する情報を除く。）であって、当該情報に含まれる氏名、生年月日その他の記述等により開示請求者以外の特定の個人を識別することができるもの（他の情報と照合することにより、開示請求者以外の特定の個人を識別することができることとなるものを含む。）若しくは個人識別符号が含まれるもの又は開示請求者以外の特定の個人を識別することはできないが、開示することにより、なお開示請求者以外の個人の権利利益を害するおそれがあるもの。ただし、次に掲げる情報を除く。

イ　法令の規定により又は慣行として開示請求者が知ることができ、又は知ることが予定されている情報

ロ　人の生命、健康、生活又は財産を保護するため、開示することが必要であると認められる情報

ハ　当該個人が公務員等（国家公務員法（昭和二十二年法律第百二十号）第二条第一項に規定する国家公務員（独立行政法人通則法第二条第四項に規定する行政執行法人の職員を除く。）、独立行政法人等の職員、地方公務員法（昭和二十五年法律第二百六十一号）第二条に規定する地方公務員及び地方独立行政法人の職員をいう。）である場合において、当該情報がその職務の遂行に係る情報であるときは、当該情報のうち、当該公務員等の職及び当該職務遂行の内容に係る部分

三　法人その他の団体（国、独立行政法人等、地方公共団体及び地方独立行政法人を除く。以下この号において「法人等」という。）に関する情報又は開示請求者以外の事業を営む個人の当該事業に関する情報であって、次に掲げるもの。ただし、人の生命、健康、生活又は財産を保護するため、開示することが必要である

と認められる情報を除く。

　イ　開示することにより、当該法人等又は当該個人の権利、競争上の地位その他正当な利益を害するおそれがあるもの

　ロ　行政機関等の要請を受けて、開示しないとの条件で任意に提供されたものであって、法人等又は個人における通例として開示しないこととされているものその他の当該条件を付することが当該情報の性質、当時の状況等に照らして合理的であると認められるもの

四　行政機関の長が第八十二条各項の決定（以下この節において「開示決定等」という。）をする場合において、開示することにより、国の安全が害されるおそれ、他国若しくは国際機関との信頼関係が損なわれるおそれ又は他国若しくは国際機関との交渉上不利益を被るおそれがあると当該行政機関の長が認めることにつき相当の理由がある情報

五　行政機関の長が開示決定等をする場合において、開示することにより、犯罪の予防、鎮圧又は捜査、公訴の維持、刑の執行その他の公共の安全と秩序の維持に支障を及ぼすおそれがあると当該行政機関の長が認めることにつき相当の理由がある情報

六　国の機関、独立行政法人等、地方公共団体及び地方独立行政法人の内部又は相互間における審議、検討又は協議に関する情報であって、開示することにより、率直な意見の交換若しくは意思決定の中立性が不当に損なわれるおそれ、不当に国民の間に混乱を生じさせるおそれ又は特定の者に不当に利益を与え若しくは不利益を及ぼすおそれがあるもの

七　国の機関、独立行政法人等、地方公共団体又は地方独立行政法人が行う事務又は事業に関する情報であって、開示することにより、次に掲げるおそれその他当該事務又は事業の性質上、当該事務又は事業の適正な遂行に支障を及ぼすおそれがあるもの

　イ　独立行政法人等が開示決定等をする場合において、国の安全が害されるおそれ、他国若しくは国際機関との信頼関係が損なわれるおそれ又は他国若しくは国際機関との交渉上不利益を被るおそれ

　ロ　独立行政法人等が開示決定等をする場合において、犯罪の予防、鎮圧又は捜査その他の公共の安全と秩序の維持に支障を及ぼすおそれ

　ハ　監査、検査、取締り、試験又は租税の賦課若しくは徴収に係る事務に関し、正確な事実の把握を困難にするおそれ又は違法若しくは不当な行為を容易にし、若しくはその発見を困難にするおそれ

　　ニ　契約、交渉又は争訟に係る事務に関し、国、独立行政法人等、地方公共団体
　　　又は地方独立行政法人の財産上の利益又は当事者としての地位を不当に害する
　　　おそれ

　　ホ　調査研究に係る事務に関し、その公正かつ能率的な遂行を不当に阻害するお
　　　それ

　　ヘ　人事管理に係る事務に関し、公正かつ円滑な人事の確保に支障を及ぼすおそ
　　　れ

　　ト　独立行政法人等、地方公共団体が経営する企業又は地方独立行政法人に係る
　　　事業に関し、その企業経営上の正当な利益を害するおそれ

（部分開示）

第七十九条　行政機関の長等は、開示請求に係る保有個人情報に不開示情報が含まれ
　ている場合において、不開示情報に該当する部分を容易に区分して除くことができ
　るときは、開示請求者に対し、当該部分を除いた部分につき開示しなければならな
　い。

2　開示請求に係る保有個人情報に前条第二号の情報（開示請求者以外の特定の個人
　を識別することができるものに限る。）が含まれている場合において、当該情報の
　うち、氏名、生年月日その他の開示請求者以外の特定の個人を識別することができ
　ることとなる記述等及び個人識別符号の部分を除くことにより、開示しても、開示
　請求者以外の個人の権利利益が害されるおそれがないと認められるときは、当該部
　分を除いた部分は、同号の情報に含まれないものとみなして、前項の規定を適用す
　る。

（裁量的開示）

第八十条　行政機関の長等は、開示請求に係る保有個人情報に不開示情報が含まれて
　いる場合であっても、個人の権利利益を保護するため特に必要があると認めるとき
　は、開示請求者に対し、当該保有個人情報を開示することができる。

（保有個人情報の存否に関する情報）

第八十一条　開示請求に対し、当該開示請求に係る保有個人情報が存在しているか否
　かを答えるだけで、不開示情報を開示することとなるときは、行政機関の長等は、
　当該保有個人情報の存否を明らかにしないで、当該開示請求を拒否することができ
　る。

（開示請求に対する措置）

第八十二条　行政機関の長等は、開示請求に係る保有個人情報の全部又は一部を開示
　するときは、その旨の決定をし、開示請求者に対し、その旨、開示する保有個人情

報の利用目的及び開示の実施に関し政令で定める事項を書面により通知しなければならない。ただし、第六十二条第二号又は第三号に該当する場合における当該利用目的については、この限りでない。

2　行政機関の長等は、開示請求に係る保有個人情報の全部を開示しないとき（前条の規定により開示請求を拒否するとき、及び開示請求に係る保有個人情報を保有していないときを含む。）は、開示をしない旨の決定をし、開示請求者に対し、その旨を書面により通知しなければならない。

（開示決定等の期限）

第八十三条　開示決定等は、開示請求があった日から三十日以内にしなければならない。ただし、第七十七条第三項の規定により補正を求めた場合にあっては、当該補正に要した日数は、当該期間に算入しない。

2　前項の規定にかかわらず、行政機関の長等は、事務処理上の困難その他正当な理由があるときは、同項に規定する期間を三十日以内に限り延長することができる。この場合において、行政機関の長等は、開示請求者に対し、遅滞なく、延長後の期間及び延長の理由を書面により通知しなければならない。

（開示決定等の期限の特例）

第八十四条　開示請求に係る保有個人情報が著しく大量であるため、開示請求があった日から六十日以内にその全てについて開示決定等をすることにより事務の遂行に著しい支障が生ずるおそれがある場合には、前条の規定にかかわらず、行政機関の長等は、開示請求に係る保有個人情報のうちの相当の部分につき当該期間内に開示決定等をし、残りの保有個人情報については相当の期間内に開示決定等をすれば足りる。この場合において、行政機関の長等は、同条第一項に規定する期間内に、開示請求者に対し、次に掲げる事項を書面により通知しなければならない。

一　この条の規定を適用する旨及びその理由

二　残りの保有個人情報について開示決定等をする期限

（事案の移送）

第八十五条　行政機関の長等は、開示請求に係る保有個人情報が当該行政機関の長等が属する行政機関等以外の行政機関等から提供されたものであるとき、その他他の行政機関の長等において開示決定等をすることにつき正当な理由があるときは、当該他の行政機関の長等と協議の上、当該他の行政機関の長等に対し、事案を移送することができる。この場合においては、移送をした行政機関の長等は、開示請求者に対し、事案を移送した旨を書面により通知しなければならない。

2　前項の規定により事案が移送されたときは、移送を受けた行政機関の長等におい

て、当該開示請求についての開示決定等をしなければならない。この場合において、移送をした行政機関の長等が移送前にした行為は、移送を受けた行政機関の長等がしたものとみなす。

3　前項の場合において、移送を受けた行政機関の長等が第八十二条第一項の決定（以下この節において「開示決定」という。）をしたときは、当該行政機関の長等は、開示の実施をしなければならない。この場合において、移送をした行政機関の長等は、当該開示の実施に必要な協力をしなければならない。

（第三者に対する意見書提出の機会の付与等）

第八十六条　開示請求に係る保有個人情報に国、独立行政法人等、地方公共団体、地方独立行政法人及び開示請求者以外の者（以下この条、第百五条第二項第三号及び第百六条第一項において「第三者」という。）に関する情報が含まれているときは、行政機関の長等は、開示決定等をするに当たって、当該情報に係る第三者に対し、政令で定めるところにより、当該第三者に関する情報の内容その他政令で定める事項を通知して、意見書を提出する機会を与えることができる。

2　行政機関の長等は、次の各号のいずれかに該当するときは、開示決定に先立ち、当該第三者に対し、政令で定めるところにより、開示請求に係る当該第三者に関する情報の内容その他政令で定める事項を書面により通知して、意見書を提出する機会を与えなければならない。ただし、当該第三者の所在が判明しない場合は、この限りでない。

　一　第三者に関する情報が含まれている保有個人情報を開示しようとする場合であって、当該第三者に関する情報が第七十八条第二号ロ又は同条第三号ただし書に規定する情報に該当すると認められるとき。

　二　第三者に関する情報が含まれている保有個人情報を第八十条の規定により開示しようとするとき。

3　行政機関の長等は、前二項の規定により意見書の提出の機会を与えられた第三者が当該第三者に関する情報の開示に反対の意思を表示した意見書を提出した場合において、開示決定をするときは、開示決定の日と開示を実施する日との間に少なくとも二週間を置かなければならない。この場合において、行政機関の長等は、開示決定後直ちに、当該意見書（第百五条において「反対意見書」という。）を提出した第三者に対し、開示決定をした旨及びその理由並びに開示を実施する日を書面により通知しなければならない。

（開示の実施）

第八十七条　保有個人情報の開示は、当該保有個人情報が、文書又は図画に記録され

ているときは閲覧又は写しの交付により、電磁的記録に記録されているときはその種別、情報化の進展状況等を勘案して行政機関等が定める方法により行う。ただし、閲覧の方法による保有個人情報の開示にあっては、行政機関の長等は、当該保有個人情報が記録されている文書又は図画の保存に支障を生ずるおそれがあると認めるとき、その他正当な理由があるときは、その写しにより、これを行うことができる。

2　行政機関等は、前項の規定に基づく電磁的記録についての開示の方法に関する定めを一般の閲覧に供しなければならない。

3　開示決定に基づき保有個人情報の開示を受ける者は、政令で定めるところにより、当該開示決定をした行政機関の長等に対し、その求める開示の実施の方法その他の政令で定める事項を申し出なければならない。

4　前項の規定による申出は、第八十二条第一項に規定する通知があった日から三十日以内にしなければならない。ただし、当該期間内に当該申出をすることができないことにつき正当な理由があるときは、この限りでない。

（他の法令による開示の実施との調整）

第八十八条　行政機関の長等は、他の法令の規定により、開示請求者に対し開示請求に係る保有個人情報が前条第一項本文に規定する方法と同一の方法で開示することとされている場合（開示の期間が定められている場合にあっては、当該期間内に限る。）には、同項本文の規定にかかわらず、当該保有個人情報については、当該同一の方法による開示を行わない。ただし、当該他の法令の規定に一定の場合には開示をしない旨の定めがあるときは、この限りでない。

2　他の法令の規定に定める開示の方法が縦覧であるときは、当該縦覧を前条第一項本文の閲覧とみなして、前項の規定を適用する。

（手数料）

第八十九条　行政機関の長に対し開示請求をする者は、政令で定めるところにより、実費の範囲内において政令で定める額の手数料を納めなければならない。

2　前項の手数料の額を定めるに当たっては、できる限り利用しやすい額とするよう配慮しなければならない。

3　独立行政法人等に対し開示請求をする者は、独立行政法人等の定めるところにより、手数料を納めなければならない。

4　前項の手数料の額は、実費の範囲内において、かつ、第一項の手数料の額を参酌して、独立行政法人等が定める。

5　独立行政法人等は、前二項の規定による定めを一般の閲覧に供しなければならない。

第二款　訂正

（訂正請求権）

第九十条　何人も、自己を本人とする保有個人情報（次に掲げるものに限る。第九十八条第一項において同じ。）の内容が事実でないと思料するときは、この法律の定めるところにより、当該保有個人情報を保有する行政機関の長等に対し、当該保有個人情報の訂正（追加又は削除を含む。以下この節において同じ。）を請求することができる。ただし、当該保有個人情報の訂正に関して他の法律又はこれに基づく命令の規定により特別の手続が定められているときは、この限りでない。

一　開示決定に基づき開示を受けた保有個人情報

二　開示決定に係る保有個人情報であって、第八十八条第一項の他の法令の規定により開示を受けたもの

2　代理人は、本人に代わって前項の規定による訂正の請求（以下この節及び第百二十五条において「訂正請求」という。）をすることができる。

3　訂正請求は、保有個人情報の開示を受けた日から九十日以内にしなければならない。

（訂正請求の手続）

第九十一条　訂正請求は、次に掲げる事項を記載した書面（第三項において「訂正請求書」という。）を行政機関の長等に提出してしなければならない。

一　訂正請求をする者の氏名及び住所又は居所

二　訂正請求に係る保有個人情報の開示を受けた日その他当該保有個人情報を特定するに足りる事項

三　訂正請求の趣旨及び理由

2　前項の場合において、訂正請求をする者は、政令で定めるところにより、訂正請求に係る保有個人情報の本人であること（前条第二項の規定による訂正請求にあっては、訂正請求に係る保有個人情報の本人の代理人であること）を示す書類を提示し、又は提出しなければならない。

3　行政機関の長等は、訂正請求書に形式上の不備があると認めるときは、訂正請求をした者（以下この節において「訂正請求者」という。）に対し、相当の期間を定めて、その補正を求めることができる。

（保有個人情報の訂正義務）

第九十二条　行政機関の長等は、訂正請求があった場合において、当該訂正請求に理由があると認めるときは、当該訂正請求に係る保有個人情報の利用目的の達成に必要な範囲内で、当該保有個人情報の訂正をしなければならない。

（訂正請求に対する措置）

第九十三条　行政機関の長等は、訂正請求に係る保有個人情報の訂正をするときは、その旨の決定をし、訂正請求者に対し、その旨を書面により通知しなければならない。

2　行政機関の長等は、訂正請求に係る保有個人情報の訂正をしないときは、その旨の決定をし、訂正請求者に対し、その旨を書面により通知しなければならない。

（訂正決定等の期限）

第九十四条　前条各項の決定（以下この節において「訂正決定等」という。）は、訂正請求があった日から三十日以内にしなければならない。ただし、第九十一条第三項の規定により補正を求めた場合にあっては、当該補正に要した日数は、当該期間に算入しない。

2　前項の規定にかかわらず、行政機関の長等は、事務処理上の困難その他正当な理由があるときは、同項に規定する期間を三十日以内に限り延長することができる。この場合において、行政機関の長等は、訂正請求者に対し、遅滞なく、延長後の期間及び延長の理由を書面により通知しなければならない。

（訂正決定等の期限の特例）

第九十五条　行政機関の長等は、訂正決定等に特に長期間を要すると認めるときは、前条の規定にかかわらず、相当の期間内に訂正決定等をすれば足りる。この場合において、行政機関の長等は、同条第一項に規定する期間内に、訂正請求者に対し、次に掲げる事項を書面により通知しなければならない。

一　この条の規定を適用する旨及びその理由

二　訂正決定等をする期限

（事案の移送）

第九十六条　行政機関の長等は、訂正請求に係る保有個人情報が第八十五条第三項の規定に基づく開示に係るものであるとき、その他他の行政機関の長等において訂正決定等をすることにつき正当な理由があるときは、当該他の行政機関の長等と協議の上、当該他の行政機関の長等に対し、事案を移送することができる。この場合においては、移送をした行政機関の長等は、訂正請求者に対し、事案を移送した旨を書面により通知しなければならない。

2　前項の規定により事案が移送されたときは、移送を受けた行政機関の長等において、当該訂正請求についての訂正決定等をしなければならない。この場合において、移送をした行政機関の長等が移送前にした行為は、移送を受けた行政機関の長等がしたものとみなす。

3　前項の場合において、移送を受けた行政機関の長等が第九十三条第一項の決定（以下この項及び次条において「訂正決定」という。）をしたときは、移送をした行政機関の長等は、当該訂正決定に基づき訂正の実施をしなければならない。

（保有個人情報の提供先への通知）

第九十七条　行政機関の長等は、訂正決定に基づく保有個人情報の訂正の実施をした場合において、必要があると認めるときは、当該保有個人情報の提供先に対し、遅滞なく、その旨を書面により通知するものとする。

　　　第三款　利用停止

（利用停止請求権）

第九十八条　何人も、自己を本人とする保有個人情報が次の各号のいずれかに該当すると思料するときは、この法律の定めるところにより、当該保有個人情報を保有する行政機関の長等に対し、当該各号に定める措置を請求することができる。ただし、当該保有個人情報の利用の停止、消去又は提供の停止（以下この節において「利用停止」という。）に関して他の法律又はこれに基づく命令の規定により特別の手続が定められているときは、この限りでない。

　一　第六十一条第二項の規定に違反して保有されているとき、第六十三条の規定に違反して取り扱われているとき、第六十四条の規定に違反して取得されたものであるとき、又は第六十九条第一項及び第二項の規定に違反して利用されているとき　当該保有個人情報の利用の停止又は消去

　二　第六十九条第一項及び第二項又は第七十一条第一項の規定に違反して提供されているとき　当該保有個人情報の提供の停止

2　代理人は、本人に代わって前項の規定による利用停止の請求（以下この節及び第百二十五条において「利用停止請求」という。）をすることができる。

3　利用停止請求は、保有個人情報の開示を受けた日から九十日以内にしなければならない。

（利用停止請求の手続）

第九十九条　利用停止請求は、次に掲げる事項を記載した書面（第三項において「利用停止請求書」という。）を行政機関の長等に提出してしなければならない。

　一　利用停止請求をする者の氏名及び住所又は居所

　二　利用停止請求に係る保有個人情報の開示を受けた日その他当該保有個人情報を特定するに足りる事項

　三　利用停止請求の趣旨及び理由

2　前項の場合において、利用停止請求をする者は、政令で定めるところにより、利

用停止請求に係る保有個人情報の本人であること（前条第二項の規定による利用停止請求にあっては、利用停止請求に係る保有個人情報の本人の代理人であること）を示す書類を提示し、又は提出しなければならない。

3　行政機関の長等は、利用停止請求書に形式上の不備があると認めるときは、利用停止請求をした者（以下この節において「利用停止請求者」という。）に対し、相当の期間を定めて、その補正を求めることができる。

（保有個人情報の利用停止義務）

第百条　行政機関の長等は、利用停止請求があった場合において、当該利用停止請求に理由があると認めるときは、当該行政機関の長等の属する行政機関等における個人情報の適正な取扱いを確保するために必要な限度で、当該利用停止請求に係る保有個人情報の利用停止をしなければならない。ただし、当該保有個人情報の利用停止をすることにより、当該保有個人情報の利用目的に係る事務又は事業の性質上、当該事務又は事業の適正な遂行に著しい支障を及ぼすおそれがあると認められるときは、この限りでない。

（利用停止請求に対する措置）

第百一条　行政機関の長等は、利用停止請求に係る保有個人情報の利用停止をするときは、その旨の決定をし、利用停止請求者に対し、その旨を書面により通知しなければならない。

2　行政機関の長等は、利用停止請求に係る保有個人情報の利用停止をしないときは、その旨の決定をし、利用停止請求者に対し、その旨を書面により通知しなければならない。

（利用停止決定等の期限）

第百二条　前条各項の決定（以下この節において「利用停止決定等」という。）は、利用停止請求があった日から三十日以内にしなければならない。ただし、第九十九条第三項の規定により補正を求めた場合にあっては、当該補正に要した日数は、当該期間に算入しない。

2　前項の規定にかかわらず、行政機関の長等は、事務処理上の困難その他正当な理由があるときは、同項に規定する期間を三十日以内に限り延長することができる。この場合において、行政機関の長等は、利用停止請求者に対し、遅滞なく、延長後の期間及び延長の理由を書面により通知しなければならない。

（利用停止決定等の期限の特例）

第百三条　行政機関の長等は、利用停止決定等に特に長期間を要すると認めるときは、前条の規定にかかわらず、相当の期間内に利用停止決定等をすれば足りる。この場

合において、行政機関の長等は、同条第一項に規定する期間内に、利用停止請求者に対し、次に掲げる事項を書面により通知しなければならない。

一　この条の規定を適用する旨及びその理由

二　利用停止決定等をする期限

　　　第四款　審査請求

（審理員による審理手続に関する規定の適用除外等）

第百四条　行政機関の長等に対する開示決定等、訂正決定等、利用停止決定等又は開示請求、訂正請求若しくは利用停止請求に係る不作為に係る審査請求については、行政不服審査法（平成二十六年法律第六十八号）第九条、第十七条、第二十四条、第二章第三節及び第四節並びに第五十条第二項の規定は、適用しない。

2　行政機関の長等に対する開示決定等、訂正決定等、利用停止決定等又は開示請求、訂正請求若しくは利用停止請求に係る不作為に係る審査請求についての行政不服審査法第二章の規定の適用については、同法第十一条第二項中「第九条第一項の規定により指名された者（以下「審理員」という。）」とあるのは「第四条（個人情報の保護に関する法律（平成十五年法律第五十七号）第百六条第二項の規定に基づく政令を含む。）の規定により審査請求がされた行政庁（第十四条の規定により引継ぎを受けた行政庁を含む。以下「審査庁」という。）」と、同法第十三条第一項及び第二項中「審理員」とあるのは「審査庁」と、同法第二十五条第七項中「あったとき、又は審理員から第四十条に規定する執行停止をすべき旨の意見書が提出されたとき」とあるのは「あったとき」と、同法第四十四条中「行政不服審査会等」とあるのは「情報公開・個人情報保護審査会（審査庁が会計検査院長である場合にあっては、別に法律で定める審査会。第五十条第一項第四号において同じ。）」と、「受けたとき（前条第一項の規定による諮問を要しない場合（同項第二号又は第三号に該当する場合を除く。）にあっては審理員意見書が提出されたとき、同項第二号又は第三号に該当する場合にあっては同項第二号又は第三号に規定する議を経たとき）」とあるのは「受けたとき」と、同法第五十条第一項第四号中「審理員意見書又は行政不服審査会等若しくは審議会等」とあるのは「情報公開・個人情報保護審査会」とする。

（審査会への諮問）

第百五条　開示決定等、訂正決定等、利用停止決定等又は開示請求、訂正請求若しくは利用停止請求に係る不作為について審査請求があったときは、当該審査請求に対する裁決をすべき行政機関の長等は、次の各号のいずれかに該当する場合を除き、情報公開・個人情報保護審査会（審査請求に対する裁決をすべき行政機関の長等が

会計検査院長である場合にあっては、別に法律で定める審査会）に諮問しなければならない。

　一　審査請求が不適法であり、却下する場合

　二　裁決で、審査請求の全部を認容し、当該審査請求に係る保有個人情報の全部を開示することとする場合（当該保有個人情報の開示について反対意見書が提出されている場合を除く。）

　三　裁決で、審査請求の全部を認容し、当該審査請求に係る保有個人情報の訂正をすることとする場合

　四　裁決で、審査請求の全部を認容し、当該審査請求に係る保有個人情報の利用停止をすることとする場合

２　前項の規定により諮問をした行政機関の長等は、次に掲げる者に対し、諮問をした旨を通知しなければならない。

　一　審査請求人及び参加人（行政不服審査法第十三条第四項に規定する参加人をいう。以下この項及び次条第一項第二号において同じ。）

　二　開示請求者、訂正請求者又は利用停止請求者（これらの者が審査請求人又は参加人である場合を除く。）

　三　当該審査請求に係る保有個人情報の開示について反対意見書を提出した第三者（当該第三者が審査請求人又は参加人である場合を除く。）

（第三者からの審査請求を棄却する場合等における手続等）

第百六条　第八十六条第三項の規定は、次の各号のいずれかに該当する裁決をする場合について準用する。

　一　開示決定に対する第三者からの審査請求を却下し、又は棄却する裁決

　二　審査請求に係る開示決定等（開示請求に係る保有個人情報の全部を開示する旨の決定を除く。）を変更し、当該審査請求に係る保有個人情報を開示する旨の裁決（第三者である参加人が当該第三者に関する情報の開示に反対の意思を表示している場合に限る。）

２　開示決定等、訂正決定等、利用停止決定等又は開示請求、訂正請求若しくは利用停止請求に係る不作為についての審査請求については、政令で定めるところにより、行政不服審査法第四条の規定の特例を設けることができる。

第五節　行政機関等匿名加工情報の提供等

（行政機関等匿名加工情報の作成及び提供等）

第百七条　行政機関の長等は、この節の規定に従い、行政機関等匿名加工情報（行政機関等匿名加工情報ファイルを構成するものに限る。以下この節において同じ。）

を作成することができる。

2　行政機関の長等は、次の各号のいずれかに該当する場合を除き、行政機関等匿名加工情報を提供してはならない。

　一　法令に基づく場合（この節の規定に従う場合を含む。）

　二　保有個人情報を利用目的のために第三者に提供することができる場合において、当該保有個人情報を加工して作成した行政機関等匿名加工情報を当該第三者に提供するとき。

3　第六十九条の規定にかかわらず、行政機関の長等は、法令に基づく場合を除き、利用目的以外の目的のために削除情報（保有個人情報に該当するものに限る。）を自ら利用し、又は提供してはならない。

4　前項の「削除情報」とは、行政機関等匿名加工情報の作成に用いた保有個人情報から削除した記述等及び個人識別符号をいう。

　（提案の募集に関する事項の個人情報ファイル簿への記載）

第百八条　行政機関の長等は、当該行政機関の長等の属する行政機関等が保有している個人情報ファイルが第六十条第三項各号のいずれにも該当すると認めるときは、当該個人情報ファイルについては、個人情報ファイル簿に次に掲げる事項を記載しなければならない。この場合における当該個人情報ファイルについての第七十五条第一項の規定の適用については、同項中「第十号」とあるのは、「第十号並びに第百八条各号」とする。

　一　第百十条第一項の提案の募集をする個人情報ファイルである旨

　二　第百十条第一項の提案を受ける組織の名称及び所在地

　（提案の募集）

第百九条　行政機関の長等は、個人情報保護委員会規則で定めるところにより、定期的に、当該行政機関の長等の属する行政機関等が保有している個人情報ファイル（個人情報ファイル簿に前条第一号に掲げる事項の記載があるものに限る。以下この節において同じ。）について、次条第一項の提案を募集するものとする。

　（行政機関等匿名加工情報をその用に供して行う事業に関する提案）

第百十条　前条の規定による募集に応じて個人情報ファイルを構成する保有個人情報を加工して作成する行政機関等匿名加工情報をその事業の用に供しようとする者は、行政機関の長等に対し、当該事業に関する提案をすることができる。

2　前項の提案は、個人情報保護委員会規則で定めるところにより、次に掲げる事項を記載した書面を行政機関の長等に提出してしなければならない。

　一　提案をする者の氏名又は名称及び住所又は居所並びに法人その他の団体にあっ

ては、その代表者の氏名

二　提案に係る個人情報ファイルの名称

三　提案に係る行政機関等匿名加工情報の本人の数

四　前号に掲げるもののほか、提案に係る行政機関等匿名加工情報の作成に用いる第百十四条第一項の規定による加工の方法を特定するに足りる事項

五　提案に係る行政機関等匿名加工情報の利用の目的及び方法その他当該行政機関等匿名加工情報がその用に供される事業の内容

六　提案に係る行政機関等匿名加工情報を前号の事業の用に供しようとする期間

七　提案に係る行政機関等匿名加工情報の漏えいの防止その他当該行政機関等匿名加工情報の適切な管理のために講ずる措置

八　前各号に掲げるもののほか、個人情報保護委員会規則で定める事項

3　前項の書面には、次に掲げる書面その他個人情報保護委員会規則で定める書類を添付しなければならない。

一　第一項の提案をする者が次条各号のいずれにも該当しないことを誓約する書面

二　前項第五号の事業が新たな産業の創出又は活力ある経済社会若しくは豊かな国民生活の実現に資するものであることを明らかにする書面

（欠格事由）

第百十一条　次の各号のいずれかに該当する者は、前条第一項の提案をすることができない。

一　未成年者

二　心身の故障により前条第一項の提案に係る行政機関等匿名加工情報をその用に供して行う事業を適正に行うことができない者として個人情報保護委員会規則で定めるもの

三　破産手続開始の決定を受けて復権を得ない者

四　禁錮以上の刑に処せられ、又はこの法律の規定により刑に処せられ、その執行を終わり、又は執行を受けることがなくなった日から起算して二年を経過しない者

五　第百十八条の規定により行政機関等匿名加工情報の利用に関する契約を解除され、その解除の日から起算して二年を経過しない者

六　法人その他の団体であって、その役員のうちに前各号のいずれかに該当する者があるもの

（提案の審査等）

第百十二条　行政機関の長等は、第百十条第一項の提案があったときは、当該提案が

次に掲げる基準に適合するかどうかを審査しなければならない。

一　第百十条第一項の提案をした者が前条各号のいずれにも該当しないこと。

二　第百十条第二項第三号の提案に係る行政機関等匿名加工情報の本人の数が、行政機関等匿名加工情報の効果的な活用の観点からみて個人情報保護委員会規則で定める数以上であり、かつ、提案に係る個人情報ファイルを構成する保有個人情報の本人の数以下であること。

三　第百十条第二項第三号及び第四号に掲げる事項により特定される加工の方法が第百十四条第一項の基準に適合するものであること。

四　第百十条第二項第五号の事業が新たな産業の創出又は活力ある経済社会若しくは豊かな国民生活の実現に資するものであること。

五　第百十条第二項第六号の期間が行政機関等匿名加工情報の効果的な活用の観点からみて個人情報保護委員会規則で定める期間を超えないものであること。

六　第百十条第二項第五号の提案に係る行政機関等匿名加工情報の利用の目的及び方法並びに同項第七号の措置が当該行政機関等匿名加工情報の本人の権利利益を保護するために適切なものであること。

七　前各号に掲げるもののほか、個人情報保護委員会規則で定める基準に適合するものであること。

2　行政機関の長等は、前項の規定により審査した結果、第百十条第一項の提案が前項各号に掲げる基準のいずれにも適合すると認めるときは、個人情報保護委員会規則で定めるところにより、当該提案をした者に対し、次に掲げる事項を通知するものとする。

一　次条の規定により行政機関の長等との間で行政機関等匿名加工情報の利用に関する契約を締結することができる旨

二　前号に掲げるもののほか、個人情報保護委員会規則で定める事項

3　行政機関の長等は、第一項の規定により審査した結果、第百十条第一項の提案が第一項各号に掲げる基準のいずれかに適合しないと認めるときは、個人情報保護委員会規則で定めるところにより、当該提案をした者に対し、理由を付して、その旨を通知するものとする。

（行政機関等匿名加工情報の利用に関する契約の締結）

第百十三条　前条第二項の規定による通知を受けた者は、個人情報保護委員会規則で定めるところにより、行政機関の長等との間で、行政機関等匿名加工情報の利用に関する契約を締結することができる。

（行政機関等匿名加工情報の作成等）

第百十四条　行政機関の長等は、行政機関等匿名加工情報を作成するときは、特定の個人を識別することができないように及びその作成に用いる保有個人情報を復元することができないようにするために必要なものとして個人情報保護委員会規則で定める基準に従い、当該保有個人情報を加工しなければならない。

2　前項の規定は、行政機関等から行政機関等匿名加工情報の作成の委託（二以上の段階にわたる委託を含む。）を受けた者が受託した業務を行う場合について準用する。

（行政機関等匿名加工情報に関する事項の個人情報ファイル簿への記載）

第百十五条　行政機関の長等は、行政機関等匿名加工情報を作成したときは、当該行政機関等匿名加工情報の作成に用いた保有個人情報を含む個人情報ファイルについては、個人情報ファイル簿に次に掲げる事項を記載しなければならない。この場合における当該個人情報ファイルについての第百八条の規定により読み替えて適用する第七十五条第一項の規定の適用については、同項中「並びに第百八条各号」とあるのは、「、第百八条各号並びに第百十五条各号」とする。

一　行政機関等匿名加工情報の概要として個人情報保護委員会規則で定める事項

二　次条第一項の提案を受ける組織の名称及び所在地

三　次条第一項の提案をすることができる期間

（作成された行政機関等匿名加工情報をその用に供して行う事業に関する提案等）

第百十六条　前条の規定により個人情報ファイル簿に同条第一号に掲げる事項が記載された行政機関等匿名加工情報をその事業の用に供しようとする者は、行政機関の長等に対し、当該事業に関する提案をすることができる。当該行政機関等匿名加工情報について第百十三条の規定により行政機関等匿名加工情報の利用に関する契約を締結した者が、当該行政機関等匿名加工情報をその用に供する事業を変更しようとするときも、同様とする。

2　第百十条第二項及び第三項並びに第百十一条から第百十三条までの規定は、前項の提案について準用する。この場合において、第百十条第二項中「次に」とあるのは「第一号及び第四号から第八号までに」と、同項第四号中「前号に掲げるもののほか、提案」とあるのは「提案」と、「の作成に用いる第百十四条第一項の規定による加工の方法を特定する」とあるのは「を特定する」と、同項第八号中「前各号」とあるのは「第一号及び第四号から前号まで」と、第百十二条第一項中「次に」とあるのは「第一号及び第四号から第七号までに」と、同項第七号中「前各号」とあるのは「第一号及び前三号」と、同条第二項中「前項各号」とあるのは「前項第一号及び第四号から第七号まで」と、同条第三項中「第一項各号」とあるのは「第一項第一号及び第四号から第七号まで」と読み替えるものとする。

（手数料）

第百十七条　第百十三条の規定により行政機関等匿名加工情報の利用に関する契約を行政機関の長と締結する者は、政令で定めるところにより、実費を勘案して政令で定める額の手数料を納めなければならない。

2　前条第二項において準用する第百十三条の規定により行政機関等匿名加工情報の利用に関する契約を行政機関の長と締結する者は、政令で定めるところにより、前項の政令で定める額を参酌して政令で定める額の手数料を納めなければならない。

3　第百十三条の規定（前条第二項において準用する場合を含む。次条において同じ。）により行政機関等匿名加工情報の利用に関する契約を独立行政法人等と締結する者は、独立行政法人等の定めるところにより、利用料を納めなければならない。

4　前項の利用料の額は、実費を勘案して合理的であると認められる範囲内において、独立行政法人等が定める。

5　独立行政法人等は、前二項の規定による定めを一般の閲覧に供しなければならない。

（行政機関等匿名加工情報の利用に関する契約の解除）

第百十八条　行政機関の長等は、第百十三条の規定により行政機関等匿名加工情報の利用に関する契約を締結した者が次の各号のいずれかに該当するときは、当該契約を解除することができる。

一　偽りその他不正の手段により当該契約を締結したとき。

二　第百十一条各号（第百十六条第二項において準用する場合を含む。）のいずれかに該当することとなったとき。

三　当該契約において定められた事項について重大な違反があったとき。

（識別行為の禁止等）

第百十九条　行政機関の長等は、行政機関等匿名加工情報を取り扱うに当たっては、法令に基づく場合を除き、当該行政機関等匿名加工情報の作成に用いられた個人情報に係る本人を識別するために、当該行政機関等匿名加工情報を他の情報と照合してはならない。

2　行政機関の長等は、行政機関等匿名加工情報、第百七条第四項に規定する削除情報及び第百十四条第一項の規定により行った加工の方法に関する情報（以下この条及び次条において「行政機関等匿名加工情報等」という。）の漏えいを防止するために必要なものとして個人情報保護委員会規則で定める基準に従い、行政機関等匿名加工情報等の適切な管理のために必要な措置を講じなければならない。

3　前二項の規定は、行政機関等から行政機関等匿名加工情報等の取扱いの委託（二

以上の段階にわたる委託を含む。）を受けた者が受託した業務を行う場合について準用する。

（従事者の義務）

第百二十条　行政機関等匿名加工情報等の取扱いに従事する行政機関等の職員若しくは職員であった者、前条第三項の委託を受けた業務に従事している者若しくは従事していた者又は行政機関等において行政機関等匿名加工情報等の取扱いに従事している派遣労働者若しくは従事していた派遣労働者は、その業務に関して知り得た行政機関等匿名加工情報等の内容をみだりに他人に知らせ、又は不当な目的に利用してはならない。

（匿名加工情報の取扱いに係る義務）

第百二十一条　行政機関等は、匿名加工情報（行政機関等匿名加工情報を除く。以下この条において同じ。）を第三者に提供するときは、法令に基づく場合を除き、個人情報保護委員会規則で定めるところにより、あらかじめ、第三者に提供される匿名加工情報に含まれる個人に関する情報の項目及びその提供の方法について公表するとともに、当該第三者に対して、当該提供に係る情報が匿名加工情報である旨を明示しなければならない。

２　行政機関等は、匿名加工情報を取り扱うに当たっては、法令に基づく場合を除き、当該匿名加工情報の作成に用いられた個人情報に係る本人を識別するために、当該個人情報から削除された記述等若しくは個人識別符号若しくは第四十三条第一項の規定により行われた加工の方法に関する情報を取得し、又は当該匿名加工情報を他の情報と照合してはならない。

３　行政機関等は、匿名加工情報の漏えいを防止するために必要なものとして個人情報保護委員会規則で定める基準に従い、匿名加工情報の適切な管理のために必要な措置を講じなければならない。

４　前二項の規定は、行政機関等から匿名加工情報の取扱いの委託（二以上の段階にわたる委託を含む。）を受けた者が受託した業務を行う場合について準用する。

　　第六節　雑則

（適用除外等）

第百二十二条　第四節の規定は、刑事事件若しくは少年の保護事件に係る裁判、検察官、検察事務官若しくは司法警察職員が行う処分、刑若しくは保護処分の執行、更生緊急保護又は恩赦に係る保有個人情報（当該裁判、処分若しくは執行を受けた者、更生緊急保護の申出をした者又は恩赦の上申があった者に係るものに限る。）については、適用しない。

2　保有個人情報（行政機関情報公開法第五条又は独立行政法人等情報公開法第五条に規定する不開示情報を専ら記録する行政文書等に記録されているものに限る。）のうち、まだ分類その他の整理が行われていないもので、同一の利用目的に係るものが著しく大量にあるためその中から特定の保有個人情報を検索することが著しく困難であるものは、第四節（第四款を除く。）の規定の適用については、行政機関等に保有されていないものとみなす。

（適用の特例）

第百二十三条　独立行政法人労働者健康安全機構が行う病院の運営の業務における個人情報、仮名加工情報又は個人関連情報の取扱いについては、この章（第一節、第六十六条第二項（第三号及び第四号（同項第三号に係る部分に限る。）に係る部分に限る。）において準用する同条第一項、第七十五条、前二節、前条第二項及び第百二十五条を除く。）の規定、第百七十一条及び第百七十五条の規定（これらの規定のうち第六十六条第二項第三号及び第四号（同項第三号に係る部分に限る。）に定める業務に係る部分を除く。）並びに第百七十六条の規定は、適用しない。

2　別表第二に掲げる法人による個人情報又は匿名加工情報の取扱いについては、独立行政法人等による個人情報又は匿名加工情報の取扱いとみなして、第一節、第七十五条、前二節、前条第二項、第百二十五条及び次章から第八章まで（第百七十一条、第百七十五条及び第百七十六条を除く。）の規定を適用する。

3　別表第二に掲げる法人及び独立行政法人労働者健康安全機構（病院の運営の業務を行う場合に限る。）についての第九十八条の規定の適用については、同条第一項第一号中「第六十一条第二項の規定に違反して保有されているとき、第六十三条の規定に違反して取り扱われているとき、第六十四条の規定に違反して取得されたものであるとき、又は第六十九条第一項及び第二項の規定に違反して利用されているとき」とあるのは「第十八条若しくは第十九条の規定に違反して取り扱われているとき、又は第二十条の規定に違反して取得されたものであるとき」と、同項第二号中「第六十九条第一項及び第二項又は第七十一条第一項」とあるのは「第二十七条第一項又は第二十八条」とする。

（権限又は事務の委任）

第百二十四条　行政機関の長は、政令（内閣の所轄の下に置かれる機関及び会計検査院にあっては、当該機関の命令）で定めるところにより、第二節から前節まで（第七十四条及び第四節第四款を除く。）に定める権限又は事務を当該行政機関の職員に委任することができる。

（開示請求等をしようとする者に対する情報の提供等）

第百二十五条　行政機関の長等は、開示請求、訂正請求若しくは利用停止請求又は第
　百十条第一項若しくは第百十六条第一項の提案（以下この条において「開示請求
　等」という。）をしようとする者がそれぞれ容易かつ的確に開示請求等をすること
　ができるよう、当該行政機関の長等の属する行政機関等が保有する保有個人情報の
　特定又は当該提案に資する情報の提供その他開示請求等をしようとする者の利便を
　考慮した適切な措置を講ずるものとする。

（行政機関等における個人情報等の取扱いに関する苦情処理）

第百二十六条　行政機関の長等は、行政機関等における個人情報、仮名加工情報又は
　匿名加工情報の取扱いに関する苦情の適切かつ迅速な処理に努めなければならない。

第六章　個人情報保護委員会

　第一節　設置等（略）

　第二節　監督及び監視

　　第一款　個人情報取扱事業者等の監督

（報告及び立入検査）

第百四十三条　委員会は、第四章（第五節を除く。次条及び第百四十八条において同
　じ。）の規定の施行に必要な限度において、個人情報取扱事業者、仮名加工情報取
　扱事業者、匿名加工情報取扱事業者又は個人関連情報取扱事業者（以下この款にお
　いて「個人情報取扱事業者等」という。）その他の関係者に対し、個人情報、仮名
　加工情報、匿名加工情報又は個人関連情報（以下この款及び第三款において「個人
　情報等」という。）の取扱いに関し、必要な報告若しくは資料の提出を求め、又は
　その職員に、当該個人情報取扱事業者等その他の関係者の事務所その他必要な場所
　に立ち入らせ、個人情報等の取扱いに関し質問させ、若しくは帳簿書類その他の物
　件を検査させることができる。

２　前項の規定により立入検査をする職員は、その身分を示す証明書を携帯し、関係
　人の請求があったときは、これを提示しなければならない。

３　第一項の規定による立入検査の権限は、犯罪捜査のために認められたものと解釈
　してはならない。

（指導及び助言）

第百四十四条　委員会は、第四章の規定の施行に必要な限度において、個人情報取扱
　事業者等に対し、個人情報等の取扱いに関し必要な指導及び助言をすることができ
　る。

（勧告及び命令）

第百四十五条　委員会は、個人情報取扱事業者が第十八条から第二十条まで、第二十一条（第一項、第三項及び第四項の規定を第四十一条第四項の規定により読み替えて適用する場合を含む。）、第二十三条から第二十六条まで、第二十七条（第四項を除き、第五項及び第六項の規定を第四十一条第六項の規定により読み替えて適用する場合を含む。）、第二十八条、第二十九条（第一項ただし書の規定を第四十一条第六項の規定により読み替えて適用する場合を含む。）、第三十条（第二項を除き、第一項ただし書の規定を第四十一条第六項の規定により読み替えて適用する場合を含む。）、第三十二条、第三十三条（第一項（第五項において準用する場合を含む。）を除く。）、第三十四条第二項若しくは第三項、第三十五条（第一項、第三項及び第五項を除く。）、第三十八条第二項、第四十一条（第四項及び第五項を除く。）若しくは第四十三条（第六項を除く。）の規定に違反した場合、個人関連情報取扱事業者が第三十一条第一項、同条第二項において読み替えて準用する第二十八条第三項若しくは第三十一条第三項において読み替えて準用する第三十条第三項若しくは第四項の規定に違反した場合、仮名加工情報取扱事業者が第四十二条第一項、同条第二項において読み替えて準用する第二十七条第五項若しくは第六項若しくは第四十二条第三項において読み替えて準用する第二十三条から第二十五条まで若しくは第四十一条第七項若しくは第八項の規定に違反した場合又は匿名加工情報取扱事業者が第四十四条若しくは第四十五条の規定に違反した場合において個人の権利利益を保護するため必要があると認めるときは、当該個人情報取扱事業者等に対し、当該違反行為の中止その他違反を是正するために必要な措置をとるべき旨を勧告することができる。

2　委員会は、前項の規定による勧告を受けた個人情報取扱事業者等が正当な理由がなくてその勧告に係る措置をとらなかった場合において個人の重大な権利利益の侵害が切迫していると認めるときは、当該個人情報取扱事業者等に対し、その勧告に係る措置をとるべきことを命ずることができる。

3　委員会は、前二項の規定にかかわらず、個人情報取扱事業者が第十八条から第二十条まで、第二十三条から第二十六条まで、第二十七条第一項、第二十八条第一項若しくは第三項、第四十一条第一項から第三項まで若しくは第六項から第八項まで若しくは第四十三条第一項、第二項若しくは第五項の規定に違反した場合、個人関連情報取扱事業者が第三十一条第一項若しくは同条第二項において読み替えて準用する第二十八条第三項の規定に違反した場合、仮名加工情報取扱事業者が第四十二条第一項若しくは同条第三項において読み替えて準用する第二十三条から第二十五条まで若しくは第四十一条第七項若しくは第八項の規定に違反した場合又は匿名加

工情報取扱事業者が第四十五条の規定に違反した場合において個人の重大な権利利益を害する事実があるため緊急に措置をとる必要があると認めるときは、当該個人情報取扱事業者等に対し、当該違反行為の中止その他違反を是正するために必要な措置をとるべきことを命ずることができる。

4　委員会は、前二項の規定による命令をした場合において、その命令を受けた個人情報取扱事業者等がその命令に違反したときは、その旨を公表することができる。

（委員会の権限の行使の制限）

第百四十六条　委員会は、前三条の規定により個人情報取扱事業者等に対し報告若しくは資料の提出の要求、立入検査、指導、助言、勧告又は命令を行うに当たっては、表現の自由、学問の自由、信教の自由及び政治活動の自由を妨げてはならない。

2　前項の規定の趣旨に照らし、委員会は、個人情報取扱事業者等が第五十七条第一項各号に掲げる者（それぞれ当該各号に定める目的で個人情報等を取り扱う場合に限る。）に対して個人情報等を提供する行為については、その権限を行使しないものとする。

（権限の委任）

第百四十七条　委員会は、緊急かつ重点的に個人情報等の適正な取扱いの確保を図る必要があることその他の政令で定める事情があるため、個人情報取扱事業者等に対し、第百四十五条第一項の規定による勧告又は同条第二項若しくは第三項の規定による命令を効果的に行う上で必要があると認めるときは、政令で定めるところにより、第二十六条第一項、第百四十三条第一項、第百五十九条において読み替えて準用する民事訴訟法（平成八年法律第百九号）第九十九条、第百一条、第百三条、第百五条、第百六条、第百八条及び第百九条、第百六十条並びに第百六十一条の規定による権限を事業所管大臣に委任することができる。

2　事業所管大臣は、前項の規定により委任された権限を行使したときは、政令で定めるところにより、その結果について委員会に報告するものとする。

3　事業所管大臣は、政令で定めるところにより、第一項の規定により委任された権限及び前項の規定による権限について、その全部又は一部を内閣府設置法第四十三条の地方支分部局その他の政令で定める部局又は機関の長に委任することができる。

4　内閣総理大臣は、第一項の規定により委任された権限及び第二項の規定による権限（金融庁の所掌に係るものに限り、政令で定めるものを除く。）を金融庁長官に委任する。

5　金融庁長官は、政令で定めるところにより、前項の規定により委任された権限について、その一部を証券取引等監視委員会に委任することができる。

6　金融庁長官は、政令で定めるところにより、第四項の規定により委任された権限（前項の規定により証券取引等監視委員会に委任されたものを除く。）の一部を財務局長又は財務支局長に委任することができる。

7　証券取引等監視委員会は、政令で定めるところにより、第五項の規定により委任された権限の一部を財務局長又は財務支局長に委任することができる。

8　前項の規定により財務局長又は財務支局長に委任された権限に係る事務に関しては、証券取引等監視委員会が財務局長又は財務支局長を指揮監督する。

9　第五項の場合において、証券取引等監視委員会が行う報告又は資料の提出の要求（第七項の規定により財務局長又は財務支局長が行う場合を含む。）についての審査請求は、証券取引等監視委員会に対してのみ行うことができる。

（事業所管大臣の請求）

第百四十八条　事業所管大臣は、個人情報取扱事業者等に第四章の規定に違反する行為があると認めるときその他個人情報取扱事業者等による個人情報等の適正な取扱いを確保するために必要があると認めるときは、委員会に対し、この法律の規定に従い適当な措置をとるべきことを求めることができる。

（事業所管大臣）

第百四十九条　この款の規定における事業所管大臣は、次のとおりとする。

一　個人情報取扱事業者等が行う個人情報等の取扱いのうち雇用管理に関するものについては、厚生労働大臣（船員の雇用管理に関するものについては、国土交通大臣）及び当該個人情報取扱事業者等が行う事業を所管する大臣、国家公安委員会又はカジノ管理委員会（次号において「大臣等」という。）

二　個人情報取扱事業者等が行う個人情報等の取扱いのうち前号に掲げるもの以外のものについては、当該個人情報取扱事業者等が行う事業を所管する大臣等

第二款　認定個人情報保護団体の監督

（報告の徴収）

第百五十条　委員会は、第四章第五節の規定の施行に必要な限度において、認定個人情報保護団体に対し、認定業務に関し報告をさせることができる。

（命令）

第百五十一条　委員会は、第四章第五節の規定の施行に必要な限度において、認定個人情報保護団体に対し、認定業務の実施の方法の改善、個人情報保護指針の変更その他の必要な措置をとるべき旨を命ずることができる。

（認定の取消し）

第百五十二条　委員会は、認定個人情報保護団体が次の各号のいずれかに該当すると

きは、その認定を取り消すことができる。

一　第四十八条第一号又は第三号に該当するに至ったとき。

二　第四十九条各号のいずれかに適合しなくなったとき。

三　第五十五条の規定に違反したとき。

四　前条の命令に従わないとき。

五　不正の手段により第四十七条第一項の認定又は第五十条第一項の変更の認定を受けたとき。

2　委員会は、前項の規定により認定を取り消したときは、その旨を公示しなければならない。

第三款　行政機関等の監視

（資料の提出の要求及び実地調査）

第百五十三条　委員会は、前章の規定の円滑な運用を確保するため必要があると認めるときは、行政機関の長等（会計検査院長を除く。以下この款において同じ。）に対し、行政機関等における個人情報等の取扱いに関する事務の実施状況について、資料の提出及び説明を求め、又はその職員に実地調査をさせることができる。

（指導及び助言）

第百五十四条　委員会は、前章の規定の円滑な運用を確保するため必要があると認めるときは、行政機関の長等に対し、行政機関等における個人情報等の取扱いについて、必要な指導及び助言をすることができる。

（勧告）

第百五十五条　委員会は、前章の規定の円滑な運用を確保するため必要があると認めるときは、行政機関の長等に対し、行政機関等における個人情報等の取扱いについて勧告をすることができる。

（勧告に基づいてとった措置についての報告の要求）

第百五十六条　委員会は、前条の規定により行政機関の長等に対し勧告をしたときは、当該行政機関の長等に対し、その勧告に基づいてとった措置について報告を求めることができる。

（委員会の権限の行使の制限）

第百五十七条　第百四十六条第一項の規定の趣旨に照らし、委員会は、行政機関の長等が第五十七条第一項各号に掲げる者（それぞれ当該各号に定める目的で個人情報等を取り扱う場合に限る。）に対して個人情報等を提供する行為については、その権限を行使しないものとする。

第三節　送達

（送達すべき書類）

第百五十八条　第百四十三条第一項の規定による報告若しくは資料の提出の要求、第
百四十五条第一項の規定による勧告若しくは同条第二項若しくは第三項の規定によ
る命令、第百五十条の規定による報告の徴収、第百五十一条の規定による命令又は
第百五十二条第一項の規定による取消しは、個人情報保護委員会規則で定める書類
を送達して行う。

2　第百四十五条第二項若しくは第三項若しくは第百五十一条の規定による命令又は
第百五十二条第一項の規定による取消しに係る行政手続法（平成五年法律第八十八
号）第十五条第一項又は第三十条の通知は、同法第十五条第一項及び第二項又は第
三十条の書類を送達して行う。この場合において、同法第十五条第三項（同法第三
十一条において読み替えて準用する場合を含む。）の規定は、適用しない。

（送達に関する民事訴訟法の準用）

第百五十九条　前条の規定による送達については、民事訴訟法第九十九条、第百一条、
第百三条、第百五条、第百六条、第百八条及び第百九条の規定を準用する。この場
合において、同法第九十九条第一項中「執行官」とあるのは「個人情報保護委員会
の職員」と、同法第百八条中「裁判長」とあり、及び同法第百九条中「裁判所」と
あるのは「個人情報保護委員会」と読み替えるものとする。

（公示送達）

第百六十条　委員会は、次に掲げる場合には、公示送達をすることができる。

一　送達を受けるべき者の住所、居所その他送達をすべき場所が知れない場合

二　外国（本邦の域外にある国又は地域をいう。以下同じ。）においてすべき送達
について、前条において読み替えて準用する民事訴訟法第百八条の規定によるこ
とができず、又はこれによっても送達をすることができないと認めるべき場合

三　前条において読み替えて準用する民事訴訟法第百八条の規定により外国の管轄
官庁に嘱託を発した後六月を経過してもその送達を証する書面の送付がない場合

2　公示送達は、送達をすべき書類を送達を受けるべき者にいつでも交付すべき旨を
委員会の掲示場に掲示することにより行う。

3　公示送達は、前項の規定による掲示を始めた日から二週間を経過することによっ
て、その効力を生ずる。

4　外国においてすべき送達についてした公示送達にあっては、前項の期間は、六週
間とする。

（電子情報処理組織の使用）

第百六十一条　委員会の職員が、情報通信技術を活用した行政の推進等に関する法律

（平成十四年法律第百五十一号）第三条第九号に規定する処分通知等であって第百五十八条の規定により書類を送達して行うこととしているものに関する事務を、同法第七条第一項の規定により同法第六条第一項に規定する電子情報処理組織を使用して行ったときは、第百五十九条において読み替えて準用する民事訴訟法第百九条の規定による送達に関する事項を記載した書面の作成及び提出に代えて、当該事項を当該電子情報処理組織を使用して委員会の使用に係る電子計算機（入出力装置を含む。）に備えられたファイルに記録しなければならない。

第四節　雑則

（施行の状況の公表）

第百六十二条　委員会は、行政機関の長等に対し、この法律の施行の状況について報告を求めることができる。

2　委員会は、毎年度、前項の報告を取りまとめ、その概要を公表するものとする。

（国会に対する報告）

第百六十三条　委員会は、毎年、内閣総理大臣を経由して国会に対し所掌事務の処理状況を報告するとともに、その概要を公表しなければならない。

（案内所の整備）

第百六十四条　委員会は、この法律の円滑な運用を確保するため、総合的な案内所を整備するものとする。

（地方公共団体が処理する事務）

第百六十五条　この法律に規定する委員会の権限及び第百四十七条第一項又は第四項の規定により事業所管大臣又は金融庁長官に委任された権限に属する事務は、政令で定めるところにより、地方公共団体の長その他の執行機関が行うこととすることができる。

第七章　雑則

（適用範囲）

第百六十六条　この法律は、個人情報取扱事業者、仮名加工情報取扱事業者、匿名加工情報取扱事業者又は個人関連情報取扱事業者が、国内にある者に対する物品又は役務の提供に関連して、国内にある者を本人とする個人情報、当該個人情報として取得されることとなる個人関連情報又は当該個人情報を用いて作成された仮名加工情報若しくは匿名加工情報を、外国において取り扱う場合についても、適用する。

（外国執行当局への情報提供）

第百六十七条　委員会は、この法律に相当する外国の法令を執行する外国の当局（以

下この条において「外国執行当局」という。）に対し、その職務（この法律に規定する委員会の職務に相当するものに限る。次項において同じ。）の遂行に資すると認める情報の提供を行うことができる。

2　前項の規定による情報の提供については、当該情報が当該外国執行当局の職務の遂行以外に使用されず、かつ、次項の規定による同意がなければ外国の刑事事件の捜査（その対象たる犯罪事実が特定された後のものに限る。）又は審判（同項において「捜査等」という。）に使用されないよう適切な措置がとられなければならない。

3　委員会は、外国執行当局からの要請があったときは、次の各号のいずれかに該当する場合を除き、第一項の規定により提供した情報を当該要請に係る外国の刑事事件の捜査等に使用することについて同意をすることができる。

一　当該要請に係る刑事事件の捜査等の対象とされている犯罪が政治犯罪であるとき、又は当該要請が政治犯罪について捜査等を行う目的で行われたものと認められるとき。

二　当該要請に係る刑事事件の捜査等の対象とされている犯罪に係る行為が日本国内において行われたとした場合において、その行為が日本国の法令によれば罪に当たるものでないとき。

三　日本国が行う同種の要請に応ずる旨の要請国の保証がないとき。

4　委員会は、前項の同意をする場合においては、あらかじめ、同項第一号及び第二号に該当しないことについて法務大臣の確認を、同項第三号に該当しないことについて外務大臣の確認を、それぞれ受けなければならない。

（国際約束の誠実な履行等）

第百六十八条　この法律の施行に当たっては、我が国が締結した条約その他の国際約束の誠実な履行を妨げることがないよう留意するとともに、確立された国際法規を遵守しなければならない。

（連絡及び協力）

第百六十九条　内閣総理大臣及びこの法律の施行に関係する行政機関の長（会計検査院長を除く。）は、相互に緊密に連絡し、及び協力しなければならない。

（政令への委任）

第百七十条　この法律に定めるもののほか、この法律の実施のため必要な事項は、政令で定める。

第八章　罰則

第百七十一条　行政機関等の職員若しくは職員であった者、第六十六条第二項各号に

定める業務若しくは第七十三条第五項若しくは第百十九条第三項の委託を受けた業務に従事している者若しくは従事していた者又は行政機関等において個人情報、仮名加工情報若しくは匿名加工情報の取扱いに従事している派遣労働者若しくは従事していた派遣労働者が、正当な理由がないのに、個人の秘密に属する事項が記録された第六十条第二項第一号に係る個人情報ファイル（その全部又は一部を複製し、又は加工したものを含む。）を提供したときは、二年以下の懲役又は百万円以下の罰金に処する。

第百七十二条　第百四十条の規定に違反して秘密を漏らし、又は盗用した者は、二年以下の懲役又は百万円以下の罰金に処する。

第百七十三条　第百四十五条第二項又は第三項の規定による命令に違反した場合には、当該違反行為をした者は、一年以下の懲役又は百万円以下の罰金に処する。

第百七十四条　個人情報取扱事業者（その者が法人（法人でない団体で代表者又は管理人の定めのあるものを含む。第百七十九条第一項において同じ。）である場合にあっては、その役員、代表者又は管理人）若しくはその従業者又はこれらであった者が、その業務に関して取り扱った個人情報データベース等（その全部又は一部を複製し、又は加工したものを含む。）を自己若しくは第三者の不正な利益を図る目的で提供し、又は盗用したときは、一年以下の懲役又は五十万円以下の罰金に処する。

第百七十五条　第百七十一条に規定する者が、その業務に関して知り得た保有個人情報を自己若しくは第三者の不正な利益を図る目的で提供し、又は盗用したときは、一年以下の懲役又は五十万円以下の罰金に処する。

第百七十六条　行政機関等の職員がその職権を濫用して、専らその職務の用以外の用に供する目的で個人の秘密に属する事項が記録された文書、図画又は電磁的記録を収集したときは、一年以下の懲役又は五十万円以下の罰金に処する。

第百七十七条　次の各号のいずれかに該当する場合には、当該違反行為をした者は、五十万円以下の罰金に処する。

　一　第百四十三条第一項の規定による報告若しくは資料の提出をせず、若しくは虚偽の報告をし、若しくは虚偽の資料を提出し、又は当該職員の質問に対して答弁をせず、若しくは虚偽の答弁をし、若しくは検査を拒み、妨げ、若しくは忌避したとき。

　二　第百五十条の規定による報告をせず、又は虚偽の報告をしたとき。

第百七十八条　第百七十一条、第百七十二条及び第百七十四条から第百七十六条までの規定は、日本国外においてこれらの条の罪を犯した者にも適用する。

第百七十九条　法人の代表者又は法人若しくは人の代理人、使用人その他の従業者が、その法人又は人の業務に関して、次の各号に掲げる違反行為をしたときは、行為者を罰するほか、その法人に対して当該各号に定める罰金刑を、その人に対して各本条の罰金刑を科する。

　一　第百七十三条及び第百七十四条　一億円以下の罰金刑

　二　第百七十七条　同条の罰金刑

２　法人でない団体について前項の規定の適用がある場合には、その代表者又は管理人が、その訴訟行為につき法人でない団体を代表するほか、法人を被告人又は被疑者とする場合の刑事訴訟に関する法律の規定を準用する。

第百八十条　次の各号のいずれかに該当する者は、十万円以下の過料に処する。

　一　第三十条第二項（第三十一条第三項において準用する場合を含む。）又は第五十六条の規定に違反した者

　二　第五十一条第一項の規定による届出をせず、又は虚偽の届出をした者

　三　偽りその他不正の手段により、第八十五条第三項に規定する開示決定に基づく保有個人情報の開示を受けた者

一般社団法人 金融検定協会認定

個人情報取扱者検定試験模擬問題集 24年度試験版　　　　〈検印省略〉

2024年3月20日　24年度試験版発行
　1刷　2024年3月20日

編　者　金融検定協会

発行者　星　野　広　友
　　　　　ほし　の　ひろ　とも

発行所　株式会社銀行研修社

東京都豊島区北大塚3丁目10番5号
電話　東京03(3949)4101（代表）
http://www.ginken.jp
振替　00120-4-8604番
郵便番号　170-8460

印刷／新灯印刷株式会社
製本／株式会社中永製本所
落丁・乱丁本はおとりかえ致します。　　ISBN978-4-7657-4706-6 C3033
2024 © Printed in Japan
無断複写複製を禁じます。
★定価は表紙に表示してあります。